面向"中国制造2025"城市轨道交通专业培养计划
普通高等教育"十三五"规划教材

城市轨道交通
电力牵引与控制（第2版）

王倹朴　编著

CHENGSHI GUIDAO

JIAOTONG DIANLI

QIANYIN YU KONGZHI

内 容 简 介

本书系统地阐述了城市轨道交通电力牵引的基本原理、组成和结构。主要介绍了牵引理论基础、电力电子器件、三相交流异步电动机的控制策略(包括矢量控制和直接转矩控制)、斩波电路、逆变电路、车辆的直流和交流传动控制、城市轨道供电系统与车辆电气设备,对电力牵引传动与电磁兼容也做了一些介绍。

第2版在第1版的基础上,进行了全面修订,在扩充新知识新理论的同时,增加了运营维护等实际知识的内容,增强了教材的针对性和应用性。

本书除了可作为应用型本科和高职高专教材外,也可作为从事轨道交通牵引与控制方面技术工作的工程技术人员的参考书。

图书在版编目(CIP)数据

城市轨道交通电力牵引与控制 / 王俭朴编著. —2版. —西安:西安交通大学出版社,2018.3(2024.12 重印)
ISBN 978-7-5693-0483-1

Ⅰ. ①城… Ⅱ. ①王… Ⅲ. ①城市铁路—电力牵引
Ⅳ. ①U239.5

中国版本图书馆 CIP 数据核字(2018)第 046335 号

书　　名	城市轨道交通电力牵引与控制(第2版)
编　　著	王俭朴
责任编辑	于睿哲
出版发行	西安交通大学出版社
	(西安市兴庆南路1号　邮政编码 710048)
网　　址	http://www.xjtupress.com
电　　话	(029)82668357 82667874(市场营销中心)
	(029)82668315(总编办)
传　　真	(029)82668280
印　　刷	西安日报社印务中心
开　　本	787mm×1092mm　1/16　印张 17.375　字数 422千字
版次印次	2018年10月第2版　2024年12月第6次印刷
书　　号	ISBN 978-7-5693-0483-1
定　　价	38.00元

如发现印装质量问题,请与本社市场营销中心联系。
订购热线:(029)82665248　(029)82667874
投稿热线:(029)82665249

版权所有　侵权必究

前言

  自从1890年12月18日世界上第一条真正的电气化地下铁路诞生以来,至今城市轨道交通车辆几乎都已经采用了电力牵引,随着科学技术和城市化的发展,大运量的轨道交通在现代大城市中的重要作用尤显突出。在21世纪的今天,众多交流传动的电力机车、高速列车、城市轨道车辆在不同的环境和条件下成功的运行着,这表明交流电动机牵引控制技术的日益成熟。城市轨道车辆牵引传动技术包括了电力电子、计算机检测与控制、电机与电器制造等学科的先进技术。本书主要介绍了粘着控制的一些先进控制方法、交流电动机的矢量控制与直接转矩控制、斩波电路以及逆变电路、车辆的直流和交流传动控制等。

  本书共分9章,内容安排如下:第一章绪论部分介绍了我国轨道交通发展的现状以及挑战、电气牵引传动国内外发展概况、电气传动的PWM控制技术和电力电子器件对轨道交通变流技术的影响;第二章牵引理论基础,论述了轨道车辆的粘着、蠕滑的概念,牵引与制动,空转、滑行与粘着控制、粘着控制的理论知识以及一些先进的粘着控制方法和牵引参数的选择;第三章电力电子器件,详细介绍了可关断晶闸管(GTO)、绝缘栅双极晶体管(IGBT)和智能功率模块(IPM)的结构原理和应用;第四章三相交流异步电动机的控制策略,着重介绍了电动机的统一控制理论、矢量控制的基本概念、交流电动机的坐标系及其空间矢量概念、异步电动机按磁通定向的矢量控制原理、异步电动机按磁通定向的矢量控制系统、异步电机的直接转矩控制原理和定子磁链的观测模型;第五章斩波电路,主要介绍了6种基本的斩波电路,分别为降压斩波电路、升压斩波电路、升降压斩波电路、Cuk斩波电路、Sepic斩波电路和Zeta斩波电路的工作原理;第六章逆变电路,介绍了逆变电路的工作原理、正弦波脉宽调制逆变电路(SPWM)、三电平逆变电路、IGBT与GTO在逆变电路中的应用和缓冲电路;第七章城市轨道交通车辆的主传动控制,主要介绍了车辆直流传动控制、车辆交流传动控制、空电联合制动中空气制动的指令传输与控制;第八章城市轨道供电系统与车辆电气设备,主要介绍了城市轨道供电系统、受流器、辅助电源和车辆电器;第九章电力牵引传动与电磁兼容,主要介绍了牵引传动与电磁兼容的关系和影响。

  本书是在参考了国内外文献基础上,结合编著者自身的教学和研究成果修订而成的,对于参考文献的出处在书中已经说明,在此,对这些作者表示诚挚的感谢。

本书得到南京工程学院创新基金面上项目(CKJB201311)的资助。

由于编著者学识和能力所限,书中内容难免有不当之处,敬请有关专家和各位读者给予批评指正。

王俭朴

2018年5月于南京

第一章 绪论 /1

第一节 我国轨道交通发展的现状以及挑战 /1
第二节 电气牵引传动国内外发展概况 /4
第三节 电气牵引传动的控制技术 /7
第四节 电力电子器件对轨道交通变流技术的影响 /12
复习思考题 /19

第二章 牵引理论基础 /20

第一节 粘着与蠕滑 /20
第二节 牵引与制动 /30
第三节 空转、滑行与粘着控制 /42
第四节 牵引参数的选择 /53
复习思考题 /58

第三章 电力电子器件及其应用 /59

第一节 可关断晶闸管 /59
第二节 绝缘栅双极晶体管 /69
第三节 智能功率模块 /77
复习思考题 /84

第四章 三相交流异步电动机的控制策略 /85

第一节 电动机的统一控制理论 /85
第二节 矢量控制的基本概念 /87
第三节 交流电动机的坐标系及其空间矢量概念 /88
第四节 异步电动机按磁通定向的矢量控制原理 /96
第五节 异步电动机按磁通定向的矢量控制系统 /101

第六节 异步电动机的直接转矩控制 /107
第七节 定子磁链的观测模型 /116
复习思考题 /121

第五章 斩波电路 /122

第一节 降压斩波电路 /122
第二节 升压斩波电路 /132
第三节 升降压斩波电路和 Cuk 斩波电路 /136
第四节 Sepic 斩波电路和 Zeta 斩波电路 /140
第五节 复合斩波电路和多相多重斩波电路 /141
复习思考题 /148

第六章 逆变电路 /150

第一节 逆变电路的工作原理 /151
第二节 正弦波脉宽调制逆变电路 /156
第三节 三电平逆变电路 /168
第四节 IGBT 与 GTO 在逆变电路中的应用 /174
第五节 缓冲电路 /177
复习思考题 /182

第七章 城市轨道交通车辆的主传动控制 /184

第一节 车辆直流传动控制 /185
第二节 车辆交流传动控制 /201
第三节 空电联合制动中空气制动的指令传输与控制 /214
复习思考题 /220

第八章 城市轨道供电系统与车辆电气设备 /222

第一节 城市轨道供电系统 /222
第二节 受流器 /230
第三节 辅助电源 /244
第四节 车辆电器 /251
复习思考题 /257

第九章　电力牵引传动与电磁兼容　/258

第一节　电磁兼容的基本概念　/258
第二节　电磁干扰量及其传播途径　/259
第三节　电气化铁路的电磁干扰问题　/261
第四节　电力牵引系统的干扰　/263
第五节　改善电磁兼容的措施　/264
复习思考题　/266

参考文献　/268

第一章

绪 论

英国人史蒂芬逊在1814年发明了蒸汽机车,1825年9月27日世界上第一条现代铁路开通,轨道交通伴随科技进步的发展,经历了蒸汽机车、内燃机车到电力机车的发展阶段。作为国家的重要基础设施和交通运输的大动脉,世界各国都非常重视轨道交通的发展。尤其是进入21世纪以来,我国在高速铁路和城市轨道交通领域发展迅猛,取得了举世瞩目的重大成就。轨道交通的迅猛发展,不仅缩短了人们的时空距离,改善了人们的生活方式,同时也极大地促进了社会进步和经济发展。轨道交通系统的更新换代,都伴随着如下特点:提升效率、降低能耗;牵引系统轻量化和小型化;低噪声;低维护等。伴随着轨道交通类型的创新发展,轮轨、磁浮和胶轮也出现了多样化发展。

第一节 我国轨道交通的发展现状以及挑战

一、我国轨道交通的发展现状

(一)高速铁路的发展现状

截至2017年底,我国铁路营业里程达到12.7万公里,居世界第二。我国已基本建成"四横四纵"高速铁路骨干网,高速铁路营业里程达2.5万公里,位居世界第一,约占世界高速铁路运营总里程的66.3%。国家"十三五"规划提出加快完善高速铁路网,至2020年高速铁路营业里程将达到3万公里,覆盖80%以上的大城市,届时我国将建成"八横八纵"的现代高速铁路网。

伴随着高速铁路的快速增长,高速列车试验速度也不断攀升。2007年4月,法国TGV试验列车最高速度达到574.8 km/h,创下轮轨铁路试验速度世界纪录。2008年6月,我国CRH3型高速动车组在京津城际铁路上跑出了394.3 km/h的最高试验速度;2010年9月,CRH380A型高速动车组在沪杭高速铁路运行试验中,将最高试验速度纪录改写为416.6 km/h;2010年12月,CRH380AL在京沪高速铁路的试验速度达到486.1 km/h的世界铁路运营试验最高时速纪录,在刷新我国纪录的同时,也成为世界铁路运营列车试验的第一速度;2011年1月,CRH380BL"和谐号"电力动车组—试验编组试验速度达到497.3 km/h;2012年3月,中铁院建成世界速度最快的高速列车制动试验台,最高试验速度达到530 km/h;2016年10月,在山西忻州大西线试验过程中,永磁高速动车组的最高运行速度达385 km/h。这一速度是目前世界上轨道交通领域永磁牵引系统的最高运行速度,这一时刻是永磁牵引系统在高铁应用的历史性时刻,标志着我国成为世界上少数几个掌握高铁永磁牵引系统技术的国家,使我国高铁牵引系统真正进入到了"永磁时代"。

(二)城市轨道交通的发展现状

城市轨道交通(Urban Rail Transit)是城市公共交通的骨干,具有节能、省地、运量大、全天候、无污染(少污染)、安全等特点,属绿色环保交通体系,符合可持续发展的原则,特别适合大中城市。城市轨道交通的种类繁多,可分为地铁、轻轨、有轨电车、市域快铁、中低速磁浮、新型交通体系等。

近年来我国中低速磁浮交通已进入应用推广阶段,分别在上海临港、株洲机车厂和唐山机车厂建成中低速磁浮交通工程试验线。2015年底,国内首条中低速磁浮交通商业线、全长18.5 km的长沙磁浮线建成并开始试运行,2016年5月6日正式载客运行,速度可达100 km/h。长沙中低速磁浮工程是我国国内第一条自主设计、自主制造、自主施工、自主管理的中低速磁浮,也是湖南省践行"一带一路"的重点项目。长沙是继上海之后,我国第二个开通磁浮交通的城市。北京也正在修建中低速磁浮线,一期工程全长10.2 km。

2016年11月16日,首条世界海拔最高的"新能源现代有轨电车示范线工程"在青海省海西蒙古族藏族自治州府所在地德令哈市正式开工建设。项目建成后将是青藏高原第一条现代新能源有轨电车线路。德令哈市新能源现代有轨电车示范线工程总投资15亿元,建设里程为15 km,共设20座车站,车辆基地建设规模6.7 hm^2,德令哈市新能源现代有轨电车以两节车厢编组,一次载客量为200多人,使用蓄电池,充一次电可以行驶40 km,轨道沿线建设两个超级电容充电站,保证电车能够随时充电。新能源现代有轨电车项目采用光伏光热发电,从源头保证绿色能源,以绿色环保的出行方式改变人们的生活方式。

不同的交通工具满足不同的出行需求如表1-1所示。

表1-1 不同的交通工具满足不同的出行需求

交通工具	适应距离/km	速度范围/km/h	运量/万人/h	工程造价/亿元/km
城际列车	60~300	120~160	1~2	2~3
地铁	30~60	80~120	3~6	6~8
轻轨	20~50	80~100	2~3	3~4
单轨	20~50	70~80	1.5~2	2~3
中低磁悬浮	20~50	100~120	0.8~1.5	1.5~2
有轨电车	15~25	60~70	0.8~1.5	1~1.5
无轨电车	10~20	50~60	0.2~0.4	/

据中国城市轨道交通协会统计,截至2017年12月31日,我国内地开通运营城市轨道交通线路的城市共34个,运营线路总长度达5032.7 km,就2017年我国新增运营线路32条,预计"十三五"期间我国城市轨道交通仍将保持快速增长的势头。到2020年基础设施投资规模约1.8万亿元,带动的产业规模约2.5万亿元,我国的城市轨道交通发展将进入快速发展的阶段,我国将有50余座城市开通运营城市轨道交通,这标志着我国已经进入了城市轨道交通急速、全面发展的新时期。

二、我国轨道交通技术发展所面临的挑战与技术发展

(一)我国轨道交通技术发展所面临的挑战

从1998年德国高速铁路脱轨撞桥,2005年日本列车脱轨撞楼,2011年我国温甬动车撞车事故,2013年西班牙列车脱轨撞护墙事故,到2015年法国试验列车脱轨掉河事故,可以看出,保证高速铁路运行安全任重道远。随着我国高速铁路运营时间的增长,一些工程问题也逐渐暴露出来,其中包括车轮多边形磨耗、轨道板出现裂纹和离缝、基础结构异常沉降等。而隧道、路基和桥梁的沉降与变形都将会引起轨道结构变形,最终表现为轨面几何不平顺和结构"动力型"不平顺,进而通过轮轨动力作用影响列车安全舒适运行。其中有些问题已对高速列车的安全运行形成隐患,迫切需要采取合理的防控措施。解决这些工程问题,面临着艰巨的科学技术挑战,其中包括基础结构动态性能演变及损伤问题、高速条件下轮轨磨耗问题、高速动车组关键部件的振动失效和疲劳损伤问题等。另外,针对表现突出的典型工程问题,在研究确定合理的防控技术措施之后,需要尽快建立和完善我国高速铁路运营维护技术标准体系和安全保障技术体系,从而全面提升我国高速铁路设计、建造和运营维护水平。

我国城市轨道交通的在建规模和运营规模都特别庞大,目前正在从以建设为主向"建养"并重进行转化,轨道交通在施工和运营过程中时有安全问题出现。我国城市轨道交通施工中也遇到过塌陷、渗水、爆炸、火灾等安全事故,地铁运营线上出现过列车追尾、信号错误、供电系统跳闸断电、火灾等事故。说明我国城市轨道交通发展还面临着诸多的工程技术难题。特别是近年来随着我国城市轨道交通的快速发展,新开通运营的较多,地下结构的安全服役面临严峻考验,其安全运营与维护将面临巨大挑战。

(二)未来轨道交通技术发展

高速铁路系统的关键技术主要体现在牵引制动技术,即低能耗牵引(电子式变压器、干式变压器和永磁电机)、新材料制动(全电制动)和创新结构(电机的自冷却和轻量化、直驱技术和柔性联轴器)等诸多方面。

城市轨道交通的发展方向是绿色(节能、环保、节地的绿色融合)、智能(线、车、人的信息融合)、人文(人、文、景的人文融合)和一体化(轨道、汽车、行人的一体化融合;车、线、城的一体化融合;绿色、智能、人文的一体化融合)。其中"绿色"是条件和要求,"人文"是根本和核心,"智能"是手段和途径。

创新有轨电车,自主发展有轨电车。例如,以人为本的低地板技术。我国至今没有完全自主的知识产权,目前该技术长春轨道客车股份有限公司和成都市新筑路桥机械股份有限公司来自于 VOITH;四方机车车辆股份有限公司来自于 SKODA;唐山轨道客车有限公司来自于 LOCOMATIV;南京浦镇车辆有限公司来自于 BOMBARDIER;株洲电力机车有限公司来自于 SIEMENS。尊重景观的新型供电技术,在新创能技术方面发展电池、电容和燃料电池供电,在新传能技术方面采用非接触无线传能。

创建虚拟交通,实现低成本城轨交通。虚拟轨道有轨电车是在既有路面上增加供电以及信号系统,没有钢轨或者导向轨,在虚拟轨道上采用胶轮牵引与转向,具有灵活、低成本、大粘着、小曲线等优点。虚拟轨道有轨电车的核心技术主要包括虚拟轨道辨识技术、轮毂电机独立车轮技术、100% 低地板车体技术和多车编组的循迹控制技术等。

创新空轨交通,实现无障碍城轨交通。发展磁轨交通,实现无噪声城轨交通,日本、韩国和我国长沙的低速磁浮均采用的是第一代走行部。作为磁轨交通的核心部件,在第一代走行部的基础上,我国已经掌握了第二代走行部中速磁浮列车的技术,中速磁浮列车可满足最大速度 150km/h 运行,能够以 30km/h 速度满载通过 R50 的曲线,效率提高了 10%~15%。

第二节 电气牵引传动国内外发展概况

电气传动是指以各类电动机为动力的传动装置与系统。因电动机种类的不同,有直流电动机传动(简称直流传动)、交流电动机(无特别说明时,以下均指三相交流电动机)传动(简称交流传动)、步进电动机传动(简称步进传动)、伺服电动机传动(简称伺服传动)等。众所周知,直流电动机尽管比交流电动机结构复杂、成本较高、维修保养费用较贵,但其调速性能很好,所以,在调速传动领域中一直占据主导地位。然而,电力电子技术的迅速发展,使电气传动发生了重大的变革,即交流调速传动迅猛发展,电气传动交流化的新时代已经到来。

交流电机与直流电机相比,有结构简单、牢固、成本低廉等许多优点,缺点是调速困难。现在,借助于电力电子技术已经很好地解决了交流电动机调速问题,采用矢量控制和直接转矩控制之后,交流调速传动已进入与直流调速传动相媲美、相竞争并逐渐占据主导地位的时代。在本书第四章,将主要介绍交流异步电机的控制策略。据日本早年统计,1975 年销售的交流调速装置与直流调速装置之比为 1:3,而到了 1985 年,反了过来,成为 3:1。这一趋势,近些年来发展得更快,21 世纪交流调速已占据主导地位。

交流异步牵引电机是列车电气传动系统机电能量转换的核心,其控制方法包括异步电机转差频率控制、转子磁场定向矢量控制、异步电机直接转矩控制以及直接自控制等。目前,在列车上开始使用的有无速度传感器控制技术、永磁牵引电机牵引系统控制技术和优化的列车粘着利用控制技术等。

纵观交流调速传动发展的过程,大致是沿着三个方向:一个是取代直流调速实现少维修、省力化为目标的高性能交流调速；另一个是以节能为目的,改恒速为调速,适用于风机、泵类、压缩机等通用机械的交流调速；第三个是直流调速难以实现的特大容量、高电压、极高转速领域的交流调速。

交流调速方式是按交流电动机转速公式建立的。对于同步电动机、磁阻式电动机等,其转速为

$$n = \frac{60f}{p} \qquad (1-1)$$

式中:p——电动机极对数；

f——定子电源频率(Hz)。

而对于笼型或绕线转子异步电动机,其转速为

$$n = \frac{60f}{p}(1-s) \qquad (1-2)$$

式中:s——转差率。

因此,原则上讲,改变极对数 p,改变转差率 s 和调节频率 f 都可以调速。但是,众所周知,对于同步电动机,在运行中改变极对数会引起失步,因此只能调频调速；而对于异步电动机,以上三种方法虽均可以采用,但是变极调速是有级调速,而改变转差率 s 为目的的各种调速方法,如定子调压调速、电磁调速(滑差电机)、转子变电阻(或斩阻)调速都是耗能型调速方法,只有变频调速是最为理想的调速方法。近些年,借助于电力电子技术,许多新的调速方法得到迅速发展,诸如串级调速、双馈电动机变频调速、无换向器电动机、交流步进传动系统、交流伺服系统等。这些新的交流调速方法各有不同的特点,不同的应用领域,不同的发展因缘、过程与前景。但是,串级调速与双馈电动机是使用传统的绕线转子异步电动机,转子绕组需由集电环引出,有电刷与集电环的电接触问题；无换向器电动机是同步电机结构,除小功率无换向器电动机,转子为永磁式,甚至不需要转子位置检测器外,一般大功率无换向器电动机不但有电刷与集电环的电接触问题,而且还要增加转子位置检测装置。至于步进电动机和交流伺服系统是有特殊结构的特殊机种,应用范围也小。在电力电网中应用最普遍的是标准系列的普通笼型异步电动机和同步电动机。这些电动机使用变频器进行变频调速是最为合理的。因此,变频调速是交流调速中最理想、最有发展前途、发展最快的一种方法。

变频调速是以变频器向交流电动机供电,并构成开环或闭环系统。变频器是把固定电压、固定频率的交流电变换为可调电压、可调频率的交流电的变换器。变换过程中没有中间直流环节的,称为交—交变频器,有中间直流环节的称为交—直—交变频器。直流可以认为是频率为零的交流,由直流变为定频定压或调频调压交流电的变换器,称为逆变器。因此,交—直—交变频器通常由整流器(AC-DC 变换)、中间直流储能电路和逆变器(DC-AC 变换)构成。

变频器有多种,常用的变频器分类如下:

其中,电压型 PWM 方式交—直—交变频器发展最快。PWM 变频器迅速发展的原因一是变频器所用的半导体开关器件的不断发展,二是 PWM 控制技术的日臻完善。

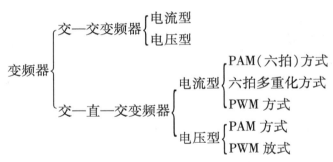

图 1-1 变频器分类

电力半导体开关器件主要有普通晶闸管(Thyristor)或称可控硅元件(Silicon Controlled Rectifier,简称 SCR)、门极关断晶闸管(Gate Turn Off Thyristor,简称 GTO 晶闸管)、双极晶体管(Bi-Junction Transistor,简称 BJT)或称大功率晶体管(Giant Transistor,简称 GTR)、绝缘栅双极晶体管(Insulated Gate Bipolar Transistor,简称 IGBT)、场效应晶体管(MOSFET)、集成门极换向晶闸管(Integrated Gate Commutated Thyristor,简称 IGCT)、智能功率模块(Intelligent Power Module,简称 IPM)等。在本书的第三章,主要介绍 GTO、IGBT、IPM 的结构和性能。

IGBT 综合了 MOSFET 和 GTR 的优点,既有 MOSFET 电压控制型器件驱动功率小、开关频率较高(一般在 20kHz 以下)的特点,又有 GTR 电压电流值较大的长处。因此,在中等容量的变频器、逆变器中,得到了广泛的应用。然而目前,在高电压(4500V 以上)和大电流(2000A 以上)范围,还不得不使用 GTO 晶闸管。但 GTO 晶闸管的开关频率较低(一般在 200Hz 以下)、驱动功率较大,需要复杂的门极驱动电路和昂贵的吸收电路。IGCT 是以 GTO 晶闸管为基础的改良器件,它将 GTO 晶闸管芯片与反并联二极管及门极驱动电路集成在一起,具有电流大、电压高、开关频率高、损耗低的特点,又可以省去复杂的吸收电路,是取代 GTO 晶闸管的新型器件。智能功率模块(IPM)是混合集成功率器件,它由高速、低耗的 IGBT 芯片和优化的栅极驱动及保护电路(短路保护、过电流保护、过热保护和欠电压锁定)构成,可简化设计,提高系统可靠性。

此外,将半导体开关器件与其周围器件(续流二极管等)构成的电路集成于一片芯片上的逆变器模块(Invertor Modular),以及将整流电路、逆变器电路、检测电路、保护电路等集成于一体的功率集成电路(Power Integrated Circuit,简称 PIC)等也得到了发展。几种主要半导体开关器件的开关频率、输出容量与应用领域示于图 1-2。

电力电子技术不仅促使交流传动迅速发展,同时也促使直流传动得到了新的发展。例如,以往普遍应用的是晶闸管相控整流—直流电机调压调速系统,现在也发展了全波不控整流—PWM 斩波—直流电机调压调速系统。开关磁阻电动机也是由直流斩波器供电的。这种电机由反应式步进电机发展而来,定子为凸极式,上面绕有定子集中绕组;转子也是凸极结构,由硅钢片叠成,没有转子绕组,但转子上安装一个位置检测器,由位置检测器检出的转子位置信号去控制直流斩波器,顺序地切换供给定子绕组的直流脉冲电流,形成旋转磁场使转子转动。直流斩波器不存在逆变器同一桥臂两个半导体开关器件同时导通造成的直通短路问题,因而可靠性高、成本也比较低。目前,人们正在努力设法取消转子位置检测器和消除低速时转矩脉动的问题。

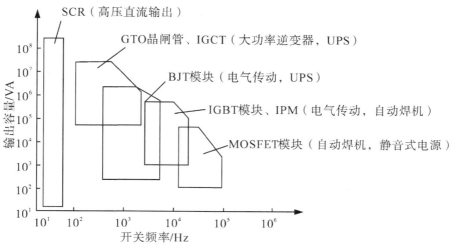

图1-2 几种主要半导体开关器件的输出容量、开关频率及其主要应用领域

总之,由于电力电子技术的进步,使电气传动的各个方面都发生着根本性的变化。近年来,国外已将电气传动改名为运动控制,并认为运动控制分为三个组成部分:电源部分、执行器部分和控制器部分。电源部分主要由电力电子器件构成,用以形成和控制各种形式的电能供给执行器;执行器则将电能变换为机械能,形成转矩(旋转运动)或机械力(直线运动);控制器接收上位计算机的指令,完成执行器运动控制和管理等。运动控制比电气传动一词更具有时代的特色,它是适应工业自动化、办公室自动化和家庭自动化而产生的一门新兴学科,正在迅速发展中。

第三节 电气牵引传动的控制技术

城市轨道车辆牵引电传动系统的基本任务是通过机电能量转换,达到速度、位置和转矩控制的目的。其本质是电机和变流系统的性能。现代牵引系统采用交—直—交(城轨系统为直—交)电传动形式。牵引设备主要有高压电器(主变压器)、牵引变流器和牵引电机及相关控制系统等。牵引主电路包括网侧电路、直流环节电路和三相逆变电路等。城市轨道车辆的牵引力来源于动轮与钢轨之间的粘着力。轮重、轮轨材料的弹性及在车轮上施加的转矩构成了粘着力的三要素。城市轨道车辆是以基本动力单元为基础构成的,并可以灵活组合形成不同的编组,以满足不同的运输需求。按照城市轨道车辆动力的动力需求及用途,多动力单元的组合形式有动力集中的机车或固定重联机车、动力分散的动车组或城轨列车以及重载组合列车等。

根据模块化、平台化与结构化思想,列车牵引控制功能可以划分为3个层次,即列车控制级、车辆控制级和传动控制级。牵引控制系统的列车控制级负责整列车的上层控制、状态监测与故障诊断等,主要功能包括操作端选择与确定逻辑、运行方向及左右侧,牵引和制动指令以及列车速度特性控制,牵引和制动力协同,列车级故障诊断与安全导向,辅助系统控制及记录和信息交互等;车辆级控制实现动力单元内控制、状态监测与故障诊断等;传动控制级实现四象限脉冲整流器、逆变器和异步牵引电动机控制等,主要功能包括牵引变流系统和电机控制、空转与滑行保护控制(或粘着控制)等。现代列车控制和诊断系统都采用车载网络系统。列车网络系统基本特性主要体现在实时性、确定性、可靠性和安全性(包括安全完整性与信息安全)等。其应用特性主要包括实现列车动态解编的通信网络初运行,监视数据、过程数据、消息数据、流数据的实现等。故障诊断与网络系统以及传感技术的结合,使得列车级诊断—车辆级诊断—设备诊断分级诊断综合系统的建立成为现实,并扩展到车地一体化的远程综合系统。

牵引控制技术的思想体系与理念发展经历了如下三个阶段。第一阶段是从电力牵引控制技术出现至列车通信网络技术诞生之前,牵引控制是以牵引装置(调压装置、整流装置、VVVF 装置)为核心;第二阶段起始于列车通讯网络技术,牵引控制的体系结构是以网络为核心,列车上的任何检测控制系统仅仅是列车控制网络上的一个节点而已。这种观念对于其他的控制技术发展也是相通和适用的;目前为第三阶段,起始于平台化方向发展,由于新通信标准的发布执行,以及产品平台化、统一化与个性化的需求,牵引控制技术向平台化方向发展。通信功能的模块化、通用化以及网络通信协议的可以透明封装成为标志。

直流斩波电路与三相逆变电路是城市轨道交通车辆电力牵引系统中广泛应用的电力电子电路,直流斩波电路用于构成驱动直流电机的调压调速主电路和辅助电路的前级。斩波电路是把恒定直流电压变换成为负载所需的直流电压的变流电路。它通过周期性地快速通、断,把恒定直流电压斩成一系列的脉冲电压,改变这一脉冲列的脉冲宽度或频率就可调节输出电压的平均值。斩波电路还可以用来调节电阻的大小和磁场的强弱。作为直流电动机调速的有效手段,斩波电路被广泛应用于城市轨道交通车辆和其他电动运输车辆,本书第五章主要介绍 6 种基本斩波电路:降压斩波电路、升压斩波电路、升降压斩波电路、Cuk 斩波电路、Sepic 斩波电路和 Zeta 斩波电路,前两种是最基本的电路,还有复合斩波电路——不同基本斩波电路组合;多相多重斩波电路——相同结构基本斩波电路组合。本书第六章主要介绍逆变电路的工作原理。

在电气传动中,广泛地应用 PWM 控制技术。PWM 控制技术是利用半导体开关器件的导通与关断把直流电压变成电压脉冲列,并通过控制电压脉冲宽度或周期以达到变压目的,或者控制电压脉冲宽度和脉冲列的周期以达到变压变频目的的一种控制技术。

早在 20 世纪 30 年代,欧洲一些国家的电气化铁路,就曾利用多台交流和直流旋转电机,实现了将来自电网的单相工频电能变为三相调频电能,驱动感应电动机作为电力机车的牵引电动机。但是装置十分复杂、笨重,价格也很昂贵。20 世纪 50 年代,人们又曾采用水银整流器、引燃管和闸流管等离子器件,构成静止式变频器,但这些器件的管压降大,同时有控制性能差、体积大、水冷却、寿命短等缺点。20 世纪 60 年代,人们开始用电力半导体器件构成逆变电路,实现了高性能、高效益的轨道车辆交流传动。由全控型电力电子器件构成的逆变电路不必另设半控型电力电子器件需要的强迫换流电路,主电路相当简单,结构犹如一个逆方向工作的可控整流电路,把直流电变为可变频调压的交流,送给单相或三相负载。而且采用不同的全控型电力电子器件如 GTR、GTO、IGBT 时,其主电路没有原则差别,差别主要在于门极(栅极)控制电路和保护方法有所不同。本书第六章主要介绍逆变电路的原理以及应用。

半导体开关器件和 PWM 控制技术构成的 PWM 斩波器可完成直流—直流电压变换(DC-DC 变换),如图 1-3 所示。图 1-3(a)所示为 PWM 降压斩波器,输入直流电压 U_d 经开关器件 V 斩波(即 PWM 控制)后,再经电抗器 L 滤波及二极管 VD 续流,降低为直流电压 U_L。图 1.3(b)所示为 PWM 升压斩波器,当开关器件 V 导通时,电能以磁场能量的方式储存于电抗器 L_1 中,当 V 截止时,在 L_1 上产生的感应电动势 e_{L1} 与 U_d 相加,经 VD_2 后得 U'_d。显然 $U'_d > U_d$。U'_d 经 L_2、C 滤波后得输出电压 U_L;当 V 再次导通时,VD_2 截止,保持 U_L。只要 L_1 有足够的储能,即可使 $U_L > U_d$。改变脉冲的宽度或周期,在输入电压 U_d 不变的情况下,可以改变输出直流电压 U_L 的大小,达到调压的目的。这种 DC-DC "功率变压"被广泛地应用于开关稳压电源、UPS 以及步进电动机、直流电动机调速传动系统中;在交流变频调速系统中,当输入电压过高或过低时,也需要在中间变换环节上进行降压或升压的 DC-DC 变换。

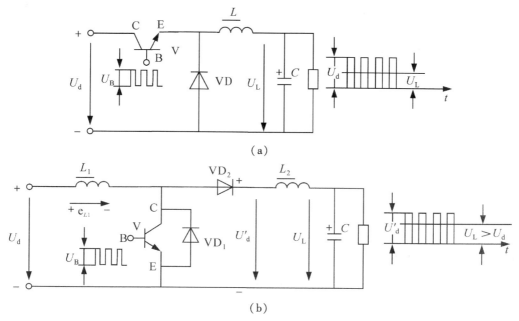

图 1-3 DC-DC 变换(直流 PWM 斩波器)
(a)PWM 降压斩波器 (b)PWM 升压斩波器

在交流变频调速传动中,用变频器进行"功率变频"。但变频的同时也必须协调地改变电动机的端电压,否则电动机将出现过励磁或欠励磁,这是众所周知的。为此,用于交流电气传动中的变频器实际上是变压(Variable Voltage,简称 VV)变频(Variable Frequency,简称 VF)器,即 VVVF。所以,我们通常也把这种变频器称为 VVVF 装置或 VVVF。与此相对应的,还有定压(CV)、定频(CF)变换器,简称 CVCF 装置或 CVCF,通常作为定压定频电源使用。CVCF可以认为是VVVF固定于某一点运行时的一种特殊工况。VVVF控制技术分为两种,一种是把VV与VF分开完成,如图1-4所示;另一种是把VV与VF同时完成,如图1-5所示。

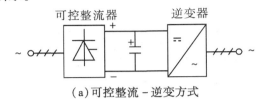

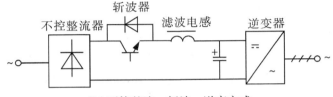

图1-4 PAM方式

(a) 可控整流—逆变方式　(b) 不控整流—斩波—逆变方式

图1-4(a)是在把交流电整流为直流电的同时进行相控调压,而后逆变为可调频率的交流电;图1-4(b)则是把交流电整流为直流电之后用PWM斩波器调压,然后再将直流逆变为可调频率的交流。总之,在图1-4中,前面的环节用来改变直流电压的幅值,后面的环节用来改变频率。这种前后分开控制的VVVF控制技术称为脉冲幅值调制(Pulse Amplitude Modulation)方式,简称PAM方式。

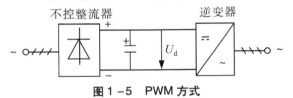

图1-5 PWM方式

图1-5是将VV与VF集中于逆变器一起来完成的,即前面为不可控整流器,中间直流电压恒定,而后由逆变器既完成变频又完成变压。这种控制技术称为脉冲宽度调制(Pulse Width Modulation)方式,简称PWM方式。在VVVF控制技术发展的早期均采用PAM方式,这是由于当时的半导体器件是普通晶闸管等半控型器件,其开关频率不高(参见图1-2),所以逆变器输出的交流电压波形只能是方波。而要使方波电压的有效值随输出频率的变化而改变,只能靠改变方波的幅值,即只能靠前面的环节改变中间直流电压的大小。随着全控型快速半导体开关器件BJT、IGBT、IPM、GTO和IGCT等的发展,才有可能发展为PWM方式。这样整流器无需控制,简化了电路结构,而且由于以全波整流代替了相控整流,因而提高了输入端的功率因数,减小了高次谐波对电网的影响。此外,由于输出电压波形由方波改进为PWM波,减少了低次谐波,从而解决了电动机在低频区的转矩脉动问题,也降低了电动机的谐波损耗和噪声。尽管如此,由于大功率、高电压的全控型开关器件GTO晶闸管、IGCT的价格比较昂贵,所以,为了降低成本,在数百千瓦以

上的大功率变频器中,有时仍需要使用以普通晶闸管为开关器件的 PAM 方式。

至于 PWM 控制技术(又称 PWM 波生成法,PWM 法)又有许多种,并且还在不断发展中。但从控制思想上分,它们可以分成四类,即等脉宽 PWM 法、正弦波 PWM 法(SPWM 法)、磁链追踪型 PWM 法和电流跟踪型 PWM 法。等脉宽 PWM 法是为了克服 PAM 方式中逆变器部分只能输出频率可调的方波电压而不能调压的缺点而发展来的,是 PWM 法中最为简单的一种,如图 1-6 所示。它每一脉冲的宽度均相等,改变脉冲列的周期可以调频,改变脉冲的宽度或占空比可以调压,采用适当的控制方法即可使电压与频率协调变化。其缺点是输出电压中除基波外,还包含了较大的谐波分量。

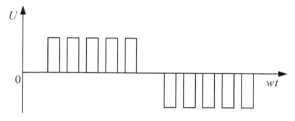

图 1-6 等脉宽 PWM 法

SPWM 法是为了克服等脉宽 PWM 法的缺点而发展来的。它从电动机供电电源的角度出发,着眼于如何产生一个可调频调压的三相对称正弦波电源。具体方法如图 1-7 所示。

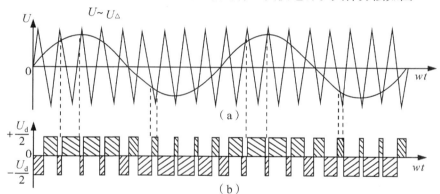

图 1-7 SPWM 法
(a)正弦波与三角波 (b)逆变器输出电压波

以一个正弦波作为基准波,用一列幅值相等的三角波(称为载波)与基准正弦波相交(见图 1-7(a)),当基准的正弦波高于三角波时,使开关器件导通,在正弦波低于三角波时,使开关器件截止。由此,使逆变器的输出电压波为图 1-7(b)所示的脉冲列,其特点是在半个周期中幅值相等(等高)而宽度不等,并且总是中间的脉冲宽,两边的脉冲窄,各脉冲面积与该区间正弦波下的面积成比例。这样,在输出的电压中就可以大大减小低次谐波分量。

还有许多与上述 SPWM 法类似的 PWM 法,如梯形波与三角波相交的方法、马鞍型波与三角波相交的方法(又称三次谐波注入法)等,据不完全统计已发表的有十余种之多。它们的着眼点在于如何使变频器的输出电压更好地获得三相对称的正弦波或者提高基波电压值。因而,这些方法都可以认为是 SPWM 法的派生方法,可归入 SPWM 法一类。

磁链追踪型 PWM 法与 SPWM 法不同，它是从电动机的角度出发的，着眼点在于如何使电动机获得圆磁场。它是以三相对称正弦波电压供电时交流电动机的理想磁链圆为基准，用逆变器不同开关模式所产生的实际磁链矢量来追踪基准磁链圆，由追踪的结果决定出逆变器的开关模式，形成 PWM 波。当然，这样所形成的 PWM 波也必然是三相对称的正弦波。SPWM 法与磁链追踪型 PWM 法，由于着眼点不同，所建立的数学模型也完全不同。

磁链追踪型 PWM 法的数学模型是建立在电机统一理论、电机轴系坐标变换理论的基础上的。它把电动机看成是一个整体加以处理，所得数学模型简单，便于由计算机实时处理，从而可使控制系统结构简单、实时性强，能获得更好的性能。

上述三种 PWM 法都是控制输出电压的电压型逆变器，而电流追踪型 PWM 法虽然也采用电压型逆变器的主电路结构，却是控制输出电流的电流型逆变器。其基本思想是将电动机定子电流的检测信号与正弦波电流给定信号用比较器进行比较，如果实际电流大于给定值，则通过逆变器的开关动作使之减小；反之，则使之增大。这样，实际电流波形围绕给定的正弦波做锯齿状变化，而且开关器件的开关频率越高，电流波动就越小。使用这种方法，电动机的电压数学模型改成电流模型，可使控制简单、动态响应加快，还可以防止逆变器过电流。因而，近年来在交流调速和伺服系统中使用这种 PWM 控制方法的也屡有报道。

第四节 电力电子器件对轨道交通变流技术的影响

至今为止，电力电子器件在电力牵引主传动系统的应用主要经历了大功率硅二极管（PiN - Diode）、普通可控硅（PK - SCR）、快速可控硅（KK - SCR）、门极可关断晶闸管（GTO）和绝缘栅双极晶体管（IGBT）这几个阶段。电力电子技术在轨道交通电力牵引传动系统中的应用主要分为三个方面：主传动系统、辅助传动系统、控制和辅助系统中的稳压电源。下面从这三个方面分析电力电子器件对于轨道交通变流技术的影响，并且从系统性能、装置简约、试验系统、多器件化和电能质量改善五个方面阐述电力电子器件促进现代轨道交通变流技术的发展。

一、电力电子器件对电力牵引主传动系统的影响

1900 年，当安装在玻璃罩内的贡弧整流器（Mercury Arc Rectifier）诞生，并且应用于纽约地铁的变电站整流后，人们在电领域应用电力电子器件。此后，金属槽整流器（Metal Tank Rectifier）、栅格控制整流器（Grid Controlled Rectifier）、引燃管整流器（Ignitron Rectifier）、阴极充气二极管整流器（Phanotron Rectifier）、闸流管整流器（Thyratron Rectifier）等也得到了相继发展。由于器件故障率很高，虽然美国在 1950 年时生产出了引燃管整流器电传动系统机车，但电子器件在电传动系统中的应用并没有真正开始。

到了 1954 年，在 Pearson 和 Fuller 发明了 PiN 大功率二极管后，英国和美国分别于 1954 年和 1960 年，把它用于电传动系统的整流电路中。我国 1966 年的韶山 1（SS_1）型电力机车就采用了这种二极管整流器电路。人们通过有触头调压开关来分级改变整流电路输入侧牵引变压器绕组匝比来获得可变的直流电压以满足机车调速的需要。

1956 年贝尔实验室的 Moll 等人发明了可控硅，1958 年美国 GE 公司把它商业化，于 1960 年应用在电传动系统上，人们可以通过改变可控硅的触发导通角来改变输出的直流电压。1970 年初，人们制造出"经济多段"可控硅相控机车，这样电机端电压可以获得大范围的无级调速，并且维持交流侧较高的功率因素。对于直流供电的城市轨道车辆电传动系统来说，则通过可控硅调阻的方式来改变电机端电压。到了 1970 年初，人们开始了无轨电车和地铁车辆的节能调压方式——斩波调压的系统试验。

GTO 器件的原理于 1960 年获得突破后，1977 年日本东芝公司生产出了第一只商业化的大功率器件（1300V/200A）。到了 20 世纪 80 年代初，以地铁为代表的直流供电的主传动系统主要采用 GTO 斩波器，以干线铁路为代表的交流供电的主传动系统主要采用多段桥的可控硅整流装置。1985 年研制成功的我国韶山 4 型 8 轴电力机车就是其中最典型的代表。

1983 年开始应用的电力牵引交流传动系统，其主电路主要是电机侧的三相逆变器和电源侧的四象限变流器（仅对交流供电的电力机车而言）。电力电子器件开始采用快速晶闸管（KK）强迫关断器件。为简化系统电路，20 世纪 80 年代中后期，牵引变流器开始采用门极可关断晶闸管（GTO）。现在干线铁路交—直—交电力机车上主要采用 4500V/4000A 等级的 GTO 器件。GTO 属于电流驱动型器件，开关频率较低、驱动损耗也较大。特别是为了可靠关断 GTO，要求驱动端的关断电流峰值达到 GTO 阳极电流的 1/3，并且电流的上升沿要很陡。这样就大大增加 GTO 驱动电路的技术复杂性、经济成本和驱动功耗。此外，GTO 器件本身所能承受的 di/dt 和 dv/dt 不高，必须在变流器电路设计中设计 di/dt 和 dv/dt 的吸收电路。这就大大增加了传动系统的复杂程度和装置的体积。另外，和 IGBT 器件相比，GTO 封装内没有集成反并联的续流二极管，在变流器电路中需要外接，更加减少了 GTO 变流器的吸引力。20 世纪 90 年代中后期，随着 IGBT 器件的发展，单机容量相对较小的内燃机车和动车组的牵引变流机组已开始采用绝缘栅双极晶体管（IGBT）。IGBT 器件是电压型控制的自关断器件，开关频率高，器件本身的 di/dt 和 dv/dt 承受力大，这就使得 IGBT 变流器结构设计可以采用低感复合母排（Low Inductance Laminated Bus Bar），降低回路电感，从而简化甚至取消吸收回路。另外，IGBT 器件模块内部集成了反并联的续流二极管，装置体积和重量进一步减小，同时开发了具有矩形安全工作区的牵引所用的 IGBT 模块，使得传动系统 IGBT 牵引变流器和 GTO 牵引变流器相比，可靠性大大提高。

一方面，像 3300V/1200A（或 6500V/600A）这样大容量的 IGBT 器件得到进一步开发，IGBT 在可能的功率等级范围内，正在取代 GTO 器件。另一方面，由于 IGBT 是晶体管导通型器件，其通态压降要比晶闸管型器件的 GTO 要高，同时 IGBT 的容量不如 GTO，为此,为 GTO 进行改进的器件也不断涌现。

一种对 GTO 结构和控制电路进行改进的器件——IGCT 得到了有关半导体厂家的推崇。IGCT 是一种新型器件。在 GTO 结构引入 N 缓冲层(Buffer Layer)、薄层可穿透发射区(Very Thin Transparent Emitter)和反并联续流快恢复二极管,形成了新的结构器件,称为门极换向晶闸管(GCT);然后利用 GTO 硬驱动的优点,把硬驱动电路和 GCT 器件集成在一起,称为集成门极换向晶闸管(IGCT)。它和 GTO 相比,主要有 4 个方面的改进。

(1)通过门极驱动单元和封装结构的优化设计,将门极驱动单元与封装的 GCT 芯片集成在一起,从而大幅度地降低了门极与阴极回路中的杂散电感。驱动回路的杂散电感由普通 GTO 的 300nH 降到 5nH,因而极大地提高了开关过程中的门极电流上升率,实现了 GCT 器件的硬驱动,器件的开关特性得到显著改善。

(2)由于 IGCT 通过"N"缓冲层+穿透阳极结构,将硅片的厚度降低了 1/3 左右,大幅度地降低了器件的通态损耗。

(3)通过设置"穿透阳极发射极"结构,大大提高了电子的抽出速度,又不引起空穴的注入,因而可实现晶体管式的关断。IGCT 的关断时间可达 $1 \sim 2 \mu s$。

(4)在减薄硅片厚度的基础上,IGCT 在芯片中集成了反向续流二极管,形成 GCT,简化了电路结构。所以采用 IGCT 的牵引变流器结构比 GTO 的牵引变流器结构要简单得多。

在兆瓦级以上的牵引电传动系统中,IGCT 变流器比 IGBT 变流器更有吸引力。由于目前 IGCT 牵引变流器仍在小范围运行试验中,我国运输装备能力快速提升的高速列车和重载货运牵引变流器主要采用 6500V/600A 的 IGBT 器件并联工作。

二、电力电子器件对辅助系统的影响

电力牵引传动系统的辅助系统大多需要三相电源供电。在电力电子器件得到应用之前,在单相交流供电的电力机车中,辅助系统电源大多采用异步旋转劈相机,把单相交流电变为三相交流电,如韶山 8 型电力机车的 YPX-280M-4 型劈相机。在直流供电的地铁车辆中,辅助系统电源大多采用直流电动—同步发电机组来获得三相交流电,如出口伊朗地铁列车的 ZQD-14/TQF-14 型辅助发电机组。

旋转劈相机在启动时,需要发电相进行分相启动,劈相机在工作时,为了得到三相线电压的对称,必须在发电相和其中一个电动相之间并联电力电容器。电容器的数量需随辅助系统的负载大小变化而变化。另外,三相输出电压的不平衡和频繁启动容易烧损旋转劈相机。地铁车辆辅助发电机组中两电机同轴连接,占用空间大;同时为了达到输出三相电压的稳定和频率的稳定,需要增加复杂的稳频稳压控制屏。

对于单相交流牵引供电的电力机车,辅助系统采用电力电子技术构成的静止劈相机。所谓静止劈相机,主要是采用单相相控整流桥获得基本稳定的直流电压,再通过一个三相逆变器变为所需的三相电压。国内最早应用的是 1986 年开始进口的 8K 电力机车,当时采用的是 GTO 的逆变器。也出现过另一种形式的静止劈相机。它把单相交流电源看成两相,另一相交流电源通过两相整流和一个逆变桥臂的输出来获得。对于直流牵引供电的地铁列车,辅助系统采用斩波器加逆变器的方法获得。斩波器用于稳定逆变器直流侧的电压,逆变器输出获得三相平衡的可变频率的电源。20世纪90年代以来,辅助系统开始陆续采用IGBT作为逆变器的器件。我国20世纪90年代中期投入运营的广州地铁和北京地铁复八线车辆等辅助电源分别采用了德国和日本的IGBT逆变器。

我国电力牵引空调旅客列车原来专门挂一节柴油发电车负责给空调等列车电器供电。20世纪90年代中期以后,我国研制成功了600V直流电压逆变的列车空调逆变器和600V到110V的DC-DC变换器,从而取消了发电车。

由于采用IGBT器件容量等级的不同,辅助系统的电路结构可以分为三种形式。

(1)第一种是交—直—交型。交—直—交型辅助系统变流器通过牵引变压器的辅助绕组引出单相交流电,通过晶闸管的相控整流器或IGBT高功率因数PWM整流器来实现交—直变换。这种电路结构与牵引变流电路完全隔离,电路采用的晶闸管或IGBT器件一般采用1200V的电压等级即可。

(2)第二种是直—交—交型。直—交—交型辅助系统变流器由牵引变流电路的直流侧供电,它把牵引变流器直流侧的电压直接通过IGBT逆变器进行逆变,完成直—交变换,然后通过降压变压器完成交—交变换,输出380V或430V的辅助电源电压。这种电路结构的IGBT器件一般采用3300V(对应DC1500V)的电压或6500V(对应DC3700V)的电压等级,与牵引变流器的IGBT电压等级一样。

(3)第三种是直—直—交型。直—直—交型辅助系统,也由牵引变流器的直流侧供电,它先通过一个Buck电路完成直—直变换,把直流侧电压降为600V,然后通过IGBT逆变器完成直—交变换。这种电路结构需要两种电压等级的IGBT,Buck变换器的IGBT器件一般采用的电压等级为3300V或6500V,逆变器的IGBT器件一般采用1200V的电压等级即可。

三、电力电子器件对控制和辅助电路稳压电源的影响

随着电力牵引传动系统中大功率电力电子器件的应用,控制和辅助电路中直流稳压电源也增多起来。所有控制和辅助电路的电源均由110V直流电源获得。在电力机车中,早期的110V直流电源由牵引变压器辅助绕组通过可控硅相控整流获得,电压稳定度不是很高。随着电力电子器件的发展,现在国内和谐号高速列车和重载货运列车的110V直流电源由IGBT器件构成DC-DC隔离开关电源获得,具有很好的电压精度和电压稳定性。同样,在地铁动车组中IGBT和MOSFET等电力电子器件得到应用后,110V直流电源也由相互隔离的DC-DC开关电源获得。110V以下的稳压电源需求量很大,稳压电源的电压等级主要有±24V,±15V,±5V。这些电源等级由容量更小、开关频率更好的MOSFET构成的开关电源获得。这些开关稳压电源虽在功率上与主传动系统电路或辅助系统电路的变流器相比相差甚远,但它们仍是电力电子器件应用的一个重要分支。

四、电力电子器件促进现代轨道交通变流技术的发展

电力电子器件、拓扑结构及其控制技术的发展,大大促进了现代电力牵引传动技术的发展。1964年,A. Schonung和H. Stemmler在《BBC评论》上发表文章,提出把PWM技术用于交流传动逆变器中,产生了正弦脉宽调制(SPWM)技术,使得逆变器可以给交流电机提供变频变压的正弦电压;1969年,Hasse提出了正弦电压矢量控制概念,1971年Blaschke把这一概念予以发展,形成了完善的交流电机调速的磁场定向矢量控制理论和方法,能大大改善电传动系统的动态性能;1973年,Depenbrock等提出了四象限变流器(即脉冲整流器)方案,即能改善交流输入侧的功率因数,又能实现功率的双向流动,很好地满足了电传动系统牵引和制动的要求,很快在电力机车动车上得到普遍采用;20世纪70年代中后期,大功率可关断电力电子器件的出现和应用,大大简化了电传动系统的结构;1985年Depenbrock又把直接转矩控制技术引入到大惯性环节的电传动系统中,弱化了电机参数对电传动系统的调节性能的影响,从而简化了电传动系统的控制环节;1998年,G. Kratzand和H. Strasser提出了在电力机车上取消工频变压器,代之以工频变压器和软开关变换器的电传动系统概念。下面从系统性能、装置简约、试验系统、多器件化和电能质量改善5个方面阐述电力电子器件对现代轨道交通变流技术发展促进作用。

(一)促进电力传动系统性能的优化

在电力电子技术的带动下,电力传动系统由直流传动走向了现代交流传动。交流传动与直流传动相比,主要有以下优点。

(1)优异的运行性能。交流传动与直流传动相比具有大的持续功率,异步电动机体积小、重量轻,在转向架有限安装空间内可以设置更大的功率,电机重量与功率之比由直流传动的3.17降到1.7;交流传动与直流传动相比具有高起动力,能在静止状态下任意的时间内发出满转矩,利于复杂条件及重载的起动;交流传动与直流传动相比具有宽的恒功率区,恒功率区的最高速度与额定速度之比由直流传动的1.4~1.67增加到交流传动的2.5~3;粘着系数高,比直流传动高10%,干燥轨面可大于0.4。

(2)显著的节能效果。交流传动的电机效率和机车效率均有所提高,同时再生制动可反馈能量10%,在峰谷交错地段可达到40%。

(3)减少易损部件,降低运营成本。交流传动的再生制动效果好,可从高速持续到5km/h(即1.389m/s)以下,丹麦统计过,机械闸瓦制动的消耗由采用直流传动时的8.5万/年降低到交流传动时的3万/年;有触点电器大大减少,不同的牵引工况和制动工况之间转换没有机械开关,特别是异步电机没有电刷和换向器,消除了电气活动触点。

(4)优良的可靠性和维修性。交流传动采用鼠笼式异步电机,几乎免维修;减少了磨耗件的种类和数量,同时广泛采用模块结构和诊断装置,提高了无故障运行的公里数。

(5)供电质量大大改善,接近理想波形。由于采用四象限变流器,交流电网电流波形接近正弦波形,功率因数接近1,机车近似于一个理想的纯电阻型负载。

(二)促进电力传动系统装置的简约化

电力电子器件容量和性能的提高、封装形式的改进,以及功能单元的模块化设计技术大大地促进了电传动系统装置的简约化。

电力电子器件容量和性能的提高,促进了主电路结构的简化。器件从 GTO 到 IGCT 的改进,省去了主电路的 dv/dt 吸收电路和外接的反并联续流二极管,大大简化了主电路的结构,同时简化了驱动电路单元;电传动领域应用期间如果能从 IGCT 过渡到 MCT,甚或更大容量的 IGBT,则还能省去主电路的 di/dt 吸收电路,主电路的结构得到进一步简化;在现有的 IGBT 容量(3300V/1200A 或 6500V/600A)条件下,更大容量的牵引变流器若采用 IGBT 器件,则必须采用三电平结构。三电平结构解决了 IGBT 的串联难题,提高了中间电压和输出功率,改善了输出波形,但它结构复杂、控制繁琐。上述优点将随着 IGBT 器件阻断电压和开关频率的提高逐渐消失,而缺陷却依然存在。所以三电平结构只在开关器件发展还未完全达到机车要求的条件下采用。纵观发展趋势,三电平结构是过渡性的;戴姆勒·克雷斯特(Daimler Chrysler)用 1700V 的碳化硅肖特基二极管代替现有反并联的快速回复硅二极管,试验表明,IGBT 模块的开关损耗大大降低。IGBT 的开通损耗只有现有器件的 1/3,相对应的二极管的关断损耗只有现有器件的 1/5。另外,SiC 器件的芯片温度可从现在 Si 芯片的 150℃提高到 250℃。因此碳化硅技术的发展,将使电力传动系统更加简约。

封装形式的改进,既降低了器件热阻、简化了散热系统,又方便工程化安装。电力牵引传动列车出站运行和进站停车,或在运行线路上根据需要进行加速和制动,机车上的牵引变流器为满足牵引特性要求,工作电流经常大幅度变化;当电力牵引传动列车到站停车后,牵引变流器将停止工作,无电流流过。因此牵引变流器一般工业用的变流器的使用条件有很大不同。这对器件的封装型式提出了更高的要求。IGBT 绝缘基板的模块化结构与双面压接式 GTO 结构相比,工程化安装极为容易,散热系统也很简约。但是这种绝缘基板的模块结构带来了热阻的增加和热循环能力的降低,不利于电力传动系统的工作要求。为此,降低热阻和改进热循环能力的封装形式一直在发展中。为改善热阻,其生产厂家改用 AlN 代替 Al_2O_3 作为硅芯片衬底采用;为改善与 AlN 热膨胀系数的匹配,在采用 AlSiC 代替 Cu 作为基板。对于 $55mm^2$ 衬底的大功率 IGBT,采用 AlSiC 代替铜基板后,热膨胀差从 70mm 降到 20mm,大大减少了负载循环时因材料热膨胀系数相差较大所引起的硅片与衬底之间、衬底与基板之间的焊接疲劳破坏。与此同时,通过使用改进的材料,解决了硅芯片上焊丝剥离问题。为解决模块化结构比较低的热循环能力等问题,ABB、Fuji、Eupec、Toshiba 四家公司近年来也开发了与 GTO 相同压接式结构的 IGBT。能同时兼有绝缘模块外壳和压接式封装等优点的一种新型封装形式已经初露端倪。这种新的封装形式采用两边 DCB 绝缘的三明治结构形式,然后再在 DCB 上集成液冷的微通道散热器,而 IGBT 的内部芯片以及芯片到电极的连接采用倒装晶片焊接技术(Flip Chip Solder Bump Technology)。这种新型结构的 IGBT 不仅最大限度减少了内部引线电感,而且极大降低了器件从管芯到外壳的热阻。这种结构封装的散热效果非常好,它采用液冷时,其散热效果可以达到现有封装器件水冷效果的三倍。

功能单元模块化设计,增加了电磁兼容性,也方便了安装和拆卸。电力电子器件工作在开关状态,产生很大的 di/dt 和 dv/dt,电磁干扰很大。除了电路设计中采用各种抗干扰措施外,功能分块和隔离也是重要的手段。另外,电力传动系统所处的工作环境很恶劣,不仅是强电磁干扰、强机械振动的,而且易被尘埃、油污、湿气等污染。所有这些,都促进了功能单元模块化技术的发展。

(三) 促进交流传动试验系统的发展

大功率交流传动系统的研究和开发,需要对交流传动系统的变流器、交流牵引电机、变流器控制系统以至轨道动车的全车控制进行功率试验。交流牵引传动试验台应该能完成如下试验:按照机车牵引特性进行不同级位的"恒流准恒速"特性控制的牵引运行试验;按照机车制动特性进行再生制动试验;按照机车恒转矩启动要求进行机车起动加速试验;逆变器容量足够大时,能完成牵引电机的各种特性试验和有关参数的测定;电机容量许可时,能完成逆变装置的考核运行试验。

目前国内已经建成和在建的交流试验系统大部分分为两种:一种是"能量消耗式"系统;另一种是"能量反馈式"系统。第一种方式是在被测试的电动机输出轴上对接一个直流发电机,直流发电机的输出端(定子端)接电阻型负载,通过调节直流发电机励磁电压来调节它的输出转矩,即变流器和牵引电机的负载。第二种方式是在被测试的异步电动机输出轴上对接一个"直流发电机—直流电动机—交流同步发电机"构成的能量反馈系统,把电能回馈给50Hz的电网。通过联合调节"直流发电机—直流电动机—交流同步发电机"能量反馈系统的三个励磁,来调节它的输出转矩,即电动机的阻力矩,以及维持同步发电机的频率稳定。

这两种试验系统本身存在许多缺点,更重要的是不能全部完成上述要求的5个方面的试验。随着电力电子技术的发展,一种能满足上述5个方面试验要求的互馈式交流传动试验系统得到了发展。国外传动系统生产厂家都在采用该试验系统,我国也正在开发该试验系统。

(四) 促进电传动系统的多器件化发展

电力电子技术发展的一个重要趋势是不断地增加以电力电子器件为核心的变流装置在电能变化中的比重。电传动系统也不例外,现代交流牵引供电方式是通过安装在机车上的单相牵引变压器把电压变为机车所需的各种电压等级,然后通过车上的各种变换器供给牵引电机和辅助传动和照明等系统。但是牵引变压器非常重,比如国产 SS_8 电力机车中为11.5t,进口8K电力机车中为12.6t。由于机车轴重的要求,列车减重往往是一个重要的指标。人们提出了用变流器取代牵引功率变压器的想法。通过多电平串接四象限变流器和多重化 DC-DC 变换器,可以用高频牵引变压器来取代现在的工频变压器。据测算,采用高频变压器后,可使包括变压器、整流器和滤波器在内的牵引逆变器直流侧之前的设备重量减轻50%,使效率也得到很大的提高。

(五)促进牵引供电电能质量的改善

晶闸管在轨道交通领域中的应用,始自电力机车的相控整流器。相控整流器在调压过程中,随着晶闸管触发角的增大,交流侧功率因数会恶化。另外相控整流器的工作,使得电网的低次谐波含量大大超标。为了改善电能质量,传统的方法是在牵引变电站采用固定电感和电容构成的无功和谐波补偿装置。为了动态补偿无功和谐波,后面发展了晶闸管控制的无功补偿装置(SVC),如晶闸管控制的电抗器(TCR)和晶闸管投切电容器(TSC)等。

随着可关断电力电子器件的发展,GTO 和 IGBT 等器件先后在电力机车和牵引变电站中得到应用。电力机车网侧变流器由传动的晶闸管器件构成的相控整流器逐步发展成为由 GTO 和 IGBT 构成的 PWM 整流器。相控整流器发展成为 PWM 整流器后,电力机车牵引变压器网侧的电能质量大大改善。原来相控整流器在牵引变压器网侧含有大量的无功电流和三次、五次等低次谐波电流,需要花大力气去治理。前几年投运的重载电力机车和 2008 年 8 月在京津线开行的高速列车在改用 IGBT 构成的 PWM 整流器后,牵引变压器网侧电能质量大大改善,无功电流和低次谐波电流含量大大低于国家有关标准,可以忽略。而 PWM 整流器产生的高次谐波一般都在 19 次以上的谐波,很容易被消除。另一方面,以晶闸管为主构成的 SVC 在牵引变电站使用后,大大改善了无功和低次谐波,但它的动态响应速度不够快,不能及时跟踪补偿快速变化的电流电压。而且它在补偿的同时,也产生一些频率不很高的其他谐波电流。由可关断器件构成的静止无功发生器(SVG)或静止同步补偿器(STATCOM),能够很好地跟踪轨道交通车辆运行过程中动态变化的无功和谐波。

本书从牵引理论基础、电力电子器件、交流异步电动机的控制策略矢量控制(VC)和直接转矩控制(DTC)、斩波电路、逆变电路、城市轨道交通车辆的主传动控制和城市轨道供电系统和车辆电气设备等诸多方面论述了轨道车辆电力牵引系统,力求追踪飞速发展的轨道车辆电力牵引技术。电气牵引传动的矢量控制、直接转矩控制、斩波电路、逆变电路和 PWM 控制技术是电气牵引传动自动控制领域大家关心的热点,本书以后各章将逐步展开讨论。

复习思考题

1-1 简述电力电子技术在轨道交通电力牵引传动系统中的应用主要分为几方面?

1-2 由于采用 IGBT 器件容量等级的不同,辅助系统的电路结构可以分为哪几种形式?

1-3 集成门极换向晶闸管(IGCT)和 GTO 相比,主要做了哪些方面的改进?

1-4 从系统性能、装置简约、试验系统、多器件化和电能质量改善5个方面阐述电力电子器件是如何促进现代轨道交通变流技术的发展的?

第二章 牵引理论基础

目前,绝大多数城市轨道交通车辆属于钢轮钢轨式,运行的任何一种工况,都依赖于车轮和钢轨的相互作用力。

在钢轮钢轨式城市轨道交通车辆中,牵引动力由牵引电动机通过传动机构,传递给动车的动力轮对(动轮),由车轮和钢轨的相互作用,产生使车辆运动的反作用力。根据物理学中关于摩擦的概念,轮轨之间的切向作用力就是静摩擦力。最大静摩擦力是钢轨对车轮的反作用力的法向分力与静摩擦因数的乘积。但实际上,动轮与钢轨间切向作用力的最大值比物理学上的最大静摩擦力要小一些,情况也更复杂一些。在分析轨道车辆的轮轨相互作用时,我们通常引入两个非常重要的概念:"粘着"和"蠕滑"。

第一节 粘着与蠕滑

一、粘着

牵引力有车钩牵引力和轮周牵引力之分。车钩牵引力指的是机车牵引车辆的纵向力,也称挽钩牵引力,以 F_g 表示,欧美一些国家以它作为牵引力的计算标准,它比较容易测量。计算牵引重量时用它也比较方便。但是,在计算列车运行速度和运行时间的时候要以整车为分离体,车钩牵引力不过是机车和车辆之间相互作用的内力,所以车钩牵引力 F_g 不是使整个列车发生运动或加速的外力。

在钢轨上运行的列车与外界的接触对象主要是空气和钢轨(电力牵引时还有接触网)。真正能使列车发生运动和加速的人为外力,目前只能来自于钢轨(轮轨接触点)。

机车是一种能量转换装置。不论是电力机车的电能,还是内燃机车和蒸汽机车的燃料化学能,都是通过动力装置的作用,最终转变成机械能,并传递到动轮上的。但是,动力装置作用在动轮上的力矩是机车的一种内力矩。如果动轮不压在钢轨上的,那么动轮只能自身旋转,而不能使机车运动。因此,使机车牵引车辆沿轨道运行的外力肯定来自钢轨和轮周。由于它作用于动轮的轮周(踏面),所以,通常称为轮周牵引力。我国、俄罗斯以及从苏联独立出来的其他国家都以轮周牵引力作为牵引力计算的标准。

轮周牵引力的产生必须具备下列两个条件:机车动轮上有动力传动装置传来的旋转

力矩;动轮与钢轨接触并存在摩擦作用。

轮周牵引力的产生过程如下:图2-1为动车以速度V在平直线路上运行时一个动轮对的受力情况(忽略内部各种摩擦阻力)。为了更清楚地表示,图中将接触的动轮与钢轨稍稍分开画出。P_i为一个动轮对作用在钢轨上的正压力,又称为轮对的轴重。牵引电动机作用在动轮上的驱动转矩M_i,可以用一对力形成的力偶代替。力F'_i和F_i分别作用在轮轴中心的O点和轮轨接触处的O'点,其大小为$F'_i = F_i = M_i/R_i$,R_i为动轮半径。

在正压力P_i的作用下,车轮和钢轨的接触部分紧压在一起。切向力F_i使车轮上的O'点具有向左运动的趋势,并通过O'点作用在钢轨上。f'_i表示车轮作用在钢轨上的力,其值$f'_i = F_i$。由于轮轨接触处存在着摩擦,车轮上O'点向左运动的趋势将引起向右的静摩擦力f_i,即钢轨对车轮的反作用力,其值$f_i = f'_i$,f_i称为轮周牵引力。因此,车轮上的O'点受到两个相反方向的力F_i和f_i的作用,而且

$$f_i = F_i \tag{2-1}$$

所以,O'点保持相对静止,轮轨之间没有相对滑动,在力F'_i的作用下,动轮对做纯滚动运动。

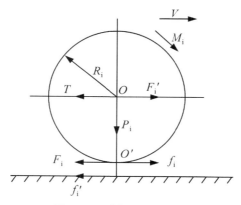

图2-1 动轮对受力分析

由于正压力而保持动轮与钢轨接触处相对静止的现象或轮轨接触的这种状态称为"粘着"。粘着是一种现象、状态,粘着状态下的静摩擦力又称为粘着力。

轮轨间的粘着与静力学中的静摩擦的物理性质十分相似。实际上轮轨间的问题相对比较复杂,车轮和钢轨在很大的压力作用下都有变形,轮轨间实际是椭圆面接触而非点接触,不存在理想的瞬时转动中心;机车运行中不可避免地要发生冲击和各种振动,车轮踏面又是圆锥形,所以车轮在钢轨上滚动的同时必然伴随微量的纵向和横向滑动,即实际不是纯粹的"静摩擦状态",而是"静中有微动"或"滚中有微滑";在运行过程中,由于牵引力和惯性力不是作用在同一水平面内的,造成机车前后车轮作用于钢轨的垂直载荷分配不均匀。所以,轮轨间纵向水平作用力的最大值实际上与运动状态有关系,而且比物理上的"最大静摩擦力"要小得多。因此,在铁路牵引和制动理论中,在分析轮轨间纵向力问题时,不用"静摩擦"这个名词,而以"粘着"来代替。相应地,在粘着状态下轮轨间纵向作用力的最大值就称为粘着力。

驱动转矩 M_i 产生的切向力 F_i 增大时，粘着力 f_i 随之增大，并保持与 F_i 相等。当切向力 F_i 增大到某一数值时，粘着力 f_i 达到最大值。此后切向力 F_i 如再继续增大，f_i 反而迅速减小。试验证明，轮轨间传递（产生）的切向力 F_i 与动轮对的正压力 P_i 成正比，其比例常数称为粘着系数，用 μ 表示，即

$$\mu = \frac{F_i}{P_i} \quad (2-2)$$

式 2-2 表明，在轴重一定的条件下，轮轨间的粘着力由轮轨间粘着系数的大小决定。当轮轨间出现最大粘着力时，若继续加大驱动转矩，一旦切向力 F_i 大于最大粘着力，动轮上的 O' 将向左移动，轮轨间出现相对滑动，粘着状态被破坏。动轮与钢轨的相对运动由纯滚动变为既有滚动、也有滑动。此时钢轨对动轮的反作用力 f_i 由静摩擦力变为滑动摩擦力，其值迅速减小，并使动轮的转速上升。这种因驱动转矩过大，破坏粘着关系，使轮轨间出现相对滑动的现象，称为"空转"。动轮出现空转时，轮轨间只能依靠滑动摩擦力传递切向力，传递切向力的能力大大削弱，同时造成动轮踏面和轨面擦伤。因此，牵引运行应尽量防止出现动轮的空转。

粘着系数是由轮轨间的物理状态确定的。加大每轴的正压力，即轴重，可以提高每轴牵引力，但轴重受到钢轨、路基和桥梁等限制。动力分散型的城市轨道交通车辆，动轴数较多，很容易达到整列车所需的牵引力，因而轴重较小，这对保护轮轨的正常作用是有利的。

下面引出可用粘着（系数）、机车能利用的粘着（系数）、粘着利用率、计算粘着系数等概念，可以把粘着问题分析得更透彻。

二、可用粘着（Available Adhesion）及可用粘着系数

（一）可用粘着及可用粘着系数的定义

轮轨间实际存在的粘着，亦即可能达到的最大粘着，称为可用粘着。最大可能的粘着力 f_{max} 则对应轮周牵引力的峰值 F_{max}。f_{max} 与动轮对的正压力 P_i 之比值称为可用粘着系数，用 μ_{max} 表示，即

$$\mu_{max} = \frac{f_{max}}{P_i} \quad (2-3)$$

轮轨间的可用粘着是客观存在的，是由轮轨接触的物理状态所决定了的。一般不能人为改变，机车设计师无能为力。机车在运用中不能超过可用粘着，只能尽量接近它。

（二）影响可用粘着的因素

1. 动轮踏面与钢轨表面状态

冰、霜、雪等天气的冷凝作用或小雨使轨面轻微潮湿时轨面粘着系数较低，干燥清洁的动轮踏面与钢轨表面粘着系数较高。大雨过后，轨面生成的薄锈使粘着系数增大；油垢使粘着系数减小。对于完全干净的轨面，即在理想状态下，粘着系数可达 0.6 ~ 0.7。

实际运用中轨道面不可能保持理想干净状态。对于通常所说的干钢轨,实际上总存在一层微观的薄油膜,故粘着系数达不到理想值,一般粘着系数为0.3~0.5。在钢轨上撒砂则能较大地提高粘着系数。不同轨道的粘着系数不同,需要经多次实验后计算其平均值。图2-2是日本JR、JNR、营团等城市轨道及日本新干线干燥与潮湿时的粘着特性。

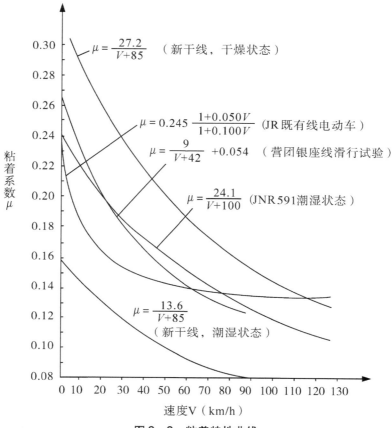

图2-2 粘着特性曲线

2. 车轮直径

车轮直径影响轮轨接触面的大小,影响接触面的压强。实验表明,极限摩擦因数随压强的减小而增大。车轮直径大、接触椭圆面积大、压强小,粘着系数大,能传递较大的切向力。

我国内燃机车的轮径为1050mm,电力机车的轮径为1250mm。轮径由1050mm增至1250mm,粘着系数可增大5%。有报道台架试验的结果使粘着系数增大20%,此数值似乎偏大。轮径较大的电力机车的计算粘着系数比内燃机车的粘着系数高出10%~20%,主要有两方面的原因,一方面是由于电力机车的轮径较大,另一方面更主要的是由于电力机车牵引电动机的扭矩—转速特性较陡,有利于抑制空转。同时具备这两个因素才能使粘着系数增大10%~20%,其中任何一个因素的单独作用都不会达到这个数值。

3. 轴重

国外专门试验研究表明,粘着系数随轴重增大而稍减,这是由于压强增大的缘故。

轴重每增加1%,粘着系数约减少0.2%。按此计算,机车轴重由23t增加到25t,即增加了8.7%,但同时粘着系数要下降1.74%,粘着牵引力增加7%。

4．机车速度

可用粘着随着机车运行速度的增加而略有减小。因为速度增加时,轮轨间的接触状态发生了变化,不同的速度影响轮轨间传递切向力的状态。速度增加所引起的可用粘着的下降是不大的。根据UIC的ORE实车试验,把速度作为一个独立的参数,随着速度的增加,可用粘着系数会有所下降,与v=0km/h时对比,v=140km/h时的可用粘着系数约减小10%。根据日本的试验,当轨面干燥时,速度对可用粘着的影响很小。但当轨面上有水时,随着速度增高,可用粘着明显下降。这是因为车轮高速回转时,在轮轨间形成一层很薄的水膜,使轮轨实际接触面积减少,传递切向力的能力下降,使高速列车在潮湿轨面上加速运行时可能会发生空转。

5．线路质量

钢轨愈软或道砟的下沉量愈大,粘着系数愈小;钢轨不平或直线地段两侧钢轨顶不在同一水平,动轮所处位置的轨面状态不同,都会使粘着系数减小。

三、机车能利用的粘着及粘着利用率

(一)粘着利用率的定义

在机车实际运用中,由于种种原因,能利用(能实现)的粘着总小于可用粘着,能利用的粘着系数$\mu_{利}$总小于可用粘着系数μ_{max},两者的比值定义为粘着利用率β。

$$\beta = \frac{\mu_{利}}{\mu_{max}} \tag{2-4}$$

机车设计师的任务是尽可能提高机车的粘着利用率β,使$\mu_{利}$尽可能接近μ_{max},使轮轨间能传递尽可能大的牵引力。不同的机车,由于结构、参数设计不同,粘着利用率β及能利用的粘着系数$\mu_{利}$出入很大。

(二)影响粘着利用率的因素

1．机车速度

机车速度是最重要的运用参数。随着速度增加,机车横向及垂向振动加剧,使机车能利用的粘着系数和粘着利用率明显下降。

机车横向振动例如蛇行运动加剧时,在轮轨间产生附加的横向蠕滑及蠕滑力。如果轮周牵引力(纵向蠕滑力)仍保持原来的最大值,则合成蠕滑力会超过最大容许值而产生滑动(空转)。因此为了不发生空转,只能减少轮周牵引力,这就意味着粘着利用率下降。

随着速度增加,机车簧上及簧下的垂向振动加剧,轮轨间产生较大的动载荷ΔP。在轴重减少的瞬间,轮轨实际能传递的牵引力(机车能利用的粘着力)下降。也可以换一种说法,认为轴重不变(永远保持粘着重量P),机车实际能利用的粘着较可用粘着小的原因是机车能利用的粘着系数$\mu_{利}$小于可用粘着系数μ_{max}。

机车能利用的粘着力 $= (P - \Delta P)\mu_{\max} = P \cdot \mu_{利}$

$$\mu_{利} = \frac{P - \Delta P}{P} \cdot \mu_{\max} \tag{2-5}$$

可用粘着系数 $\mu_{\max}$ 是客观存在的。由于机车速度增高、路基不良、轨面波形磨耗等原因，轮轨垂向动载荷 ΔP 增大，则能利用的粘着系数 $\mu_{利}$ 减小，即粘着利用率减小。

2. 轴重转移

由于车钩高于轨面，机车牵引时轴重转移不可避免。在机车设计上可以尽量减少轴重转移，在设计得最好的情况下，达到最小的轴重转移。机车一半轮对均匀减载，另一半轮对均匀增载，减载量及增载量相同。

在机车轴重转移的情况下，减载量最多的轮对可能首先发生空转，从而导致机车所有轮对空转。这实际是机车粘着重量的减少，但也可视为没有产生轴重转移，机车粘着重量不变，而是能利用的粘着系数 $\mu_{利}$ 较可用粘着系数 $\mu_{\max}$ 小。在轴重转移分析中，定义了粘着重量利用率：

$$粘着重量利用率 = \frac{Q - \Delta Q}{Q} \tag{2-6}$$

式中：Q——原有的轴荷重；

ΔQ——在一定的牵引力作用下，轴荷重减载的最大值。

3. 轮对驱动系统的扭转振动特性

牵引电动机电枢轴的力矩经驱动装置驱动车轮回转，在轮周上产生牵引力。整个驱动系统是一个扭转系统，具有一定的惯量和扭转刚度。当作用在驱动系统上的外载荷（例如驱动力矩或轮轨粘着）突然发生变化时，会引起驱动系统的扭转振动。如果此时的驱动力矩较大，驱动系统的扭转振动使轮轨间的作用力超过了粘着力，车轮在钢轨上产生滑转；扭转振动向反方向扭转变形时，又使车轮停止滑动，重新建立粘着。这样交替进行，形成轮轨间的粘滑振动。

驱动系统的粘滑振动可能是稳定的，即逐渐衰减；也可能是不稳定的，扭振振幅不断增大，导致轮对空转。为了使轮对驱动系统不易发生粘滑振动，提高粘滑振动的稳定性，应使系统的扭转刚度足够大，牵引电动机的扭矩—转速特性要陡。

对于一般的抱轴式牵引电动机，轮对驱动系统的扭转刚度很大，不易发生粘滑振动。在一般运行条件下不会因粘滑振动而恶化机车的粘着性能。

全悬挂牵引电动机的驱动系统的情况则不同，从电枢轴至车轴的整个驱动系统中，弹性环节较多，系统具有较大的扭转弹性，容易发生粘滑振动而诱发空转。此时，确保驱动系统的粘滑振动稳定性成为设计中的关键问题。为此，我们必须尽可能增大驱动系统中各弹性环节的扭转刚度，并注意系统中各扭转刚度的合理匹配。即便如此，有些全悬挂电动机驱动系统在大牵引力下仍难免会发生粘滑振动而导致空转，这种机车的粘着利用率就较低。

4. 曲线粘降与径向转向架

机车在曲线上运行时，轮对运行方向与曲线上轮轨接触点的切线形成的夹角称为冲角。冲角的大小与曲线半径相关。冲角的存在使车轮在钢轨上产生横向速度分量,形成轮轨间的横向蠕滑及横向蠕滑力。另外,轮对的两个车轮的滚动半径和曲线内外轨长度也不可能完全配合,从而形成内外轮的纵向蠕滑及纵向蠕滑力。曲线半径越小,上述附加的横向蠕滑力及纵向蠕滑力就愈大。由于轮轨间能传递的总的蠕滑力受可用粘着的限制,因而在曲线上能传递的纵向牵引力(纵向蠕滑力)比直线上明显减少,即曲线上机车能利用的粘着下降,或称粘着利用率下降,简称曲线粘降。

曲线粘降与转向架形式密切相关,两轴转向架的曲线通过性能优于三轴转向架。两轴转向架通过曲线时的冲角也较小,故两轴转向架的曲线粘降也比三轴转向架好。机车径向转向架在20世纪90年代初才开始投入实际应用,并取得了很好的经济效果。径向转向架设计的关键是在保证轮对按照预想的轨迹顺利回转通过曲线的同时,还要保证转向架具有较高的运行稳定性。

径向转向架按照是否利用了轮对的自导向功能,可以将其分为自导向径向转向架和迫导向径向转向架两类。自导向径向转向架通过适当减小轮对纵向定位刚度,靠轮对内外轮上的纵向蠕滑力所形成的力偶使轮对自动向径向位置调节,能够接近径向位置,冲角大为减小(向零接近)。迫导向径向转向架是利用车体与构架和轮对之间的连接机构强迫轮对转向的转向角连锁方式,以此来减小冲角。横向蠕滑与冲角成正比,随着冲角的不断减小,横向蠕滑力也不断减小,使轮轨间能传递的纵向牵引力和直道上差不多,因而径向转向架的曲线粘降很小,与常规转向架相比,提高了曲线上的粘着利用率。顺便指出,机车径向转向架还有另外一些改善曲线通过性能的优点:冲角减小使轮缘及轨侧磨耗减少;冲角减小使横向蠕滑力减小,从而使导向车轮的轮缘力稍减,安全性增加;冲角减小使车轮爬轨的危险性减小。

5. 车轮直径差

车轮直径应尽量保持相等,不仅同一轮对上的两个车轮直径要相等。而且同一牵引单元的轮对轮径也应尽量保持相等。否则,引起的附加滑动就会使轮轨实际能传递的最大牵引力减少,即能利用的粘着系数$\mu_{利}$、粘着利用率减小。动轮轮径不同,也会产生电机负载分配不匀,牵引工况时,轮径大的负载偏大,轮径小的负载偏小;制动工况时则正好相反,轮径大的负载偏小,轮径小的负载偏大。

6. 牵引电动机的扭矩—转速特性

交流异步牵引电动机具有很陡的扭矩—转速特性。当因轨面状态差,车轮刚要发生空转,即车轮及电动机转速微量增加时,电动机扭矩急速下降,具有良好的自动抑制空转和自动恢复粘着的功能。因此交流传动机车的$\mu_{利}$较大,即粘着利用率大。

四、计算粘着系数

机车的粘着问题是一个微妙的、模糊的问题。轮轨间的可用粘着受接触面物理状态(轨面状态及气候条件)的影响,出入很大。机车能利用的粘着系数$\mu_{利}=\beta\mu_{max}$,除了取决

于可用粘着 μ_{max}，还受粘着利用率 β 的影响。粘着利用率受机车结构及运用条件的影响，出入也很大。粘着利用率也是一个模糊概念，没有一个确定的数值。我们只能说某机车的粘着利用率 β 高，轮轨粘着条件好（μ_{max} 高）等一些模糊概念。

但是在机车设计及列车牵引计算中，对机车能利用的粘着系数 $\mu_利$ 需要有一个确定的值，以此为准设计机车，方能进行牵引计算。因此对各种机车在不同速度下能达到的 $\mu_利$ 的大量试验点，用统计学的方法，人为综合出反映同类机车 $\mu_利$ 的平均值，就称为计算粘着系数，用 $\mu_j = f(v)$ 表示，如图 2-3 所示。计算粘着系数与环境气候、运行速度、机车构造、线路品质和轮轨表面状态等诸多因素有关。计算粘着系数 μ_j 用来作为一般机车的能利用的粘着系数 $\mu_利$ 的计算标准。因为 μ_j 是人定的计算标准，因此，各国不同，一个国家不同时期也可能定得不同。

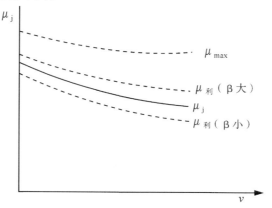

图 2-3 计算粘着系数 μ_j 随 v 的变化

我国最近修订的新《牵规》规定都是在大量试验的基础上，结合运用经验根据平均值整理得到的。各种机车的计算粘着系数的经验公式如下，适用于轨面为正常状态（干钢轨）。

国产电力机车

$$\mu_j = 0.24 + \frac{12}{100 + 8v} \tag{2-7}$$

6K 型电力机车

$$\mu_j = 0.189 + \frac{8.86}{44 + v} \tag{2-8}$$

8G 型电力机车

$$\mu_j = 0.28 + \frac{4}{50 + 6v} - 0.0006v \tag{2-9}$$

国产电传动内燃机车

$$\mu_j = 0.248 + \frac{5.9}{75 + 20v} \tag{2-10}$$

ND_5 电传动内燃机车

$$\mu_j = 0.242 + \frac{72}{800 + 11v} \tag{2-11}$$

前进型、建设型蒸汽机车

$$\mu_j = \frac{30}{100+v} \tag{2-12}$$

式中：v——运行速度，km/h。

为了更形象地说明可用粘着系数 μ_{max}、计算粘着系数 μ_j 和机车能利用的粘着系数 $\mu_{利}(\beta 大及 \beta 小)$ 之间的关系，在图 2-3 中加画了 $\mu_{max}(v)$、$\mu_j(v)$，其中 $\mu_{利}$ 有两条曲线，分别代表粘着利用率 β 大及 β 小。必须指出，图中 μ_j 是式（2-7）或（2-10）画出的一条曲线，而 μ_{max} 及 $\mu_{利}$ 是数据带的平均值。

对于粘着利用率 β 高的机车，即 $\mu_{利} > \mu_j$，运行中即使高于 μ_j 也不一定空转，称该机车粘着性能好；对于粘着利用率 β 低的机车，$\mu_{利} < \mu_j$，若按 μ_j 运行，也可能会发生空转，称该机车的粘着性能差。

五、蠕滑

分析牵引工况轮轨接触处的弹性变形（图 2-4），可以进一步深化对粘着的认识。

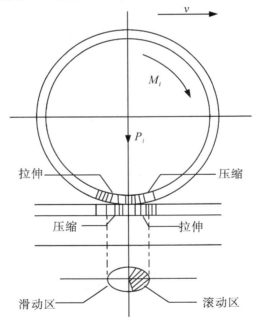

图 2-4　牵引工况轮轨接触处的弹性变形

在动轮正压力的作用下，轮轨接触处产生弹性变形，形成椭圆形的接触面。从微观上看，两接触面是粗糙不平的。由于切向力 F 的作用，动轮在钢轨上滚动时，车轮和钢轨的粗糙接触面产生新弹性变形，接触面间出现微量滑动，即"蠕滑"。蠕滑对机车十分重要，存在蠕滑，才会有粘着力，机车才能正常运行。

蠕滑的产生是由于在车轮接触面的前部产生压缩，后部产生拉伸；而在钢轨接触面的前部产生拉伸，后部产生压缩。车轮上被压缩的金属，在接触表面的前部与钢轨被拉伸的金属相接触。随着动轮的滚动,车轮上原来被压缩的金属陆续放松,并被拉伸,而钢轨上原来被拉伸的金属陆续被压缩,因而在接触面的后部出现滑动。轮轨接触面存在两种不同状态:接触面的前部,轮轨间没有相对的滑动,称为滚动区,在图 2-4 中用阴影线表示;接触面的后部轮轨间有相对滑动,称为滑动区。这两个区域的大小随切向力的变化而变化。当切向力增大时,滑动区面积增大,滚动区面积减小。当切向力增大超过一定程度时,滚动区面积为零,整个接触面间出现相对滑动,轮轨间的粘着被破坏,即出现空转。蠕滑是滚动体的正常滑动,动轮在滚动过程中必然会产生蠕滑现象。伴随着蠕滑产生静摩擦力,轮轨之间才能传递切向力。由于蠕滑的存在,牵引时动轮的滚动圆周速度将比其前进速度高,这两种速度的差值称为蠕滑速度 v_s。蠕滑大小的程度用无量纲的蠕滑率 γ 来表示,蠕滑率 γ 的定义为

$$\gamma = \frac{\omega R_i - v}{v} = \frac{v_s}{v} \tag{2-13}$$

式中:ω——动轮转动的角速度;

R_i——车轮半径;

v——动轮的前进速度。

轮轨间由于摩擦产生的切向力反过来作用于驱动机构,随着切向力的增大,驱动机构内的弹性应力也增大。当切向力达到极限时,由于蠕滑的积累波及整个接触面,发展为真滑动;积累的能量使车轮本身加速,这时驱动机构内的弹性应力被解除。由于车轮的惯性和驱动机构的弹性,在轮轨间出现滑动、粘着、再滑动和再粘着的反复振荡过程,一直持续到重新在驱动机构中建立起稳定的弹性应力为止。

驱动力矩 M_i 不是很大时,即轮周牵引力 f_i 不是很大的时候,蠕滑率 γ 很小,约为千分之几,这时轮周牵引力 f_i 与蠕滑率 γ 成线性关系(图 2-5a 区)。当 M_i 大到一定程度后,蠕滑率增大较快(图 2-5b 区)。当 M_i 再增大时,车轮相对于钢轨产生很大的蠕滑(γ 很大),轮轨接触面能传递的轮周牵引力 f_i 随 γ 的增大而迅速下降。极限蠕滑率以左范围内的蠕滑叫微观蠕滑,极限蠕滑率以右范围内的蠕滑叫宏观蠕滑。

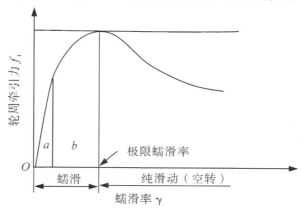

图 2-5 轮周牵引力与蠕滑率的关系

根据理论分析可知,粘着面积不能传递牵引力,牵引力是靠滑动区传递给钢轨的。

显然外界加在轮轨接触面的法向力越大,变形差就越大。因此,在其他条件不变的情况下,牵引轴重必将加大蠕滑区的面积,这就是在相同的粘着系数下轮重大的蠕滑率相对比较大的原因。但是随着轴重的加大,直线的纵向有效摩擦系数要降低,也就意味着轴重未必导致粘着系数的提高。实验数据表明,当纵向蠕滑一定的时候,粘着系数随着轴重增加而下降,纵向蠕滑率为 0.002 时,轴重每增加 10%,粘着系数下降 17%;纵向蠕滑率为 0.003 时,轴重每增加 10%;粘着系数下降 14%;纵向蠕滑率为 0.004 时,轴重每增加 10% 粘,着系数下降 5.4%。不难看出随着蠕滑率的不断加大,这种粘着系数随着轴重增加而减少的趋势逐渐减少。

第二节 牵引与制动

一、牵引力的形成

由图 2-1 可见,由于轮轨间存在粘着,静止的动轮受驱动转矩 M_i 的作用后,动轮上的 O' 受到大小相等、方向相反的切向力 F_i 和粘着力 f_i 的作用。O' 点保持相对静止,成为动轮的瞬时转动中心。作用在轮轴中心 O 点的力 F'_i 将使动轮绕 O' 点转动,引起轴承对轮轴的水平反作用力 T。只要驱动转矩 M_i 足够大,动轮即绕瞬时转动中心转动,瞬时转动中心沿钢轨不断前移,车辆产生平移运动。

从车辆整体来看,驱动转矩归算到轮心的作用力 F'_i 和轴承对轮轴的反作用力 T 是一对内力,而钢轨对动轮的摩擦反作用力 f_i 是动轮受到的唯一水平外力。由于 f_i 的存在,车辆才有可能产生平移运动。故这个外力称为动轮的轮周牵引力。

动车各动轮对的轮周牵引力,通过转向架、车体传递到车钩,牵引拖车,使列车前进。也就是说,调节驱动转矩可以控制列车的牵引工况。

二、粘着对牵引力的限制

调节牵引电动机转矩,改变切向力 F_i 的值以得到不同的轮周牵引力的前提条件是不破坏粘着;也就是说,动车所能实现的最大牵引力受粘着的限制。由粘着条件决定的最大粘着力,也就是动轮不空转所能实现的最大牵引力,称为粘着牵引力,用 F_μ 表示。

$$F_\mu = \mu_j P_\mu \tag{2-14}$$

式中:μ_j——计算粘着系数;

P_μ——各动轮正压力之和,也称为粘着重量。

当各动轴驱动转矩归算到轮缘的作用力之和超出上式的限制时,粘着条件相对最差的动轮就会产生空转,动车的牵引力立即下降。

三、提高粘着性能的措施

根据式(2-14)可知,计算粘着系数 μ_j 影响着粘着牵引力,而 μ_j 是对各种机车在不同速度下能达到的 $\mu_{利}$ 的大量试验点,用统计学的方法,人为综合出反映同类机车 $\mu_{利}$ 的平均值。机车能利用的粘着取决于可用粘着及粘着利用率:$\mu_{利} = \beta\mu_{max}$。要提高 $\mu_{利}$,就要提高可用粘着系数 μ_{max} 及粘着利用率 β。下面分别加以讨论。

(一)提高可用粘着系数的措施

轮轨之间的可用粘着是客观存在的,决定于轮轨接触面的物理状态,机车结构对此没有影响。轮径和轴重虽然对可用粘着系数有一定的影响,但轮径和轴重的确定是考虑到其他方面的需要。而不是为了改变 μ_{max}。我们可以人为改变轮轨接触面状态来提高 μ_{max}。

1. 撒砂及喷射陶瓷粒子

轨面状态本是客观存在的,一般不能人为改变,但长期以来被普遍使用的向轨面撒砂,人为改变了轨面的状态,改善了不良轨面的粘着。不管是干钢轨还是湿钢轨,撒砂都能明显提高粘着系数,但是对于霜、雪、落叶和严重油污的轨面,效果不是很明显。一般来说,撒砂可以使粘着系数提高10%~50%。机车速度超过140km/h时,通过撒砂增加粘着的效果不是很明显,撒砂的缺点是增加了轮轨的磨损。由于下雨的原因,高速行车轮轨粘着下降,高速加速时会产生空转,制动时会发生滑行。所以粘着问题不仅与重载牵引相关,也与高速行车密切相关。日本高速列车近年来采用向轮轨间喷射陶瓷粒子技术,可以大幅度提高高速时的粘着系数。陶瓷粒子为氧化铝,粒子直径0.3mm。

2. 踏面清扫闸瓦

踏面闸瓦制动能保持踏面干净。若机车采用盘形制动,踏面会受到油垢污染,粘着系数降低。日本高速列车上装设踏面清扫闸瓦,此闸瓦不是用来制动的,而是用来清扫踏面来提高粘着系数。

(二)提高粘着利用率 β 的措施

粘着利用率与机车结构有关。采取下列措施能提高粘着利用率 β,从而提高机车的粘着性能。

(1)机车轴重转移小。

(2)速度增加时,机车的垂向振动及蛇行振动尽可能小,即运行平稳。

(3)机车各车轮直径差尽可能小。

(4)车轴驱动系统具有足够大的扭转刚度。若由于结构上的原因,系统的扭转刚度不够大,则应注意系统中各扭转刚度的合理匹配,使轮轨粘滑振动稳定或不发生。

(5)采用交流传动。交流异步牵引电动机具有很陡的扭矩—转速特性,能自动抑制空转。

(6)机车采用径向转向架,能使曲线粘降得到大幅度地改善。

（7）粘着控制，能充分发挥轮轨粘着的潜力，使机车在接近可用粘着的情况下工作。

四、制动

列车制动力是由制动装置引起的与列车运动方向相反的外力，是一种人为地控制列车速度和进站停车的阻力。制动力和列车运行阻力虽然都阻止列车的运动，但是制动力是人为的和可控的。另外，制动力较运行阻力要大得多，毕竟制动力的目的是控制列车的运动。

列车的制动根据用途分为两种：常用制动和紧急制动。常用制动是在列车正常运行情况下，调节和控制列车运行速度的措施，作用比较缓和，制动力可以人为调节，根据制动级数，制动力一般为制动装置制动能力的20%～80%。紧急制动，是列车在出现事故等紧急情况下的异常措施，其目的是要求列车停止运动，因此，制动作用猛烈，制动力为制动装置的全部能力。另外，紧急制动装置经常有冗余设备，其可靠性非常高，以确保在列车发生断电、车体分离等紧急情况下也能保证制动效果，这是与常用制动有区别的。

目前，世界上应用于轮轨交通的制动方式很多。根据制动原理的不同，大体上分为粘着制动和非粘着制动两类。粘着制动是最古老的制动方式，粘着制动的制动能力来自轮轨的粘着力，因此粘着力的大小也成为制动能力的限制。粘着制动主要有闸瓦制动、盘形制动、动力制动以及空电联合制动等形式。非粘着制动与粘着制动的制动原理不同，是比较新型的制动方式，制动能力不受粘着制动力的限制，主要有涡流轨道制动、磁轨制动以及气制动力制动（翼板制动）。

当前，国内城际铁路和城市轨道交通中应用较多的制动方式主要有闸瓦制动、盘形制动、电阻制动、再生制动和空电联合制动。闸瓦制动和盘形制动是基础制动装置，以压缩空气为动力源，通过机械摩擦消耗掉列车的动能，形成制动能力。不同之处在于闸瓦制动是利用闸瓦和车轮踏面构成摩擦面，盘形制动则是利用制动盘和转动夹钳上的闸片形成摩擦面。这两种制动方式是国内铁路的主要制动方式，也是所有轮轨交通的基本制动方式。

国内在城市轨道交通方面的制动模式与城际铁路还是有所区别的。这里主要通过地铁车辆的制动模式进行分析。当前地铁的制动方式主要是空气制动、电制动和空电联合制动。空气制动即上述的空气闸瓦制动。电制动是电阻制动和再生制动的总称。电阻制动的原理是通过将动车组的牵引电机转换为发电电机，从而将列车的动能转化为电能，并通过电阻发热消耗掉。再生制动也是利用电机转换的原理消耗机械能，只是将制动中产生的电能反馈到电网中去加以利用，因此再生制动能够节约电能，属于比较理想的制动方式。空电联合制动是通过制动器和列车上的其他控制设备，合理分配电制动和空气闸瓦制动的大小和比例，从而能实现比较理想的制动力，对列车进行分级制动控制。从国外引进的地铁车辆基本上都配有电制动优先的空电联合制动装置，近年来国产地铁车辆已经对国外技术进行了消化和吸收,也实现了空电联合的制动装置。电制动优先、空气制动配合的制动方式是地铁与城际铁路制动的重要不同之处。

(一)动力制动

目前,动力制动虽然在我国城际铁路中还不是常用制动的优先形式,但在地铁列车中,它是常用制动优先采用的制动形式。动力制动由于制动原理与空气制动不同,不需要摩擦车轮和闸瓦,其制动特性与列车速度的大小紧密关联,在低速阶段,制动力随速度升高而提高,在高速阶段,制动力随速度的升高而降低。因此,动力制动在进站制动等低速制动时,还需要依靠闸瓦制动来配合。

1. 电制动的原理

以直流牵引传动控制系统为例,电制动是利用直流电机的可逆原理,即电力驱动直流电机使之旋转,这时它作为电动机将电能转换为机械能;而当外力驱动直流电机时,它变成发电机,将机械功转化为电能。因此电制动,就是当列车处于制动工况时,轮对上的牵引电机变成发电机,消耗列车的动能并转化为电能。将转换出来的电能直接通过发热电阻消耗掉的电制动方式为电阻制动,而将转换出来的电能反馈回牵引电网上的制动为再生制动。下面我们以电阻制动为例说明牵引电机由牵引工况转换为制动工况的过程:当电阻制动指令下达以后,首先是切断牵引电动机的电源,使牵引电动机与牵引变压器断开;其次,将牵引电动机的励磁绕组与电源接通,建立发电磁场,使牵引电机转变为发电机;最后,接通牵引电机与制动电阻的回路消耗由列车动能转换而来的电能。这三个步骤是司机或制动控制器下达了电制动指令以后瞬间完成的,如图 2-6 所示。为了使转换后的"发电机"稳定地工作,将串励电动机改为他励发电机。D 为牵引电机,I_t 为励磁电流,R_z 为制动电阻,I_z 为制动电流。通过控制励磁回路中励磁电流的大小,可以控制转换后的"发电机"在列车速度逐渐减小的情况下能较为稳定地工作。

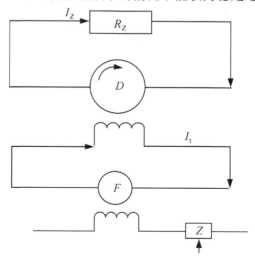

图 2-6 电阻制动下的牵引电机回路

由于当列车处于电制动工况时,牵引电机处于发电回路中,电路中的电流与电机绕组中感应电动势方向相同,其电磁转矩与电枢旋转方向相反,这种反方向的转矩就是作用在列车动轮上的制动力,它仍然通过轮轨耦合起作用,因此,电制动仍然受限于轮轨间的粘着力。

2. 电制动的控制

当前,地铁电动车组的制动主要是空电联合制动形式,电制动优先,用于调速制动控制,空气制动配合电制动,当列车速度降低时($v < 5 \sim 12 \text{km/h}$),以空气制动补偿电制动的不足部分,形成常用制动的空电联合的制动形式。因为,电制动的特性是在列车运行速度较低时,制动力随速度的降低而降低,在列车运行速度较高时,制动力随速度的提高而提高。

再生制动和电阻制动的特性是相似的。图 2-7 中的不同曲线代表不同的制动手柄级位。上面的曲线是最大制动电流限制曲线,这时,制动电流 $I_z = 420\text{A}$。对于单纯运用电阻制动或再生制动的城际铁路机车而言,电阻制动力最初是随着速度的升高而增加的,当速度达到一定值以后,制动电流受到最大限制,这时的制动力沿着最大制动电流曲线方向随速度的提高而减小。

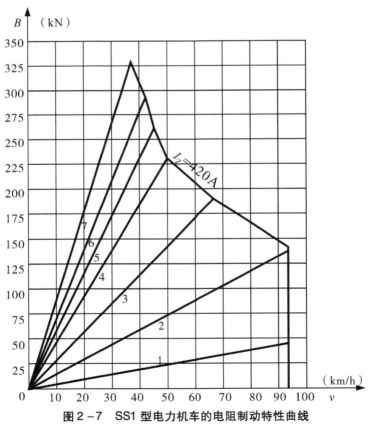

图 2-7 SS1 型电力机车的电阻制动特性曲线

对于城市轨道交通(主要是地铁)而言,由于普遍采用空电联合制动形式,其制动特性在低速时由于空气制动的补偿而显著改善电制动的特性,更确切地说,是空电联合制动特性弥补了单一电制动特性的不足。一般地,空电联合制动特性的曲线如图 2-8 所示。

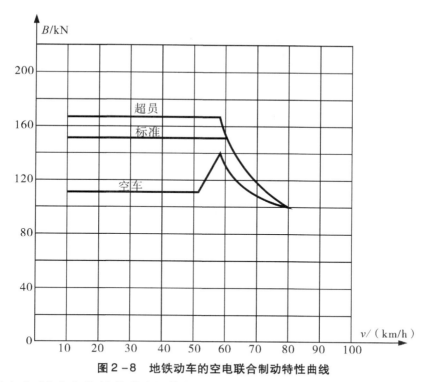

图 2-8 地铁动车的空电联合制动特性曲线

由于空气制动力的补偿作用,使得地铁动车的制动能力在停站制动初速(5~12km/h)以下,可以在很长一段速度范围内保持稳定,速度超过一定值以后,电制动力受到制动电流的限制而呈现曲线型下降趋势。

空电联合制动时列车停车过程比较复杂,不同品牌、不同制动方式的动车组制动系统,在进站停车时的制动转换过程不尽相同。这里以广州地铁的情况做简单介绍。

(1)电阻制动时的列车停车。电阻制动时,牵引系统与接触网断开。电制动不能将列车制停,此时为了将列车停下,电制动将停车指令传给制动控制系统,由空气制动补充制动力实现停车制动过程。由于空气制动有延时,空气制动并不能马上施加作用,在短时的延时后(t_1),空气制动开始建立所要求的制动力。为了使电阻制动和空气制动间的转换尽可能少地产生冲击,这时电阻制动的减少率和空气制动的增长率必须协调一致,如图 2-9 所示。

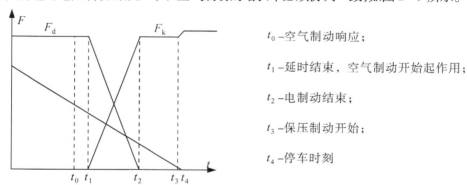

t_0—空气制动响应;

t_1—延时结束,空气制动开始起作用;

t_2—电制动结束;

t_3—保压制动开始;

t_4—停车时刻

图 2-9 电阻制动的进站停车过程

在点 t_1 时刻,电阻制动减少的同时,气制动开始施加作用。电阻制动的减少率和空气制动的增长率一致,总的制动率保持不变($t_1 \sim t_2$)。当空气制动使列车满足停车速度时(t_3),保压制动起动,使列车保持静止状态,列车进站结束。

(2) 再生制动时的列车停车。再生制动时牵引系统与接触网相连。当列车速度低于某一限速时(如 5km/h),接触网能提供足够的能量补偿列车动能不够时牵引系统的内部损耗。此时电制动几乎可以将列车制停,而空气制动的作用是在列车接近停车时施加保压制动。列车停车过程如图 2-10 所示。

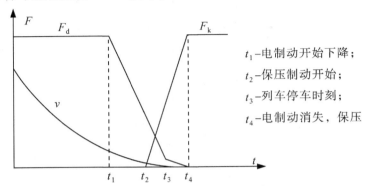

t_1—电制动开始下降;
t_2—保压制动开始;
t_3—列车停车时刻;
t_4—电制动消失,保压

图 2-10 再生制动的进站停车过程

3. 电制动力的计算

电制动力的计算,一般参考动车组中动车牵引电机的电制动特性曲线,运用线性插值或曲线插值进行取值。如图 2-11 所示,假定 A-B-C-D 是动车的电阻制动特性曲线,它由 A-B 直线段、B-C 直线段和 C-D 曲线段构成。当点 X_1 位于 A-B 直线段时,制动力用线形插值求解,即

$$\frac{v_1 - v_A}{v_B - v_A} = \frac{B_1 - B_A}{B_B - B_A} \qquad (2-15)$$

若 v_1、v_A、v_B、B_A、B_B 已知,则

$$B_1 = B_A + \frac{(v_1 - v_A)(B_B - B_A)}{v_B - v_A} \qquad (2-16)$$

一般情况下,用迭代法求某点(如 X_1)的电制动力时,速度(v_1)在迭代过程中是已知的,利用电制动特性曲线上的已知点(如 A、B、C、D 等)即可用线性插值法求得任意位置上的速度和制动力。

对于曲线段(如 C-D 段)的插值问题,根据计算精度,可以选择直线插值法,也可以运用曲线拟和法。适当减小电制动特性曲线中速度间隔的大小,如取 5km/h,可以减小直线插值的误差。

设 C-D 曲线段为双曲线,则利用曲线拟和法求 X_2 点的制动力的过程如下所述,其中曲线方程为

$$y = \frac{a}{x} + b \qquad \alpha \in R, b \in R \qquad (2-17)$$

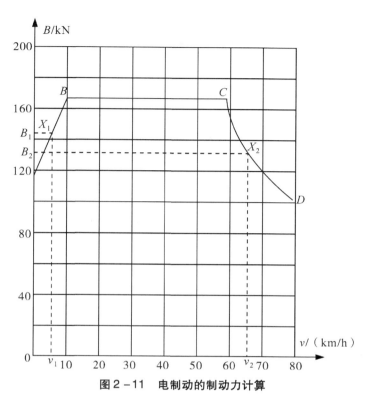

图 2-11 电制动的制动力计算

若 C、D 点坐标 (v_C, B_C) 和 (v_D, B_D) 已知，则

$$\left. \begin{cases} B_D = \dfrac{\alpha}{v_D} + b \\ B_C = \dfrac{\alpha}{v_C} + b \end{cases} \right\} \Rightarrow \begin{cases} \alpha = \dfrac{v_C v_D (B_C - B_D)}{v_D - v_C} \\ b = B_D - \dfrac{v_C (B_C - B_D)}{v_D - v_C} \end{cases} \tag{2-18}$$

α、b 求得以后，X_2 点利用曲线拟和法求得其制动力大小为

$$B_2 = \frac{v_C v_D (B_C - B_D)}{(v_D - v_C) v_2} + B_D - \frac{v_C (B_C - B_D)}{v_D - v_C} = B_D + \frac{v_C (v_D - v_2)(B_C - B_D)}{(v_D - v_C) v_2} \tag{2-19}$$

以上只是简单曲线的拟合方法，如果曲线段是复杂的高次方程，可以利用泰勒公式对其进行拟合。根据多个已知点的坐标可以求中间点的坐标，这里不再赘述。一般情况下，通过缩小制动曲线绘图网格，通过直线插值方法，基本可以满足实际计算需要。

（二）空气闸瓦制动

1. 空气制动概述

空气闸瓦制动，简称空气制动，是城市轨道交通中动车和拖车的基础制动装置。它与电制动的不同之处有以下几点：性质不同、制动能力有差异、制动布局不同、制动原理不同。

（1）性质不同。空气制动相对于电制动更为基础。目前，城际列车空气制动的应用较电制动更加普遍。地铁列车中，尽管空气制动作为优先的制动方式，但是当电制动在列车速度制动电流限制时，需要用来补充其制动力的不足；另外，在任何情况下的紧急制动,空气制动要更加可靠。所以,无论城际铁路还是市郊铁路以及城市铁路,都把空气制动作为基础制动装置。换句话说,当前空气制动在各种轮轨粘着系统的交通方式中,是不可或缺的。

(2)制动能力有差异。除了制动布局的不同外,制动能力的差异主要表现在以下两方面:一方面,电制动与列车运行速度密切相关,当列车进站制动和高速运行时,由于电制动特性的原因,制动能力不足以满足制动条件,需要空气制动弥补;另一方面,空气制动虽然与列车速度关系不大,但是空气制动滞后较多。由于列车管和制动风缸的冲压需要时间,特别是在列车长度较长时,从司机开始施加空气制动到制动力完全作用在车轮上,需要一段制动空走时间。因此,空气制动相对电制动要慢一些。

(3)制动布局不同。空气制动装置可以安装在地铁列车的动车和所有拖车上,电制动只能安装在有牵引电机的动车上。对于城际列车而言,电制动只存在于机车上,而空气制动装置在机车车辆上都有。这一差异在电制动发展的早期,会造成在单独使用电制动时列车机车或动车可能产生有害滑行。随着空电联合制动技术、制动控制技术以及防滑器技术的发展,列车在空电联合制动的作用下一般可以快速、均匀地将制动力施加到列车所有的车轮上,空转和滑行事故已经大幅度降低了。

(4)制动原理不同。空气制动的原理,是通过压缩空气推动缸中的活塞运动,使传动机构将摩擦闸片压到车轮踏面,或将摩擦闸片压紧制动盘,产生轮对或制动盘的摩擦力,阻碍车轮的旋转,实现列车制动。上述通过摩擦闸片和车轮踏面的摩擦制动方式是闸瓦制动,通过摩擦闸片和制动盘间的摩擦制动方式是制动盘制动。空气制动与列车速度关系不大,关键在于摩擦闸片的摩擦系数和车轮与钢轨的制动粘着系数。电制动的原理不再赘述,需要强调的是,两种制动方式本质上都是通过限制车轮的旋转实现列车的制动减速。因此,它们都要受到轮轨间粘着能力的限制,制动力不能超过轮轨粘着力的大小,否则将出现轮轨滑行,危及轮轨等设备安全。

2. 空气制动原理与影响因素分析

空气制动的原理如图 2-12 所示。

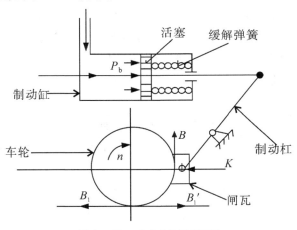

图 2-12　空气制动原理图

空气制动,是指通过制动缸的压缩空气 P_b 施加到活塞上,产生推力,经过制动杠杆系统的放大作用,对安装于制动杆顶端的闸瓦施加压力 K,闸瓦在压力 K 的作用下,被紧紧压到车轮踏面上,产生摩擦力 B,从而形成与车轮旋转方向相反的力矩,阻止车轮的旋转。摩擦力 B 并不能使列车减速,但是,车轮转动被阻碍以后,产生轮轨之间相对滑动的趋势,造成了轮轨间相互作用力的产生,即车轮对钢轨的作用力 B_1' 和钢轨对车轮的作用力 B_1。只要压力 K 不很大,轮对在惯性作用下继续旋转,列车速度在外力 B_1 作用下降低,车轮转动速度同时减缓。如果压力 K 太大,车轮将发生滑行,由于轮轨间的滑动摩擦系数远远小于制动粘着系数,这时制动力突降,列车制动更加困难,制动距离延长,同时可能造成车轮踏面和钢轨的擦伤。这就是空气制动动力的产生机理。

当取消空气制动时,制动缸通过管道与大气接通,其中的压力空气被全部或部分释放掉,随着制动缸空气减压量的增加,缓解弹簧恢复,产生相反的推力,通过制动杠杆,使闸瓦脱离车轮踏面或减弱对踏面的压力,从而制动作用被取消或缓解,这就是空气制动的原理。

对图 2 - 12 中的车轮建立动力学方程,可以算得制动力 B_1 的大小

$$BR - B_1R = K\varphi_K R - B_1 R = I\alpha_\omega \tag{2-20}$$

式中:B——闸瓦与车轮踏面间摩擦力;

R——车轮半径;

B_1——钢轨对车轮的作用力;

K——闸瓦压力;

φ_K——闸瓦与车轮踏面的摩擦系数;

I——车轮的转动惯量;

α_ω——车轮转动角减速度。

式(2-20)左边可以理解为引起列车减速的制动力分为两部分:一部分是 $K\varphi_K$,作用是引起列车轮对转动减速,产生轮对的角减速度 α_ω;另一部分是 B_1R,作用是造成钢轨对车轮的作用力 B_1,使列车产生线减速度 α。由于列车转动部分动能与总的列车动能相比很小(一般 0.06 左右),因此计算空气制动时,为了计算方便,常常将转动部分动能忽略掉,即令 $I=0$,而且一般 α_ω 也控制得较小。式(2-20)变为

$$B_1 = K\varphi_K \tag{2-21}$$

即,空气制动力等于闸瓦与轮对间的压力与其摩擦因数的积。

制动力受轮轨制动粘着能力的影响,可以表示成以下公式

$$B_1 = K\varphi_K \leq \mu Q \tag{2-22}$$

式中:Q——轴重;

μ——轮轨间制动粘着系数。

整个列车的闸瓦制动力为所有轮对闸瓦制动力的总和。制动力的大小可以采用加减闸瓦压力来调节,但不得大于粘着条件所允许的最大值。否则车轮被闸瓦"抱死",车轮与钢轨间产生相对滑动,车轮的制动力变为滑动摩擦力,数值立即减小,这种现象称为

"滑行"。滑行时制动力大为降低,制动距离增加;还会擦伤车轮与钢轨的接触面,因此应尽量避免。

通过对空气闸瓦制动原理的分析,影响闸瓦制动的因素主要有闸瓦压力、闸瓦和车轮踏面的摩擦因数。因为,闸瓦压力不能无限增大,它受到轮轨间最大静摩擦力等的制约,所以,提高空气制动能力的关键是提高闸瓦和车轮间的摩擦因数。闸瓦摩擦因数的影响因素主要有四个,即闸瓦的材质、列车速度、闸瓦压强和制动初速度。

闸瓦材质是影响闸瓦摩擦因数的最重要的因素。铸铁闸瓦是长期以来用于机车、车辆制动器上的材料。经过多年来的使用和改进,铸铁闸瓦发展到现在主要有普通铸铁闸瓦(含磷量0.3%左右)、中磷铸铁闸瓦(含磷量0.7%~1.0%)、高磷铸铁闸瓦(含磷量2%以上)以及稀土铸铁闸瓦(含磷量1%~1.3%)。铸铁闸瓦的比较如表2-1所示。

表2-1 铸铁闸瓦的比较

名称	含磷量/%	摩擦因数	耐磨性	制动效果	成本
普通铸铁闸瓦	0.3	低	低	差	低
中磷闸瓦	0.7~1.0	中	高,不脆裂	好	中
高磷闸瓦	>2.0	高	最高,易脆裂	更好	高
稀土闸瓦	1~1.3	高	较高,不脆裂	最好	中

除了运用铸铁作为闸瓦材质外,近年来,其他材料替代铸铁制作闸瓦已经取得了不少成果,如合成材料闸瓦、粉末冶金闸瓦、陶瓷铝闸瓦等。

其他材料闸瓦的研制,在于改善铸铁闸瓦的不足,其主要优点有以下几个:提高摩擦因数,增加摩擦因数稳定度,即受速度变化的影响较小;高的耐磨性能,寿命很长,可达铸铁闸瓦寿命的4倍以上;车轮磨耗较小,无制动火花;重量较轻等。

闸瓦压强和制动时的初速度,对闸瓦摩擦因数也有一定影响。试验表明,铸铁闸瓦压强越大摩擦因数越小,压强增加一倍,摩擦因数降低约27%。因此,实际应用时,铸铁闸瓦的压强一般不超过1200kPa,设计时不超过1000kPa。

制动初速度对闸瓦摩擦因数的影响在于制动初速度越高,摩擦因数越小,随着速度的升高,摩擦因数的降低呈下降趋势。除了上述影响因素以外,闸瓦摩擦因数还与车轮踏面的洁净程度、闸瓦新旧等因素有关。闸瓦摩擦因数的计算是很复杂的,目前,主要通过试验的办法给出闸瓦摩擦因数计算公式。

如《牵规》规定中磷闸瓦的计算摩擦因数公式

$$\varphi_K = 0.64\left(\frac{K+100}{5K+100}\right)\left(\frac{3.6v+100}{14v+100}\right) + 0.0007(110-v_0) \quad (2-23)$$

新《牵规》还规定有下列其他材质的闸瓦和盘式制动闸片的计算摩擦因数的公式如下:

高磷闸瓦

$$\varphi_K = 0.82\left(\frac{K+100}{7K+100}\right)\left(\frac{17v+100}{60v+100}\right) + 0.0012(120-v_0) \quad (2-24)$$

低摩合成闸瓦

$$\varphi_K = 0.25\left(\frac{K+500}{6K+500}\right)\left(\frac{4v+150}{10v+150}\right) + 0.0006(100-v_0) \quad (2-25)$$

高摩合成闸瓦

$$\varphi_K = 0.41\left(\frac{K+200}{4K+200}\right) \cdot \left(\frac{v+150}{2v+150}\right) \quad (2-26)$$

式中：K——每块闸片或闸瓦作用于车轮或制动盘的压力(kN)；

v——制动过程中列车运行速度(km/h)；

v_0——制动初速度(km/h)。

城际铁路的各种材质的闸瓦摩擦因数的计算公式可以参考《牵规》的规定。

3. 制动力的计算

城市轨道交通中，由于电制动优先，因此空气制动的计算主要用作紧急制动情况的验证。其计算方法可以参考牵引计算规程的有关空气闸瓦制动的计算方法，或根据具体动车组中空气传动装置的说明进行计算。

（三）电磁制动

电磁制动包括磁轨制动和涡流制动。

磁轨制动（摩擦式轨道电磁制动）是在转向架的两个侧架下面，在同侧的两个车轮之间，各安置一个制动用的电磁铁（或称电磁靴），制动时将它放下并利用电磁吸力紧压钢轨，通过电磁铁上的磨耗板与钢轨之间的滑动摩擦产生制动力，并把列车动能变为热能，消散于大气。与闸瓦和盘形制动相比，磁轨制动的优点是它的制动力不是通过轮轨粘着产生的，自然也不受该粘着的限制，属于非粘着制动。高速列车加上它，就可以在粘着力以外再获得一份制动力，使制动距离不会太长。磁轨制动的不足之处是它是靠滑动摩擦来产生制动力的，电磁铁要磨耗，钢轨的磨耗也会增大，而且，滑动摩擦力无论如何也没有粘着力大。所以，磁轨制动只能作为紧急制动时的一种辅助的制动方式，用于粘着力不能满足紧急制动距离要求的高速列车上，在施行紧急制动时与闸瓦（或盘形）制动一起发挥作用。

涡流制动又可以分为轨道涡流制动和旋转涡流制动。

轨道涡流制动又称线性涡流制动或涡流式轨道电磁制动。它与上述磁轨制动（摩擦式轨道电磁制动）很相似，也是把电磁铁悬挂在转向架侧架下面同侧的两个车轮之间。不同的是，轨道涡流制动的电磁铁在制动时只放下到离轨面 7~10mm 处而不与钢轨接触。它是利用电磁铁和钢轨的相对运动使钢轨感应出涡流，产生电磁吸力作为制动力，并把列车动能变为热能消散于大气。轨道涡流制动不通过轮轨粘着（不受其限制），属于非粘着制动，也没有磨耗问题。但是它消耗电能太多，约为磁轨制动的 10 倍，电磁铁发热也很厉害，所以，它也只是作为高速列车紧急制动时的一种辅助制动方式。

旋转涡流制动（涡流式圆盘制动）是在牵引电动机轴上装金属盘，制动时金属盘在电磁铁形成的磁场中旋转，盘的表面被感应出涡流，产生电磁吸力，并发热消散于大气，从而产生制动作用。与盘形制动（摩擦式圆盘制动）相比，旋转涡流制动（涡流式圆盘制动)的圆盘虽然没有装在轮对上,但同样要通过轮轨粘着才能产生制动力,也要受粘着限制,属于粘着制动。而且,与轨道涡流制动相似,旋转涡流制动消耗的电能也太多。

综合以上可以看出,磁轨制动是将电磁铁落在钢轨上,并接通激磁电流将电磁铁吸附在钢轨上,通过磨耗板与轨面摩擦产生制动力。轨道涡流制动则将电磁铁落至距轨面7mm~10mm处,电磁铁与钢轨间的相对运动引起电涡流作用形成制动力。它们的最大优点是所产生的制动力不受轮轨间粘着条件的限制。

第三节 空转、滑行与粘着控制

一、空转与滑行的产生与防止

(一)空转与滑行的产生

当动轮对的牵引力大于最大粘着力时,轮对就发生空转。空转时轮对的转速迅速上升,如果任其扩展往往可能在数秒或略长的时间内超出构造速度。这样不仅使动车的牵引力下降,而且由于高速空转使轮对的踏面严重擦伤,若带有轮箍结构形式的轮对,那么会导致轮箍因过热而松动脱落,同时牵引电动机转子绕组也可能因离心力过大而飞散"扫膛",引起重大事故,因此必须对空转进行保护。

车辆在制动时,当制动力过大破坏了粘着,使轮对"抱死",会造成滑行,增加制动距离,还会擦伤轮对的踏面和轨面,因此也必须采取措施对滑行加以保护。

(二)空转的判据

及时准确地判断机车的空转趋势是有效实施粘着控制的前提。目前的判定依据主要有蠕滑率、速度差、加速度、加速度的微分和电流差等,其中速度差和加速度判据采用的最为普遍。

1. 蠕滑率判据

从蠕滑率和粘着系数的关系曲线可以看出,蠕滑率是一个最为直接的空转判据。利用蠕滑率来判断空转的依据是当轮对实际蠕滑率小于极限蠕滑率时,认为车轮工况正常;当轮对实际蠕滑率等于极限蠕滑率时,则达到最优;而当轮对实际蠕滑率大于极限蠕滑率时,就认为此轮对将发生空转。蠕滑率是一个有效的判据,但其缺陷是由于粘着特性曲线的时变性,最大粘着系数和极限蠕滑率均不为常数,两变量实时的对应关系难以获得。所以利用蠕滑率进行判断看似直接,实现起来却很复杂。

2. 速度差判据

在列车牵引过程中,当某一轮对发生空转时,则该轴的转速必然大于其他未空转轴的转速。通过比较各个轴的转速且测定空转轴的线速度与机车参考速度的差值,当差值大于一个空转阈值时,就可以判定该轮对发生空转。然而速度差判据灵敏度低,且当多根轴以接近速度同时空转时,用速度差判据是难以检测的。

3. 加速度判据

列车牵引过程中,如果轨面状况恶化或司机突然加大牵引力矩,车轮很有可能发生空转。此时车轮速度发生突变,加速度值相应增大,如果当加速度大于某个阈值时便可以判定为空转。加速度判据可克服速度差判据的缺陷,其应用比较广泛。

4. 加速度的微分判据

加速度微分也是一个常用的空转识别的判据。根据文献,加速度的微分为零的时刻即是粘着系数最佳值;如果轮周速度的二次微分值大于零,则有空转趋势。由于是每个轮对加速度的一阶导数,它检测的灵敏度最高。加速度微分判据的引入便于空转的提前检知和充分利用轮轨间的粘着。

5. 电流差判据

在无速度传感器粘着控制系统中,根据电机定子电流与轮对转速的关系,可以利用电流值来估计转速。当定子实际电流和基准电流的差大于某个阈值时,就可以判断此电机驱动下的轮对发生了空转。其优点在于能监测出微小的空转趋势。

(三)防空转设计

1. 主电路防空转设计

(1)牵引电动机全并联结构。两台串励牵引电动机串联连接时,在恒电压下如果一台电动机空转,由于串联电路中两台电机励磁电流相等,结果使空转电动机的端电压升高,空转的速度进一步加大。但在电动机并联连接的电路里就不会发生这种电压转移的现象,从而加强了防空转性能。

(2)采用机械特性硬的牵引电动机。机械特性硬的牵引电动机,负载大幅度变化时转速变化很小,也就是说如果电机转速略有上升,就会使转矩大幅度下降,因而具有良好的防空转性能。例如,鼠笼式牵引电动机的动车不会产生持续空转。

2. 传动系统防空转设计

(1)采用单电机转向架传动系统。

(2)机械走行部分采用低位牵引,以及采用合适的悬挂系统等措施。通常可使车体与转向架之间的牵引力传递高度较低的一种常用方法就是使用牵引杆。如果设计的牵引杆处于转向架作用的中心的高度上,那么这将使转向架内的轴重转移作用降到最低限度。由于这种设计力图降低与转向架摇头振动相关的补偿力,所以当机车车辆高速行驶时,这种设计会带来一些乘客舒适性的问题。

二、粘着控制

(一)粘着控制的必要性

直流传动系统大多采用串励直流牵引电动机,机械特性为很软的双曲线,当电机转速上升时,转矩变化不很大,所以不利于空转的自恢复,一旦空转发生,要依靠粘着控制系统造成短时的硬特性,适时恢复粘着,以提高动车的粘着利用。

从机械特性上讲,采用交流传动的轨道交通车辆并非自然具有高粘着性能。虽然频率给定的交流电机像电压给定的直流他励电动机一样,有比较硬的机械特性,一旦轮对空转就相当于空载,电机立即自动卸载,从而使轮对飞转不起来,但只靠这种自然硬特性并不能提高粘着性能。所有的交流动车都是依靠粘着控制系统来保证粘着特性的。

轨道交通车辆在设计时,充分考虑了轮轨之间的粘着利用,但是没有粘着控制系统的轨道车辆动车只能靠其自然特性运行,难以运用到粘着极限,即使短时达到高的牵引力,也很难维持,因为轮对空转随时可能发生,因此只能远离粘着极限使用。同样,在车辆制动时,若无防滑保护,一旦制动力大于轮轨粘着极限,就会出现滑行,将导致轮对擦伤,制动距离增加。

因此,在车辆的控制系统中一般都设置粘着控制系统——防空转与防滑行保护系统,使轮轨粘着运用到接近最大值而不超过,或稍有超过立即拉回来,从而使车辆的平均粘着利用率提高,也就是提高了平均牵引力。

(二)粘着控制的实质

粘着控制的实质是蠕滑率控制,它能明显提高粘着利用率。粘着控制的目标是保证粘着实际的工作点总处在粘着峰值点,从而实现粘着利用的最大化。由于轮轨间的粘着存在着不可预测的非线性和时变性,要求粘着控制及时调节粘着工作点使其自动跟随粘着峰值点的变化,以保证任何时刻粘着利用的最大化。显然,粘着控制必须解决两个问题:第一,必须能调节粘着工作点的位置;第二,必须能实时地检测出当前粘着特性的峰值点,从而提供调节粘着工作点的方向。

如图 2-13 所示,轮轨间能传递的最大牵引力 $F_{max} = P_i \mu_{max}$。式中 μ_{max} 为可用粘着系数,对应的蠕滑率为 γ_0。一般为了不使发生空转,并留有余地,牵引力只达到 F'_{max},对应的蠕滑率为 γ',$F'_{max} < F_{max}$,$\gamma' < \gamma_0$。粘着控制装置可以使机车在接近牵引力 F 的峰值工作,使机车能利用的粘着系数 $\mu_利$ 接近可用粘着系数 μ_{max},充分发挥轮轨可用粘着的潜力。

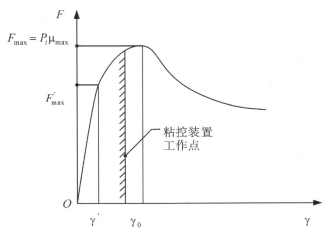

图 2-13 粘着控制装置工作特点

如果粘着控制装置对各轴分别进行控制,则可使各电动机电流适应各轴轨面状态的变化,还可以进一步使各电动机电流适应各轴轴重的变化,来减轻轴重转移所产生的不良影响。

粘着控制的目的是有效地识别和抑制机车的空转和滑行现象,使机车的牵引力或制动力运行在接近轮周牵引力的峰值点工作,充分发挥轮轨可用粘着的潜力,提高粘着利用率。在机车运行过程中,当实际牵引力大于粘着力时,如果不能迅速降低牵引电动机的输出转矩,则两者之差所产生的剩余加速度将使车轮转速迅速增加,导致轮对迅速发生空转。这是一个正反馈的过程,即空转导致粘着力下降,粘着力下降又导致空转加剧。当轨面状态恶化到要发生空转时,粘着控制装置检测到蠕滑率增大,迅速减少牵引电动机的电流,使空转不发展,并且很快重建粘着。

在粘着控制中,最大的难点是如何确定当前的车轮蠕滑状态,是在最高点以上还是以下,左边还是右边,也就是如何识别空转和滑行趋势。

具体空转趋势识别步骤如下:①求轮周加速度和轮周速度的二次微分值;②如果加速度大于零,则有空转可能;③如果轮周速度的二次微分值大于零,则有空转趋势。

当机车滑行时,识别方法与空转类似,只有在轮周加速度和轮周速度的二次微分值小于零时有滑行趋势。目前国际上普遍采用的方法有蠕滑速度法(可以分为直接法、间接法)、粘着斜率法(相位移法、粘着系数导数法等)。当然,任何一种粘着控制模型和算法,都会受到实际运用中各种干扰的影响,不可能精确地得到车轮实际的蠕滑状况,因此很难真正达到理想的最大粘着,但经过反复优化,的确可以提高平均粘着利用率。

(三)粘着控制分类

1. 按控制类型分类。目前,国内外常见的粘着控制系统主要是校正型和蠕滑率控制型两大类。

(1)校正型粘着控制系统。我国国产电力机车的校正型防空转防蠕滑系统(以下简称防空转系统)理论上能保护机车不发生大空转、大滑行、擦伤轮轨,同时可使机车的平均粘着利用系数获得一定程度的提高。

当轨道交通车辆产生空转时会产生如下信号:①空转轮对转速不正常地大幅度上升(较大的 d_n/d_t);②空转牵引电动机电流不正常地大幅度下降(较大的 d_i/d_t);③串联电路中一台电动机的端电压迅速上升,而另一台迅速下降(较大的 d_u/d_t);④轮对空转前有某种一定频率的扭振。

控制系统是通过检测装置测得上述空转信号的。当动轮牵引力一旦超过粘着值,空转或空转趋势达到一定程度时,控制系统快速并深度削减动轮驱动转矩,使空转得到强烈地抑制;进入再粘着恢复区后,又迅速恢复牵引力;当回升到空转前转矩的一定百分比时,再以缓慢速率增长,以便寻找下一个粘着极限点。采用这种短时超越粘着最大值,又不让空转发展的简单办法,可使轮轨经常运行在高粘着区,而每次校正削减造成的牵引力损失都能减到最小。

但在实际运用过程中,防空转系统存在以下问题。首先,在机车粘着不佳情况下(如小雨、雾天等天气)防空转动作频繁,引起机车频繁减载,机车电流波动很大,机车牵引力波动也较大；其次，防空转系统误动作较多，特别是在速度传感器偶然丢脉冲的情况下，防空转误动作影响正常行车；最后，防空转系统发生大空转时，往往不能及时抑制空转，特别是当机车运行速度接近限制速度时，一旦发生空转，司机不降手柄，则会发生机车监控装置放风。以上三种情况的发生均会直接导致机车牵引力发挥不够，列车运行速度达不到标准要求，造成列车晚点。另外，从机务检修方面反映的情况来看，机车大空转频繁发生，将造成牵引电机环火，对牵引机车造成损害，增加牵引电机的运用成本。现场调研结果表明，防空转系统发生问题导致微机防空转装置的维修工作量占到电子柜插件工作量的1/3。

(2) 蠕滑率控制型控制系统。利用安装在动车底部的分米波无线电雷达，经过一个较复杂的频谱分析的数据处理系统，得到精度1%以内的动车平移速度；再将每个轮对的转速与之比较，得出蠕滑率值；并根据各电动机电流（相当于轮轨驱动力），测量出蠕滑特性梯度，判断是接近还是离开最大粘着值；通过快速但幅度较小的牵引力校正使轮对接近最大粘着值，又不超越到大空转的不稳定区，只有当轨面粘着突然大幅度降低时才深度减载一次。蠕滑率控制型控制系统虽然较复杂，但平均粘着利用比校正型可提高10%~20%。

城市轨道交通车辆主要要求动车具有良好的防空转和防滑行性能，大多采用校正型的控制系统，只要检测到空转（或滑行），及时减少牵引力（或减少制动力）就可以满足。

2. 按被控制对象分类

按被控制对象分，粘着控制有集中控制和分散控制两大类。

(1) 集中控制。这种控制方式是一个粘着控制系统控制整辆动车。

(2) 分散控制。这种控制方式也叫单轴控制，即每一动轴单独控制。

当然也有一种介于集中控制与分散控制之间的控制方式，即每一个控制系统仅控制一台转向架上的几根轴。从粘着控制角度看，牵引电机的分散控制比集中控制效果好得多。尤其是采用校正型系统时，因为需要不断自行寻找粘着最大值，当高粘着运用时必然要不断产生校正削减过程，造成牵引力波动。当某一轮对空转时，集中控制将引起全车牵引力波动，平均牵引力也不可能很高，对每一转向架单独控制，效果明显改善。单轴控制效果最好，牵引力波动小，平均粘着利用高，也不必从机械设计方面考虑轴重转移的影响。缺点是主控电路复杂，造价也随之提高。

(四) 粘着控制方法

1. 传统粘着控制

粘着特性可以由粘着系数和蠕滑速度之间的关系来表达，图2-14给出了不同路况时的粘着特性曲线。

在粘着控制的最初阶段，粘着控制的主要方法是在空转和滑行发生后，通过削减电机转矩来实现粘着利用，其一般过程如下。

(1) 根据轮对间的速度差，轮对的加速度及加速度的变化率，检测空转或滑行的发生。

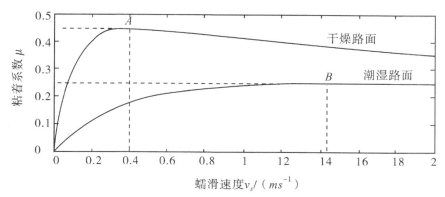

图 2-14 不同路况时的粘着特性曲线

（2）在检测到空转或滑行后，根据空转或滑行的程度，削减电机转矩值并维持一定时间，以消除空转或滑行。

（3）在空转或滑行结束后，按一定时间常数的指数规律，逐渐地增加电机转矩，直至空转或滑行时电机转矩值的 80%。

（4）在一定的时间内，保持电机转矩不变。

（5）如果在电机转矩不变的时间内没有发生空转或滑行，则在保持时间结束以后，按照一定时间常数的指数规律继续增加电机转矩，直至达到司机手柄给出的电机转矩给定值。如果再次发生空转或滑行，则按照(2)处理。

由于传统的粘着控制方法一方面需要大幅度地削减电机转矩以防止空转或滑行的再次发生，另一方面，需要缓慢地增加电机转矩以防止空转或滑行的再次发生，这样，粘着工作点常常远离粘着峰值点，因而粘着利用率一般较低。

2. 现代粘着控制

从对传统粘着控制方法的分析可以发现，传统粘着控制方法没有对粘着峰值点进行搜寻，自然无法获得较高粘着利用率。现代粘着控制有别于传统粘着控制方法的一个显著特点是能够自动搜寻粘着峰值点，并使粘着工作点保持在粘着峰值点的附近，从而获得较高的粘着利用率。根据搜寻粘着峰值点方法的不同，现代粘着控制方法可以分为蠕滑速度法和粘着斜率法两大类。

（1）蠕滑速度法。基于蠕滑速度的粘着控制方法原理比较直观，它是根据粘着特性曲线，通过调节蠕滑速度，使其反复地增加和降低，从而自动搜寻粘着峰值点。根据蠕滑速度是否直接参与控制，蠕滑速度法又可以分为直接法和间接法。其中间接法是建立在直接法之上的。

1）直接法。在直接蠕滑速度粘着控制方法中，蠕滑速度必须是已知的。从而能够根据图 2-14 中蠕滑速度和粘着系数之间的粘着特性，完成粘着峰值点的搜寻，实现最佳粘着控制。

从图 2-14 可以发现，如果蠕滑速度从零开始逐渐增加，那么在蠕滑速度增加的过程中，粘着系数必将会经过其最大值 μ_{max}。相应地，牵引力也必将经过其最大值 F_{max}，并且当牵引力越过最大值 F_{max} 后，只要逐渐减少蠕滑速度，就能使牵引力向最大值 F_{max} 所在的方向移动。显然,在减少蠕滑速度的过程中,牵引力也会越过最大值 F_{max},但只要在发现牵引力越过最大值 F_{max} 后,又逐渐增加蠕滑速度,那么牵引力又会重新趋向于最大值 F_{max}。通过反复地调节蠕滑速度,实际粘着点将在粘着峰值点的附近变化。这样,虽然蠕滑速度法不能够获得最大的牵引力,但实际粘着点偏离粘着峰值点的距离愈小,可以获得的平均牵引力就愈大;更重要的是,由于蠕滑速度循环地增加、减少,因此当粘着特性动态变化时,这种方法能够自动地搜寻相应的粘着峰值点,图 2-15 给出了蠕滑速度法循环搜寻粘着峰值点的理想过程。

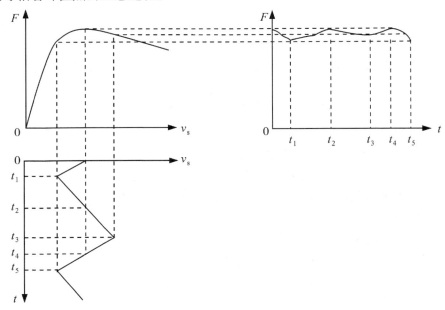

图 2-15 直接蠕滑速度法循环搜寻粘着峰值点的理想过程

显然,在直接蠕滑速度粘着控制方法中,准确地获取蠕滑速度是实现粘着控制的关键。由于车轮速度容易测量,获取蠕滑速度的关键是如何准确地获取机车车体速度。然而,机车车体速度的测量十分困难,虽然通过从动轮或多普勒雷达可以测量到车体速度,但这些方法除了增加设备外,在起动或雨、雪等较恶劣天气状况时测速精度也较差。因此,直接蠕滑速度法在实际中应用不多。

2)间接法。直接蠕滑速度粘着控制方法的原理虽然简单,但由于蠕滑速度不易获得而难以得到应用。然而,认真分析直接蠕滑速度粘着控制方法后可以发现,在蠕滑粘着控制过程中,蠕滑速度本身的大小并不重要,重要的有两点:第一,怎样确定正确的蠕滑速度调节方向,即是应当增加还是减少蠕滑速度;第二,在确定调节方向后,怎样对蠕滑速度进行调节。基于这一分析结果,人们提出了一种无需蠕滑速度的间接蠕滑速度粘着控制方法。图 2-16 给出了该方法的原理框图。

整个系统的工作过程如下。司机通过手柄设定手动给定转矩 M_b 和电机的输出转矩 M_{soll} 进行比较,当 $M_{soll} > M_b$ 时,限制器将根据一定的算法,限制调节加速度积分器的输出以及转速调节器的输出,如图 2-16 中的虚线所示。必须注意,限制器仅在 $M_{soll} > M_b$ 时才起作用。加速度适配器的功能是完成对机车车体加速度 b_{ad} 的计算。车体加速度 b_{ad} 和加速度增量预给定单元的输出 Δb 相加生成车轮加速度给定值 b_{soll},从而可以通过调节 Δb 的极性来调节蠕滑速度的方向。加速度给定值 b_{soll} 经过积分后形成车轮转速闭环控制系统的转速给定值 n_{soll}。转速调节器根据转速误差计算出相应的三相电机输出转矩 M_{soll}。由于转矩调节环的动态性能较高,因此三相电机额定转矩可以视为其输出的实际转矩 M_{soll}。在转速调节的过程中,三相电机的输出的实际转矩 M_{soll} 是不断变化的。实际转矩 M_{soll} 的最大值 $M_{sollmax}$ 被保存在极大值存储器中,并不断地和实际转矩 M_{soll} 相比较,当搜寻逻辑发现它们的差值 ($M_{sollmax} - M_{soll}$) 大于设定 ΔM_{max} 时,除改变加速度增量预给定单元的输出外,搜寻逻辑还将极大值存储器的值 $M_{sollmax}$ 设置为当前的输出转矩 M_{soll}。

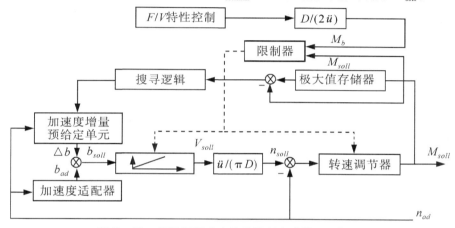

图 2-16 间接蠕滑速度粘着控制方法的原理框图

同一般的转速调节系统不同,图 2-16 中系统的给定是加速度给定,通过加速度给定确定转速给定,再通过转速闭环控制确定三相交流电机的转矩给定。因此通过改变加速度给定的大小,可以调节蠕滑速度的大小。

(2) 粘着斜率法。在蠕滑速度法中,通过比较搜寻过程中牵引力或粘着系数的大小可以判别是否搜寻到粘着峰值点。和蠕滑速度法不同,粘着斜率法是通过对粘着曲线斜率的判别实现粘着峰值点的搜寻。为说明该方法的基本思想,在介绍粘着斜率法之前,有必要先对粘着曲线的斜率特性进行分析。

对于图 2-14 中的粘着特性曲线。以其中的干燥路况为例,粘着系数 μ 相对蠕滑速度 v_s 的导数,即斜率

$$\sigma = \sigma(v_s) = \frac{d_\mu}{d_{v_s}} \tag{2-27}$$

斜率 $\sigma(v_s)$ 随蠕滑速度 v_s 的变化将如图 2-17 所示。为了便于比较,图 2-17 同时给出了干燥路况时的粘着特性曲线。

从图 2-17 可以发现,在粘着峰值点处,斜率 $\sigma(v_s) = \sigma(v_{sopt}) = 0$。而在粘着峰值点左边的粘着稳定区,即 $v_s < v_{sopt}$ 时,斜率 $\sigma(v_s) > 0$;在粘着峰值点右边粘着的非稳定区,即 $v_s > v_{sopt}$ 时,斜率 $\sigma(v_s) < 0$。

显然,如果在机车运行过程中能够实时地获取粘着特性曲线斜率,并使粘着工作点于斜率为0处。那么就能实现最佳粘着利用。但是,由于无法获得实际的粘着特性曲线,因而无法直接计算出粘着斜率,更无法完成对粘着峰值点的搜寻。

为了解决无法直接获得粘着斜率的问题,相位移法和粘着系数导数法被相继提出,它们都能间接地获得粘着特性曲线的斜率,并实现对粘着峰值点的搜寻。

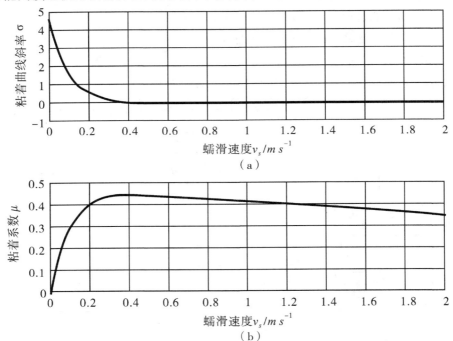

图 2-17 干燥路况时的粘着曲线斜率 $\sigma(v_s)$ 及粘着曲线 $\mu(v_s)$
(a)粘着曲线斜率;(b)粘着系数曲线

(3)相位移法。相位移法建立在线性系统理论的基础上,其基本原理是通过相位移的测量或计算,间接地获取粘着特性曲线斜率,实现最佳粘着利用。

设 $G(r)$ 是以 r 为参数的线性系统。根据线性系统理论,在幅值为 A、频率为 f、相位为 ϕ 的正弦信号

$$u(t) = A\sin(2\pi f t + \phi) \tag{2-28}$$

的激励下,如果参数 r 在激励的过程中保持不变,那么系统 $G(r)$ 输出

$$y(t) = |G(f,r)|A\sin[2\pi f t + \phi + \phi(f,r)] \tag{2-29}$$

其中 $\phi(f,r)$ 称为相位移,它是激励信号频率 f 和系统参数 r 的函数,并且可以用图 2-18 所示的正交相关法进行测量。显然,如果保持激励信号的频率 f 不变,则相位移则仅随 r 变化,即 $\phi(f,r)=\phi(r)$。进一步若相位移 $\phi(r)$ 和参数 r 之间还有单值对应关系,那么根据相位移 $\phi(r)$ 就能确定相应的参数 r。

从粘着系数和蠕滑速度之间的非线性粘着特性可知,运行过程中的机车传动系统动力学模型是一个非线性系统。通过对粘着工作点的局部线性化处理,我们可以得到局部线性化的机车传动系统动力学模型。

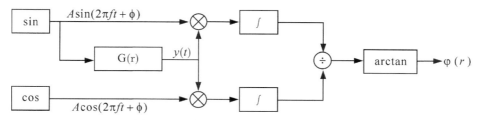

图 2-18 相位移的正交相关法测量简图

这样，虽然粘着工作点处的斜率 $\sigma(v_s)$ 无法直接测量，但是根据前面的分析，可以利用正交相关法通过测量相位移 $\varphi(r)$ 间接地获取粘着斜率 $\sigma(v_s)$。

应当说明的是，当相位移 $\varphi(r)$ 和粘着曲线斜率 $\sigma(v_s)$ 之间存在单值对应关系时，对粘着控制而言，它们的作用是等价的。因此在相位移粘着控制系统中，不再利用粘着曲线斜率 $\sigma(v_s)$，而是根据相位移 $\varphi(r)$ 来实现粘着控制。

在北京地铁车辆的粘着控制中，通过在系统的输入信号（电机转矩）给定上叠加一定频率和幅度的正弦测相信号，并对系统的输出信号（电机转速）进行滤波处理，获得对应于正弦测相信号激励的系统输出，然后利用正交相关法就可以计算出相位移 $\varphi(r)$。由于相位移 $\varphi(r)$ 和粘着斜率 $\sigma(v_s)$ 之间存在单值对应关系，因此，当固定测相信号频率后，根据测量的相位移 $\varphi(r)$ 就可以唯一地确定相应的粘着斜率 $\sigma(v_s)$，就可以实施粘着控制，而不需要知道较难获取的蠕滑速度。北京地铁车辆粘着控制系统如图 2-19 所示。

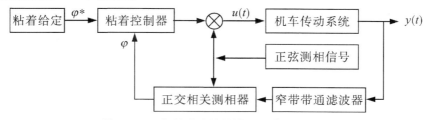

图 2-19 相位移法粘着控制系统原理框图

(4) 粘着系数导数法。与相位移法利用粘着斜率和相位移之间的单值对应关系，通过相位移间接获得粘着斜率的复杂过程不同，粘着系数导数法的原理简洁、直观。

根据粘着斜率的定义为

$$\sigma = \frac{d_\mu}{d_{v_s}} \tag{2-30}$$

由于机车在运行过程中，粘着系数 μ 和蠕滑速度 v_s 都随时间 t 变化，即

$$\begin{cases} \mu = \mu(t) \\ v_s = v_s(t) \end{cases} \tag{2-31}$$

因此，根据参数方程求导法则，粘着斜率 σ 又可以表示为

$$\sigma = \frac{d_\mu}{d_{v_s}} = \frac{\dfrac{d_\mu}{d_t}}{\dfrac{d_{v_s}}{d_t}} = \frac{\dot{\mu}}{\dot{v}_s} \tag{2-32}$$

由于在粘着峰值点处，粘着斜率 $\sigma=0$。由于列车在加速和减速过程中，蠕滑速度 v_s 总是不断变化的，即 $\dot{v}_s \neq 0$，因此，式(2-32)可进一步表示为

$$\dot{\mu} = 0 \qquad (2-33)$$

这样在粘着系数可知的条件下，就能完成对粘着峰值点的搜寻，但关键问题是如何获取粘着系数 μ。

根据粘着系数 μ 的定义，因为轮轨的正压力 P_i 与机车轴重有关，机车轴重是一常量，正压力也是一常量，因此只要求得切向力 F_i，就可以计算出粘着系数 μ。而对于切向力，由图 2-1 动轮运动模型易得计算切向力 F_i 的运动方程

$$F_i = \frac{1}{R_i}(M_i - J\frac{d\omega}{d_t}) \qquad (2-34)$$

其中 R_i 是车轮半径，J 是折算到车轮的转动惯量，ω 是车轮转速，M_i 是电机输出转矩，最终根据式(2-33)完成对粘着峰值点的判断和搜寻。

良好的粘着利用是提高机车牵引性能的有效手段，高效的粘着利用是粘着控制系统追求的目标。然而，由于线路状况的复杂多变及由此带来的粘着特性的不确定性，设计性能良好的粘着控制系统是一项十分困难的工作，其中最困难的地方在于如何搜寻粘着峰值。针对这一问题，这里对现有粘着控制方法进行了介绍。

在现有粘着控制方法中，直接蠕滑速度法的原理最为简单、直观，但控制所需的蠕滑速度却不易获得。间接蠕滑速度法通过适配车体加速度并调节车轮相对车体的加速度实现对蠕滑速度的调节，不需要知道蠕滑速度就能实现对粘着控制。然而，车体加速度的适配算法建立在机车未发生严重空转或滑行的基础上，当发生严重的空转或滑行时，车体加速度的适配值常会偏离其实际值，从而对系统的性能造成影响。粘着斜率法通过对粘着曲线斜率的检测实现粘着峰值点的搜寻。在粘着系数导数法中，需要计算粘着系数对时间的微分值，由于微分运算对噪声有放大的作用，因此容易受到噪声信号的干扰。

相位移法虽然不需要进行微分运算，但为了获得相位移必须在电机转矩指令上叠加一定幅度的测相信号。然而，叠加的测相信号对电机控制系统而言是一种无法消除的干扰，必然影响电机控制系统的性能，如何综合现有的各种粘着控制方法，扬长避短，获得更好的粘着控制方法是当前粘着控制研究的重点。

总之，粘着控制是一项复杂的课题，粘着控制的有效实现不仅要求相应的传感器采集信息精确、控制器对环境的变化具有鲁棒性、执行器反应灵敏，还需要做大量的实验来了解粘着特性。粘着控制的策略层出不穷，每种方法都具有自己的优缺点。如组合校正法结合几种判据实施粘着控制，或国外电力机车上流行的用智能方法作为粘着主控方法，组合校正法作为备用的粘着控制策略。将来的粘着控制研究的重点应该是如何实现多判据多控制方法有效的组合，增强粘着控制系统的性能。自适应控制、模糊控制和神经网络等智能控制技术，由于其不需要知道被控对象精确的数学模型且能达到较好的控制效果，也是深入研究的重心。

第四节　牵引参数的选择

一、城市轨道交通车辆的运行特点

与干线列车不同,城市轨道交通车辆的运行特点是站距短而旅行速度较低。城市轨道交通线路中,地铁和高架线路站距约为 0.8~1.8km,市郊线路站距约为 1~3km。由于站距短,需要频繁地起动和停靠,每站又需要 30s 左右的停站时间,但其运行一般要求在最节约资源的条件下实现 35~40km/h 的旅行速度,因而牵引参数的选择十分重要。

城市轨道交通车辆运行的速度—距离曲线如图 2-20 所示。

图 2-20 中,OC 为牵引段,若采用直流电动机牵引,OA、AB、BC 段分别对应于直流牵引电动机的调压控制、削弱磁场控制和自然特性控制方式;若采用交流异步电动机牵引,则 OA、AB、BC 段分别对应于交流异步牵引电动机的恒力矩控制、恒功率控制和恒转差率控制方式。图中 DE 制动段为恒减速运动,城市轨道交通车辆一般均采用再生制动与电阻制动相结合的电制动优先、空电联合制动方式,保证在制动系统允许的条件下得到尽可能大的制动减速度。

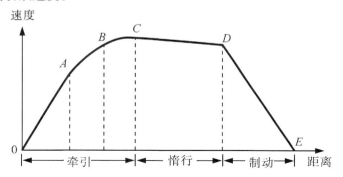

图 2-20　城市轨道交通车辆运行的速度—距离曲线

二、轴功率计算

城市轨道交通车辆的运行阻力包括基本阻力和附加阻力,其中,单位重量基本阻力主要由摩擦和冲击引起,一般与速度成二次曲线关系。沿用国外有关公式的速度—阻力系数曲线如图 2-21 所示,设计时应根据具体车型加以修正。在图 2-21 中,起动阻力是列车由静态到动态转变过程的阻力,与运行阻力规律完全不同。

城市轨道交通车辆运行的速度—阻力系数关系式如下:

$$r_R w = (1.65 + 0.0247v)m_M + (0.78 + 0.0028V)m_T + [0.028 + 0.0078(n-1)]v^2$$

(2-35)

式中：r_R——阻力系数；

w——列车总重量；

v——列车速度；

m_M——编组中动车总重量；

m_T——编组中拖车总重量；

n——编组车辆总数。

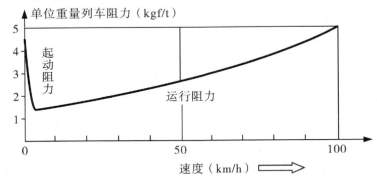

图 2-21　城市轨道交通车辆运行的速度—阻力系数曲线

城市轨道交通车辆的单位重量附加阻力主要取决于线路条件,例如坡道阻力、弯道阻力、隧道空气阻力等。计算表明,城市轨道交通车辆的单位重量所需功率主要应满足图 2-20 中 A 点的要求。坡道起动对起动加速度有直接影响,城市轨道交通线路的设计中,应尽量避免坡道起动,遵循车站较高、线路较低的原则,合理、充分地利用势能—动能的转换进行列车的起动和停止。根据 A 点决定的单位重量所需功率 (N_A)、轨道交通车辆的车重 (M_Z) 和动轴数 (D),可以很容易得到轨道交通车辆的轴功率 (P_A)：

$$P_A = N_A M_Z / D \quad (2-36)$$

应当指出,这样得到的 P_A 对电动机来说是暂载功率,除以过载系数 (K) 和传动效率 (η) 才是电动机的额定功率 (P_N),即

$$P_N = P_A / (K\eta) \quad (2-37)$$

K 主要取决于电动机的允许温升,一般为 1.1~1.4 之间,牵引负载小、起动过程短,则可取较大 K 值。例如,对于一小时暂载功率为 180kW、采用 H 级绝缘的交流变频牵引电动机,可取 $K=1.2$。

城市轨道交通车辆一般均采用动力分散型动车组,通常条件下列车牵引对粘着的要求都可以满足；其动车与拖车的轴重略有不同,但最大不超过 16t。

三、起动加速度的选择

城市轨道交通车辆各项牵引参数中,起动加速度的选择至关重要,因为它对轴功率和旅行速度都有着直接的影响。为了保证所需要的旅行速度,城市轨道交通车辆的起动加速度比干线列车大得多,但取过大的起动加速度又会增大不必要的轴功率,引起一系列

资源的浪费。目前世界各国的城市轨道交通车辆起动加速度为 0.69～1.43 m/s²。适当地选择起动加速度,可以使城市轨道交通车辆以较小的轴功率得到符合需要的旅行速度。

(一)起动加速度(α)与单位重量所需功率(N_A)的关系

图 2-22 给出了恒力矩-恒功率转换点速度 v_1 分别为 30km/h、36km/h、40km/h 时起动加速度 α 与单位重量所需功率 N_A 之间的关系。可以看出,单位重量所需功率会随着起动加速度的增加而增大;在起动加速度一定的情况下,恒力矩—恒功率转换点速度越高,单位重量所需功率会越大。

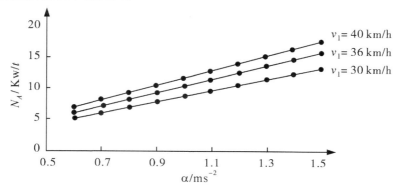

图 2-22 起动加速度(α)与单位重量所需功率(N_A)的关系

(二)起动加速度(α)与开行时间(t_k)的关系

选择起动加速度和制动减速度的实质,是为了充分利用轴功率,控制牵引段和惰行段的运行时间,从而在保证达到规定旅行速度的同时,获得节能效果。

图 2-23 给出了最高运行速度为 80km/h,常用制动减速度为 1.0m/s²,恒力矩—恒功率转换点 A 的速度分别为 30km/h、36km/h、40km/h,站距(S)分别为 1.0km、1.2km、1.5km 时的 α 与 t_k 的三组关系曲线。

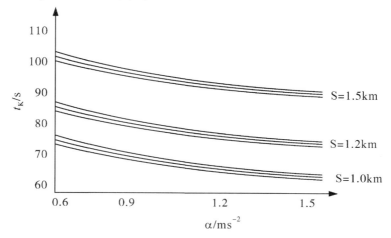

图 2-23 起动加速度(α)与开行时间(t_k)的关系

从图 2-23 可以看出,对于各种不同的站距,$\alpha > 0.9$m/s² 后,对缩短开行时间的作用都将越来越弱。取不同的最高运行速度进行计算,也可以看到 $\alpha > 0.9$m/s² 后,对缩短开行时间的作用减弱这一现象。对于各种不同的站距,$\alpha > 0.9 \text{m/s}^2$后,对缩短运行时间的作用都将越来越弱,而单位重量能耗仍成比率增长。在选择轻轨车辆牵引参数时,我们对起动加速度应慎重考虑,保证在得到规定旅行速度的同时,避免不必要地增加能耗和运营成本。

四、轴功率(P_A)与区间运行时间(t)的关系

t是开行时间与停站时间的总和。城市轨道交通一般车站的停站时间约为30s。图2-24给出了最高运行速度为80km/h、站距为1.2km、恒力矩—恒功率转换速度为36km/h时,轴重为11t、动轴数为50%条件下的P_A与t的关系。可以看出,P_A达到202kW(相应的$\alpha = 0.9\text{m/s}^2$)后,即使P_A再增加11%,达到224kW,则t从109.3s减少到107.9s,只减少1.4s;旅行速度只是从39.5km/h增加到40.0km/h,即增加1.27%。

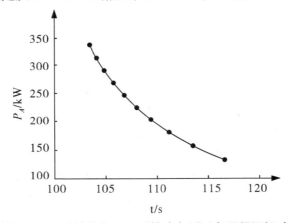

图2-24　轴重为11t、动轴数为50%时轴功率(P_A)与区间运行时间(t)的关系

城市轨道交通车辆各项牵引参数中,起动加速度的选择对轴功率和旅行速度都有着直接的影响。起动加速度大于0.9 m/s^{2}后,再用增加起动加速度的方法来缩短运行时间,其效果将越来越差,而轴功率却仍然成倍数增长。我们必须适当选择起动加速度,以保证在得到规定旅行速度的同时,避免不必要地增加轴功率,从而降低车辆和其他设施造价。

五、制动减速度的选择

制动减速度是指列车在额定载客量下,从最大运行速度v_{max}制动直至停车过程中的平均减速度。

根据国内外的城市轨道交通车辆和高速列车的运行经验,只要防滑制动系统的性能足够高,只依靠粘着制动就可以实现1.0m/s^{2}的常用制动减速度。如果$v_{max} = 80\text{km/h}$,常用制动减速度为1.0m/s^2,则 t = 22s,即在22秒内停车,制动距离为242m。当轻轨线路

有平交道口或与其他车辆共用车道时,为了保证安全,紧急制动减速度要求较高,一般取 1.2~1.5m/s²,故通常需设置磁轨制动。如果轻轨线路是全封闭的专用车道,轻轨车辆就没有必要设置磁轨制动。

六、最高速度与站间距的选取

最大运行速度 v_{max} 为车辆运用中达到的最大速度。设计车辆时,通常把 v_{max} 增大 10%左右,据此来设计走行部的强度及运行安全性,并具有规定的安全系数。$1.1v_{max}$ 称为车辆的设计速度或构造速度,也可取车辆的构造速度等于 v_{max},但在运用中难免出现稍许超过构造速度的情况,这毕竟是一种不安定因素。

确定最大运行速度要考虑的因素包括以下几点。确定车辆 v_{max} 要考虑的第一个因素是平均站间距离。如果平均站间距离较短,v_{max} 定得高,就要计算车辆能否加速到 v_{max} 然后减速、制动、进站停车。确定 v_{max} 要考虑的另一个因素是牵引电动机功率。如果牵引电动机功率越大,则车辆的加速度就越大,加速至 v_{max} 较容易,v_{max} 可以定得高些;相反,牵引电动机功率小,加速至 v_{max} 所费时间长,v_{max} 就应定得低些。总之,确定车辆最大运行速度 v_{max} 应考虑平均站间距离、牵引电动机功率、线路要求的平均旅行速度及列车的编组方式(动车/拖车),保证车辆在该站间距离内运行时能加速至 v_{max}。对于不同站距,当 $v_{max} > 80km/h$ 时,用增加最高速度的方法来缩短运行时间,其作用将越来越弱,而单位重量能耗仍成比率增加。

城市轨道车辆在设计过程中,为了最大限度吸引客流并方便乘客,车站应设置在客流量大的地方,如商业中心、文化娱乐中心及地面公交枢纽等处。车站之间的距离则要根据具体情况而定。站间距离过短会降低运营速度、增加能耗及配车数量,多设车站也增加了工程投资;若过大又会给乘客带来不便并增大车站负荷。

(一)站间距与区间平均运行速度

站间距较小时,区间平均运行速度较低;站间距较大时,区间平均运行速度较高。但平均运行速度随站间距的增大而提高到一定程度后就逐渐趋近一个固定值,不会继续提高了。随着站间距的增加,区间平均运行速度逐渐提高,但平均运行速度的增长率却随着站间距的增加而逐渐降低。

(二)站间距与乘客出行速度的关系

站间距较小,车站设置密度大,乘客从出发地到车站和从车站到达目的地距离近,方便性好,但由于站间距小,列车运行的速度低,导致乘客的总出行时间增加。站间距过大,列车速度高,车上时间耗费少,但乘客在地面的步行时间或与其他交通方式换乘的时间增加,总出行速度也会降低。

七、平均运行速度的选取

城市轨道车辆的平均运行速度与起动加速度、制动减速度、最高运行速度、站间距和站停持续时间有关。起动加速度、制动减速度、最高运行速度、站间距在前面已经讨论，这里说说站停持续时间。它与车辆结构和性能有关，主要是车辆车门数量和宽度、站台形式和高度。通常站停持续时间由列车进站停车时间、列车起动离站时间、乘客上下车时间和开关门时间等四部分组成。在欧美国家站停持续时间一般为20s，亚洲一般为30s，而我国一般为40s。一般随着加速度和最高运行速度的增加，平均运行速度的增加变得越来越缓慢，理想的平均运行速度在30～40km/h之间。

复习思考题

2-1 名词解释：粘着；蠕滑；蠕滑率；粘着系数；可用粘着系数；计算粘着系数；粘着利用率。

2-2 为什么说能使机车车辆沿轨道运行的外力，目前只能来自钢轨（轮轨接触点）？这个外力的产生需要具备哪两个条件？

2-3 车钩牵引力与轮周牵引力之间有什么关系？

2-4 "粘着"与物理学上的"静摩擦"是什么关系？

2-5 简述产生蠕滑的原因。

2-6 简述粘着控制的必要性以及粘着控制的实质。

2-7 分析影响闸瓦制动的因素。

2-8 分析产生"抱死"和"滑行"的原因？

2-9 简述影响可用粘着的因素。

2-10 简述提高粘着性能的措施。

2-11 论述空转趋势识别的具体步骤。

2-12 当轨道交通车辆产生空转时会产生哪些信号？

2-13 简述机车径向转向架有哪些改善曲线通过性能的优点。

2-14 简述当前国内城际铁路和城市轨道交通中应用较多的制动方式。

2-15 以直流牵引传动控制系统电阻制动为例说明牵引电机由牵引工况转换为制动工况的过程。

2-16 分析空气制动原理与影响因素。

2-17 在粘着控制的最初阶段，粘着控制的主要方法是在空转和滑行发生后通过削减电机转矩来实现粘着利用，简述其过程。

2-18 简述蠕滑速度法的控制原理。

2-19 简述粘着斜率法的控制原理。

2-20 简述城市轨道交通车辆的运行特点。

2-21 简述选择起动加速度与哪些因素有关，以及和它们之间的关系。

第三章 电力电子器件及其应用

在电力牵引控制系统中,为了完成从 DC – DC 或 DC – AC 的电能变换与控制,大量应用着各种电力电子器件。现代电力电子技术是利用电力电子器件对电能进行变换、控制、开关的技术。现代电力电子技术始于 20 世纪 70 年代,在开关技术的基础上,经过近些年的飞速发展,电力电子器件现已以大容量、高电压、高频率、高效率、高性能、轻重量、小尺寸的面貌出现在各个工业领域,发挥着巨大的作用。

20 世纪 70 年代,电力电子技术还是以晶闸管为主,而到 80 年代已发展成为自关断器件的时代,以 GTR、GTO 为代表的开关频率达到 1~10kHz,MOSFET、IGBT 等器件相继实现了大容量化和实用化,开关频率跃到十千赫至几百千赫,同时,为适应小型、低成本和市场竞争的需要,电力电子技术已向智能化发展。当前主要表现为电力电子装置采用了两种智能化器件:一种是单片功率智能化器件(SPIC),即将功率半导体器件和保护、诊断、控制等电路集成在一个硅片上;另一种是智能功率模块(IPM),将功率半导体器件、各种保护电路、控制电路、诊断电路等封装成模块。

第一节 可关断晶闸管

一、GTO 的特点与工作原理

在 20 世纪 60 年代后的 20 多年里,与采用电动发电机组、水银整流器来获取可控直流电的传统方法相比,功率放大倍数大、快速响应性好、功耗小、效率高、结构可靠、体积小、无噪音、无磨损的晶闸管(SCR),在变流技术领域占据了主导地位,当时国内外的城市电车几乎毫无例外地采用了 SCR 构成直流斩波器,使供电系统送来的恒定直流电变为可控直流电以驱动电动机。晶闸管(Thyristor)即可控硅(Silicon Controlled Rectifier),是硅晶体闸流管的简称。

SCR 有两个重要缺点制约了它的继续发展。一是控制功能上的欠缺,因为它通过门极只能控制开通,而不能控制关断,所以称为半控型器件。为了关断这种器件必须强迫换流,这样将使整机的体积增大、重量增加、效率降低。二是工作频率较低,一般情况下不能高于 400Hz,因而大大限制了它的应用范围。

20世纪70年代初研制出的门极可关断晶闸管(Gate Turn off Thyristor),简称GTO。到90年代中期,随着高电压、大功率GTO元件的出现,日本和西欧许多国家很快就研制出了用于城市轨道交通电动车组的600kVA以上的GTO变频器。

GTO逆变器的体积比晶闸管逆变器的体积减小了40%以上,重量也大为减轻。由于GTO逆变器不需要强迫换流电路,而使电路的损耗减少了64%左右。这些优点对重量、体积和效率都有严格要求的车辆电力牵引系统是十分重要的。

GTO和SCR一样,都是PNP四层三端(阳极A,阴极K,门极G)的电流控制型器件,基本结构和工作原理很相近。用PNP和NPN两只复合晶体管的等效电路如图3-1所示也可解释GTO的放大和门控原理。但GTO与SCR的重要区别是SCR等效电路中两只晶体管的放大系数$\alpha_1+\alpha_2$比1大得较多,通过导通时两只等效晶体管的正反馈作用,使SCR导通时的饱和较深,因此无法用门极负信号去关断阳极电流;GTO则不同,总的放大系数$\alpha_1+\alpha_2$仅稍大于1而近似等于1,因而处于临界导通或浅饱和状态。

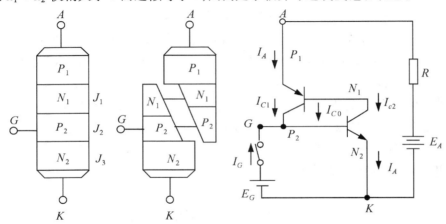

图3-1 晶闸管和GTO的工作原理

GTO的符号及电路如图3-2(a)所示。把GTO接入电阻负载电路,在门极加上正的触发脉冲和足够大的负脉冲时,GTO就能导通和关断,其波形如图3-2(b)所示。

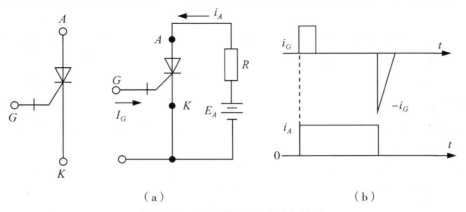

(a) (b)

图3-2 GTO的符号、电路与波形

(a)符号与触发电路 (b)门极和阳极电流波形

GTO 对门极触发脉冲的要求和 SCR 的要求相似,但它对关断脉冲的要求很高,容易在关断过程中损坏 GTO 器件,因此门极控制电路比较复杂。此外 GTO 的饱和度较浅,所以管压降也比 SCR 大,为保护管子而设置的电路(缓冲电路)中的损耗也较大。但由于它的上述许多优点,使它成为第二代电力电子器件中电压高、功率大的优良器件,在电力牵引领域里获得了广泛的应用。

GTO 的关断机理及关断方式与 SCR 根本不同,SCR 用强迫关断或使阳极电流小于维持电流的方法关断,GTO 的关断原理仍可用图 3-3(a)的二个晶体管复合电路来说明,图中电流放大系数 $\alpha_1 = I_{C1}/I_A$,$\alpha_2 = I_{C2}/I_K$。在要关断 GTO 时,门极负偏置电压 E_G 经开关 K 加到门极,这时晶体管 $P_1N_1P_2$ 的集电极电流 I_{C1} 被抽出,形成门极负电流 $-I_G$,使 $N_1P_2N_2$ 晶体管的基极电流减小,进而使其集电极电流 I_{C2} 也减小,于是引起 I_{C1} 的进一步下降,如此不断循环下去,最后使 GTO 的阳极电流下降到尾部电流,再进一步降到零而关断。

由于二只晶体管的电流放大倍数 $\alpha_1 + \alpha_2$ 仅稍大于 1,且 α_1 比 α_2 小得多,因此集电极电流 I_{C1} 占总阳极电流的比例较小,只要设法抽走这部分电流,即可使 GTO 关断。通常门极负脉冲电流的幅值约为 GTO 被关断的最大阳极电流的 20%~33%。

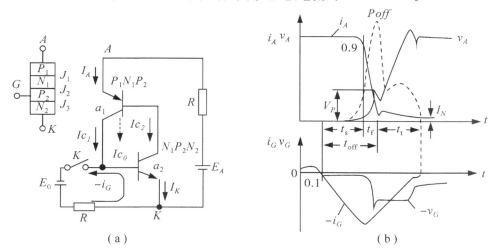

图 3-3 GTO 的关断电路和关断过程中的电压、电流波形图
(a)GTO 的关断电路 (b)关断时的波形

GTO 的电流增益 β_{off} 表示用小的门极负电流关断大的阳极电流的能力,其数值通常为 3~5。

$$\beta_{off} = I_{TGQM} / |-I_{GM}| \tag{3-1}$$

式中:I_{TGQM}——可关断峰值电流;

I_{GM}——门极负电流的最大值。

门极负偏压 E_G,不能超过 GTO 的门极反向雪崩电压,否则很大的门极反向雪崩电流将使门极功耗过大而损坏元件。

图 3-3(b)是 GTO 关断过程中的波形,从门极加上负偏压 $-v_G$ 开始,出现了门极负电流 $-i_G$,经过存贮时间 t_s 后,$-i_G$ 达到最大值 $-I_{GM}$ 时,阳极电流 i_A 开始下降,同时阳极

电压 v_A 由正常的管压降逐渐加大。在阳极电流下降而阳极电压上升的过程中,出现了 GTO 关断时的瞬时功耗 P_{off} 如图中虚线所示,其数值远较 SCR 的关断损耗大,尤其在电感负载下,在电流下降时间 t_f 内阳极电压与阳极电流会同时出现相当大的数值,此时关断损耗更为突出。此外,在关断期间内,门极电流和电压的乘积产生门极功耗,在电流 i_A 下降的时间 t_f 内,门极功耗也达到最大。由于关断过程中阴极导通的面积不断缩小,这种关断的损耗往往就很集中,由此可能产生局部的"热点",当功耗过大时就会损坏元件;特别是因为一个 GTO 元件实际上是由许多小 GTO 单元并联组成的,如果工艺不良、电流分配不均,烧损现象就难以避免。因此在保证元件本身的质量的同时,必须正确地设计 GTO 的门控电路,特别是它的关断电路,使门极关断负脉冲电流波形既要有一定的幅值和脉冲宽度,还要符合对脉冲前沿和后沿的波形要求。因为关断脉冲波形对关断过程的存贮时间 t_s、下降时间 t_f 和尾部时间 t_t 都有影响,从而也影响关断功耗和关断能力。

二、GTO 的主要特性

(一)阳极伏安特性

图 3-4 是逆阻型 GTO 的阳极伏安特性。由图可知,它与 SCR 的伏安特性很近似,当外加电压超过正向转折电压 V_{BO} 时,GTO 即正向开通,这种现象与 SCR 及其家族基本相同,称为电压触发。此时不一定会使元件损坏,但是外加电压超过反向击穿电压之后,会发生雪崩击穿现象,因此而损坏器件。非逆阻型 GTO 则不能承受反向电压。

GTO 的 V_{BO}、V_{DSM} 和 V_{DRM} 的含义,与晶闸管有关术语相同,这三个电压间数值关系也基本相同,但目前对 GTO 的标准各国和各公司规定不一,如日本三菱公司规定 $V_{DSM} = V_{DRM} + 100V$。

GTO 的正向、反向额定电压一般规定把 V_{DRM} 或 V_{RRM} 的 80% 作为该元件的额定电压。

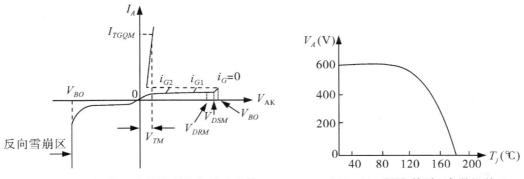

图 3-4 逆阻型 GTO 的阳极伏安特性　　图 3-5 GTO 的耐压与结温关系

GTO 的耐压性能受多种因素的影响,其中结温的影响较大。随着结温的升高,GTO 的耐压会下降,如图 3-5 所示。当 GTO 的结温高于 125℃ 时,使二只等效晶体管的放大系数 α_1 和 α_2 大为增加,以致回路增益较多地大于 1,所以不加触发信号也会在过大的漏电流下使 GTO 误触发而自行导通。

GTO 的阳极耐压性能和门极的状态也有很大的关系,门极开路时的耐压性能较差,门极短路比开路可以提高其耐压40%。此外，不少GTO还制成逆导型，不能承受反向电压。当需要承受反向电压时，GTO应和二极管串联使用。

（二）通态压降特性

GTO的通态压降特性是其伏安特性的一部分，如图3-6所示。由图可见，随着阳极通态电流I_A的增加，其通态压降V_{TM}增加，即GTO的通态损耗也增加。图3-6为GFF200型元件的通态压降特性。

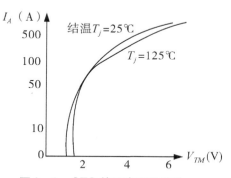

图3-6　GTO的通态压降特性　　　图3-7　GTO的开通特性

（三）GTO的开通特性

在元件从断态到通态的过程中，电流、电压及功耗随时间变化的规律为元件的开通特性，这是一个动态过程。GTO的开通特性如图3-7所示。

当GTO阳极加上正电压，并给门极注入一定的触发电流时，阳极电流大于擎住电流后GTO完全导通。开通时间t_{on}由延迟时间t_d和上升时间t_r组成。开通时间取决于元件的特性、门极电流上升率di/dt以及门极触发电流幅值的大小等因素。由图可见，在延迟时间t_d内导通的功率损耗p_{on}比较小，大部分的开通损耗出现在上升时间内，阳极电流增加和开通时间延长都会使元件的开通损耗加大。

（四）GTO的关断特性

GTO关断过程中的阳极电压、阳极电流和功耗与时间的关系是GTO的关断特性，如图3-3（b）所示。关断过程中的存贮时间t_s与下降时间t_f两者之和称为关断时间t_{off}（也可用t_q表示）；也有些文献与元件生产工厂定义关断时间为t_s、t_f，还有时间上长达几十μs的尾部时间t_t三者之和。存贮时间的含义是从门极关断电流达到其峰值电流的10%的时刻起，到阳极电流下降到90%时的时刻为止的间隔。在这段时间里阳极电流变化很小，而门极电流已达最大值。t_s结束的瞬间是电流放大倍数$\alpha_1 + \alpha_2 = 1$的瞬间。在这点之前从门极抽出大量过剩载流子，使导通区不断收缩，而阳极电流不变，其过程遵循二维关断规律。在这点之后，开始下降时间t_f，这时GTO内部中心结开始退出饱和，再继续从门极抽出载流子，GTO进入维持关断的过程，这时阳极电流迅速下降，阳极电压不断上升。当阳极电流下降到10%时，t_f结束，开始尾部时间t_t。此后直到阳极电流减小到维持电流i_H为止，都是t_t阶段，所以尾部时间t_t是一个相对较长的过程。在此过程中仍有载流子从门极抽出，阳极电压虽已建立，但这时若有过大的阳极重加电压，则GTO的关断失败,并导致 GTO 的损坏。

如图 3-3(b)所示,在感性负载下关断的下降时间内,阳极电压往往有一个尖峰电压,使关断损耗突然加大,过大的 p_{off} 会使 GTO 损坏。这个尖峰电压的成因及预防将在下面讨论。关断过程中 p_{off} 的曲线如图 3-3(b)中的虚线所示。

三、GTO 的主要参数

GTO 的许多参数与 SCR 相似,但也有一些不同,如可关断峰值电流等。

(一) 可关断峰值电流 I_{TGQM}

GTO 阳极电流允许值的大小受两方面因素的限制:一个是受热学上的限制,即额定工作结温决定了它的平均电流额定值,这与 SCR 相同,受硅片面积、散热条件等的限制;另一个是受电学上的限制,因为电流过大时,$\alpha_1 + \alpha_2$ 增加,稍大于 1 的临界导通条件被破坏,使 GTO 饱和程度加深,导致门极关断失败。因此 GTO 存在着阳极可关断电流的最大值,即可关断峰值电流 I_{TGQM}。I_{TGQM} 是 GTO 的一个特征参数,它的容量一般用这个参数来表示。如 3000A/4500V 的 GTO,即指可关断峰值电流为 3000A,耐压为 4500V。但国外生产的 GTO 电流额定值有时也用它的有效值或平均值表示,使用时应予注意。

GTO 的有效值电流 I_{RMS} 和可关断峰值电流 I_{TGQM} 之间没有固定的比例关系,一般可关断峰值电流是有效值电流的 2~3 倍。在实际使用中,可关断峰值电流 I_{TGQM} 受较多因素的影响:如门极关断电压的大小、门极负电流的波形、阳极电压上升率 dv/dt、工作频率、再加(重加)电压的大小、甚至 GTO 阳极引线的长度等。图 3-8 是门极关断电源电压与 I_{TGQM} 的关系,随着 $-V_G$ 的加大,I_{TGQM} 上升。

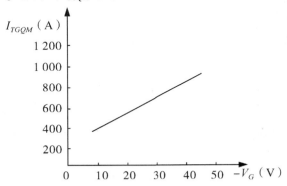

图 3-8 GTO 门极关断电源电压与 I_{TGQM} 的关系

其原因是较高的 $-V_G$ 易于使载流子从门极抽出;并且在较高的门极负电压下,GTO 内部各小胞管之间的关断时间差较小,不易造成关断时电流过于集中的现象,故有利于 I_{TGQM} 的加大。

(二) 关断时的阳极尖峰电压 V_P

如前所述,在 GTO 关断过程中下降时间 t_f 尾部,感性负载下会出现一个阳极尖峰电压 V_P,如图 3-3(b)所示,这是一个很重要的参数,特别对大容量 GTO 更重要。尖峰电压是感性负载电路中阳极电流在 t_f 时间内的电流变化率 di_A/dt 与 GTO 缓冲保护电路的电感 L_s 的乘积。因此，当 GTO 的阳极电流增加时，尖峰电压几乎线性增加，于是 V_P 当增加到一定值时，GTO 因 p_{off} 过大而失效。所以这个尖峰电压限制着可关断峰值电流的增加，为此 GTO 的生产厂家一般把 V_P 限制值也作为一个参数提供给用户，如 2000A/2500V 及 2000A/4500V 元件的 V_P 限制值为 640V。

（三）阳极电压上升率 dv/dt

阳极电压上升率有静态与动态两种。静态 dv/dt 是指 GTO 还没有导通时所能承受的最大断态电压上升率。和 SCR 一样，过大的静态 dv/dt 会使 GTO 误触发。误触发虽然未必使 GTO 损坏，但使电路无法正常工作。误触发的原因也是 GTO 中反向结 N_1P_2（即 J_2 结）的结电容中，在过大的 dv/dt 情况下流过较大的结电容电流引起的。结电容电流越大，流经 GTO 中 $N_1P_2N_2$ 管的门极电流越大，当 $\alpha_1 + \alpha_2 > 1$ 时，没有外加触发电流也可使 GTO 导通。因为实际流过 GTO 的阳极电流 I_A 由三部分组成：除 I_{C1} 和 I_{C2} 外，还有漏电流和结电容电流 I_{C0}，故有关系式

$$I_A = I_{C1} + I_{C2} + I_{C0} = \alpha_1 I_A + \alpha_2 I_K + I_{C0} \tag{3-2}$$

式中，I_k 为阴极电流，$I_k = I_A + I_G$，代入上式得

$$I_A = (\alpha_2 I_G + I_{C0})/(1 - (\alpha_1 + \alpha_2)) \tag{3-3}$$

由此可见，存在着结电容电流和漏电流时，即使 $I_G = 0$，只要 $\alpha_1 + \alpha_2 = 1$，元件就会自触发导通。

与 SCR 相比，GTO 处于临界饱和状态，α_1 和 α_2 较小，所以 GTO 的静态 dv/dt 承受力比 SCR 强，即 GTO 的临界电压上升率较大。

静态 dv/dt 承受力随元件的结温或阳极电压的上升而降低。在门极上加负偏压，或在门极与阴极之间并联电阻或电容，造成 J_3 结的分路，则可提高元件的 dv/dt 承受力。

动态 dv/dt 是指 GTO 关断过程中的阳极电压上升率，又称重加 dv/dt。若重加 dv/dt 增加，则阳极电流很快上升，使关断损耗增加，GTO 的关断能力下降，也就是可关断峰值电流 I_{TGQM} 减小。重加 dv/dt 与可关断峰值电流的关系如图 3-9 所示。若在关断过程中的下降时间内 dv/dt 过大，使阳极电流过快上升，由于此时阳极电流仍然相当大，就可能导致 GTO 的过热损坏。

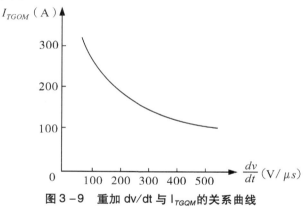

图 3-9　重加 dv/dt 与 I_{TGQM} 的关系曲线

（四）阳极电流上升率 di/dt

GTO 能承受的极限电流上升率为临界电流上升率。SCR 的 di/dt 是按通态电流达到峰值的 10% 和 50% 两点间直线的斜率来定义的，而 GTO 有时将通态电流达到 50% 可关断峰值电流的这点斜率定义为临界 di/dt。

GTO 开通时由于电流首先从靠近门极的阴极区开始，然后逐步扩展到整个阴极，过大的 di/dt 使先导通部分的电流过于集中，以致产生局部热点而损坏元件。

四、可关断晶闸管（GTO）的门控电路

（一）GTO 关断过程的机理及其波形

GTO 的门控电路由开通电路、关断电路和偏置电路三者组成，由于 GTO 与 SCR 的相似性，除导通时因饱和不深，需正偏置外，GTO 与 SCR 的触发电路没有原则区别。GTO 门控电路的特点与难点在于关断电路，我们应当了解其关断过程的内部机理及有关波形，从而提出设计关断电路的技术要求。

众所周知，对大功率电力电子元件正向特性的要求是通态电流大、通态电压低，因此在通态下就必须使元件具有足够多的载流子存贮量，这就给元件的关断带来了特殊困难。GTO 门控电路的基本要求就是从门极排出 P_2 基区中（见图 3-3a）过剩的载流子（空穴），这就是说必须在门极加上足够大的反向电压，使 P_2 基区中过剩的空穴通过门极流出，与此同时电子通过 P_2 基区与 N_2 发射极间的 J_3 结从阴极排出。随着电子和空穴的排出，在 P_2 基区和 J_3 结的地方形成逐渐向中心区扩大的耗尽层，如图 3-10 所示。

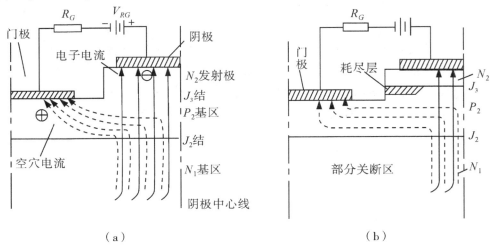

图 3-10　GTO 的门极关断机理图

(a)关断时空穴从门极抽出　(b)耗尽层的形成

其结果是从 N_2 发射极没有电子向 P_2 区注入，在 P_2 基区及 N_2 基区中的过剩载流子一直复合到消失为止，如 J_3 结能维持反偏状态，GTO 就被关断。由此可见，关断 GTO 的前提是门控电路要有足够大的关断电流，以便从门极排出足够大的门极关断电荷，同时其

关断功率又不能超过允许值。

图 3-11 是 GTO 导通与关断过程波形图,图中 i_A 和 v_A 为 GTO 的阳极电流和电压,i_G 为正向门极触发电流;i_{GQ} 为反向门极关断电流;v_{GQ} 为门极关断电压。关断过程从 t_{off} 的起点开始。

由图 3-11 可见,由门极反向电流 i_{GQ} 所包围的门极关断电荷量为

$$Q_{GQ} = \int_0^{t_s+t_f} i_{GQ} dt = \frac{1}{2}(t_s + t_f) I_{GQM} \tag{3-4}$$

式中:t_s——存贮时间,即 GTO 从加上门极关断电压开始,到导通面积收缩到阴极和 N_2 发射极中心部为止的时间,此时阳极电流 i_A 下降到 0.9 倍的初始值;

t_f——下降时间,即从 t_s 结束到门极与阴极间的 J_3 结束恢复阻断时为止的时间,此时 i_A 下降到 0.1 倍的初始值;

I_{GQM}——门极关断电流的峰值。

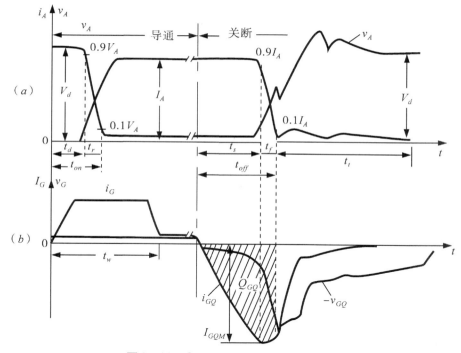

图 3-11 GTO 导通与关断过程波形图
(a)阳极电压、电流波形 (b)门极电压、电流波形

由于关断时间为 $t_{off} = t_s + t_f$,且门极关断电流的峰值 I_{GQM} 约为 $(1/5 \sim 1/3)$ 的可关断峰值电流 I_{TGQM},故有

$$Q_{GQ} = \left(\frac{1}{10} \sim \frac{1}{6}\right) I_{TGQM} t_{off} \tag{3-5}$$

所以设计门控电路时,应保证 GTO 关断电路中的储能电容器具有电荷量:

$$Q_C = C V_C \geq Q_{GQ} \tag{3-6}$$

已知电容电压 V_C,即可求得关断 GTO 所需的电容量 C。由于较大的 I_{TGQM} 要求较大的门控电流,所以只要门极功耗允许,较大的门极关断电流有利于缩小 t_{off},这既可减少关

断时的管耗,又可提高 GTO 的工作频率。

关断 GTO 不仅要从门极抽出足够大的关断电荷,而且要有足够的关断电流上升率 di_{GQ}/dt,以加速关断过程,减少元件功耗。较大的 di_{GQ}/dt 有利于并联构成的 GTO 元件的许多内部小 GTO 胞管的动作一致,同样也有利于 GTO 串、并联应用中的均压、均流。

(二) GTO 门控电路的基本参数

GTO 门控电路基本参数应以元件厂提供的推荐值为准,也可参照下列范围选取。

(1) 正向强触发电流,$I_{GM} \approx 10 I_{GT}$(门极最小可触发电流)。

(2) 触发电流脉冲宽度,$t_W \geq (2 \sim 3) t_{on}$(导通时间),其值约为 $20\mu s \sim 40\mu s$;

(3) 触发电流上升率,对于 200A 以下较小元件 di_G/dt 取 $1 \sim 3A/\mu s$,较大元件取 $5 \sim 10A/\mu s$,有串联、并联时取上限值。

(4) 正向偏置电流,取 $(2 \sim 3) I_{GT}$。

(5) 门极反向电流幅值,$I_{GQM} = (0.2 \sim 0.33) I_{TGQM}$。

(6) 门极反向电流上升率,较小元件取 $di_{GQ}/dt = -(10 \sim 30) A/\mu s$,较大元件取 $di_{GQ}/dt = -(40 \sim 60) A/\mu s$,串联、并联时取上限值。

(7) 门极反向电压,较小元件取 $V_{GQ} = 13 \sim 15V$,较大元件取 $15 \sim 20V$,此值应保持到尾部时间的后期,如图 3-11 所示。

(8) 关断脉冲宽度,取 $t_{WQ} > (2 \sim 3)(t_{off} + t_t)$,即在有尾部电流期间(见图 3-11)门极仍需加上关断电压。通常关断时间 t_{off} 与开通时间 t_{on} 大致接近,约为 $4 \sim 8\mu s$,而尾部时间 t_t 远大于 t_{on},故取 t_{WQ} 约为 $40 \sim 60\mu s$。关断脉冲的后沿较为缓和。

(三) GTO 的门控电路

对于 GTO 门控电路的最后一个环节,输出级可以采用不同的功率元件,目前已有模块化的门控电路,虽价格较贵,但应用方便可靠。

利用 SCR 关断 GTO,可以取得较大的负电流而有利于大功率 GTO 的关断,但频率受限制,电路也较复杂,目前已为电力 MOSFET 及 IGBT 等取代。

1. 用 GTR 的 GTO 门控电路

用 GTR 关断 GTO 的一种门控电路原理图如图 3-12 所示。

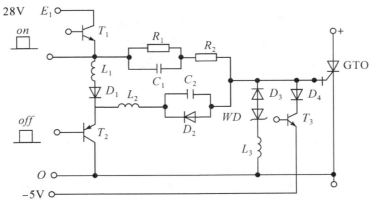

图 3-12 用 GTR 的 GTO 门控电路原理图

用 GTR 的 GTO 门控电路比用 SCR 的电路简单。输入正脉冲 on 信号使 T_1 导通,电源 E_1 经 T_1、R_1(C_1)、R_2 使 GTO 导通,同时 E_1 经 T_1、L_1、D_1、L_2,使储能电容 C_2 振荡充电,为关断 GTO 做好准备。当 T_2 的基极加以关断信号 off 时,T_2 导通,C_2 经 L_2、T_2、GTO 门极放电,使 GTO 关断。与门极并联的稳压管支路用来改善关断脉冲的波形,关断时导通的 T_3 构成 T_3、D_4 支路,使 GTO 加上负偏置,以增进关断的可靠性。

2. 用 MOSFET 的 GTO 门控电路

用电力 MOSFET 关断 GTO 的门控电路原理图如图 3-13 所示。此门控电路的功率小、工作频率高、电路结构也简单。触发环节由电容 C_1、电力 MOSFET 管 T_1、复合管 T_3 等构成。20kHz 的脉冲电源经 D_1、D_2、D_5、D_6 整流后,使触发电容 C_1 储能(15V)。在触发信号 on 加到 T_1 基极上时,T_1 导通,GTO 被触发导通。同时已充电的 C_2(电压为5V),经 R_3、电力 MOSFET 管 T_1 为 GTO 提供稳定导通的正偏置。门极关断电路由电力 MOSFET 管 T_2 及 C_3、R_5 等构成。当 T_2 基极有关断信号 off 正脉冲信号时,T_2 导通,C_3 为 GTO 提供负的脉冲电流,使 GTO 关断。C_3 的充电电压为15V,且有较大的电容量(2000μF),可以关断 300A/1200V 的 GTO。

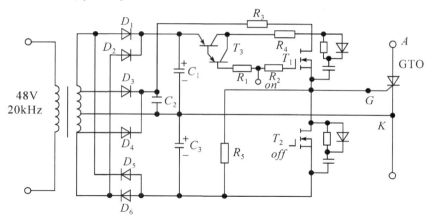

图 3-13 用 MOSFET 的 GTO 门控电路原理图

第二节 绝缘栅双极晶体管

复合型电力电子器件 IGBT 是绝缘栅双极晶体管(Insulated Gate Bipolar Transistor)的简称,它综合了 GTR 的安全工作区宽、电流密度高、导通压降低和金属氧化物半导体场效应晶体管 MOSFET(Metal Oxide Semiconductor Field Effect Transistor)输入阻抗高、驱动功率小、驱动电路简单、开关速度快、热稳定性好的优点,因而发展很快,应用领域正在不断扩展中。

一、IGBT 的工作原理

IGBT 是以 MOSFET 为驱动元件、GTR 为主导元件的达林顿电路结构器件。它相当于一个由场效应管 MOSFET 驱动的厚基区 GTR,简化的等效电路如图 3-14(a)所示,其中 T_1 是 N 沟道型 MOSFET,T_2 是 PNP 型 GTR,R_{dr} 是厚基区 GTR 的基区内电阻,这种结构称 N-IGBT,即 N 沟道型的 IGBT,应用的较多。若用 P 沟道型 MOSFET 作为控制元件构成 IGBT,称 P-IGBT 型器件。

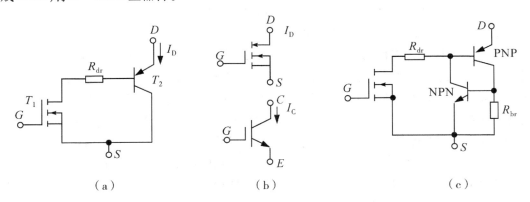

图 3-14 IGBT 的等效电路及图形符号

(a)简化等效电路;(b)二种图形符号;(c)实际等效电路。

在一般的 IGBT 模块中,还封装了反并联的快速二极管,以适应逆变电路的需要,因此没有反向阻断能力。

IGBT 的图形符号有两种形式,如图 3-14(b)所示。其中图 3-14(b)下方的图形较为简单实用。图中漏极 D 用集电极 C 表示,源极 S 用发射极 E 表示,漏极电流 I_D 改用集电极电流 I_C 表示。对于 P-IGBT 型器件,图形符号中的箭头方向相反。图 3-14(c)是具有寄生晶体管 NPN 的实际等效电路,此寄生管正常情况下不起作用,但如果 I_C 太大,寄生管就会导通,使 IGBT 失控,这就是下面将要讨论的擎住效应。

IGBT 的控制原理与 MOSFET 基本相同,IGBT 的开通和关断受栅极控制,N 沟道型 IGBT 的栅极上加正偏置并且数值上大于开启电压时,IGBT 内的 MOSFET 的漏极与源极之间因为感应产生一条 N 型导电沟道,使 MOSFET 开通,从而使 IGBT 导通。反之,如在 N 沟道型 IGBT 上加反偏置,它内部的 MOSFET 漏源极间不能感生导电沟道,IGBT 就截止。

二、静态与动态特性

(一)伏安特性

伏安特性即输出特性,N-IGBT 的伏安特性如图 3-15(a)所示。由图可知 IGBT 的伏安特性与 GTR 的伏安特性基本相似,不同之处是控制参数为栅极 G 与源极 S 之间的电压 V_{GS}(或用 V_{GE} 表示),而不是基极电流。伏安特性的纵坐标为漏极电流 I_D(或 I_C),横坐标是漏极与源极间的电压 V_{DS}(或 V_{CE}),IGBT 的伏安特性有以下几点。

(1)截止区即正向阻断区 I,栅极电压没有达到 IGBT 的开启电压 $V_{GS(th)}$。

(2)放大区即线性区Ⅱ,输出电流受栅源电压的控制,V_{GS}越高、I_D越大,两者有线性关系。

(3)饱和区Ⅲ,此时因V_{DS}太小,V_{GS}失去线性控制作用。

(4)击穿区Ⅳ,此时因V_{DS}太大,超过击穿电压BV_{DS}而不能工作。

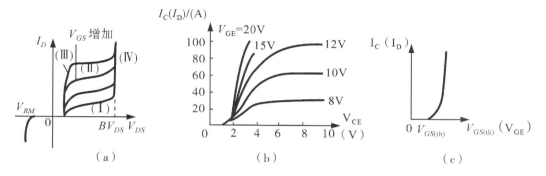

图3-15 IGBT的伏安特性和转移特性
(a)伏安特性示意图 (b)实际的伏安特性 (c)转移特性

由于结构上的原因,IGBT的反向阻断电压只能达到数十伏的水平,非对称型的IGBT则几乎没有反向阻断能力,因此限制了IGBT的某些应用范围。

图3-15(b)为IGBT的实际伏安特性,其中I_D、V_{DS}和V_{GS}已分别用I_C、V_{CE}和V_{GE}表示。由此图可定量看出在一定的栅源电压下,随着I_C加大,通态电压V_{CE}加大;通过加大栅源电压V_{GE},在一定的I_C下可减小V_{CE},即可以减少IGBT的通态损耗。

(二)转移特性

如在图3-15(b)横轴上做一条垂直线(即保持V_{CE}为恒值)与各条伏安特性相交,可获得转移特性。这是漏极电流与栅源电压V_{GE}之间的关系曲线,如图3-15(c)所示。它与MOSFET的转移特性相同,当栅源电压V_{GE}小于开通电压$V_{GS(th)}$时,IGBT处于关断状态。在IGBT导通后的大部分漏极电流范围内,I_D与V_{GS}呈线性关系。最高栅源电压受最大漏极电流的限制,其最佳值一般取15V左右。

(三)动态特性

IGBT在开通过程中,大部分时间是作为MOSFET来运行的,只有在漏源电压V_{DS}下降过程的后期,PNP晶体管才由放大区转到饱和区。

图3-16(a)是IGBT的开通过程,$V_{GS}(t)$是作为控制信号的栅源电压波形,$I_D(t)$是漏极电流波形,$V_{DS}(t)$是漏源电压波形。这些波形与MOSFET开通时的波形相似。开通时间由开通延迟时间$t_{d(on)}$、电流上升时间t_{ri}和电压下降时间t_{fv}三者组成。开通时间约为$(0.2\sim0.5)\mu s$。

在图3-16(b)的IGBT关断过程中,因为MOSFET关断后,PNP晶体管中存贮的电荷难以迅速消除,造成漏极电流有较长的尾部时间。关断时间由关断延迟时间$t_{d(off)}$、电压上升时间t_{rv}和电流下降时间t_{fi}三者组成,约为$1\mu s$。

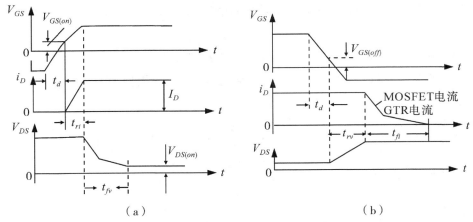

图 3-16 IGBT 的开通与关断过程
(a) IGBT 的开通过程 (b) IGBT 的关断过程

三、擎住效应

由于 IGBT 结构上难以避免的原因,它的等效电路图实际上如图 3-14(c)所示,内部存在一只 NPN 型寄生晶体管,当漏极电流大于规定的临界值 I_{DM} 时,该寄生晶体管因有过高的正偏置被触发导通,使 PNP 管也饱和导通,结果 IGBT 的栅极失去控制作用,这就是所谓的擎住效应。IGBT 发生擎住效应后,漏极电流增大,造成过高的功耗,最后导致器件损坏。为此,元件制造厂规定了漏极电流的最大值 I_{DM},以及与此相应的栅源电压最大值。这种漏极电流超过 I_{DM} 起的擎住效应称静态擎住效应。

此外,在 IGBT 关断的动态过程中,若元件上的 dV_{DS}/dt 过大,则元件内部的结电容电流也会很大,从而引起上述寄生晶闸管的开通,使 IGBT 栅极失控,形成动态擎住效应。

所以,除了使用中不使漏极电流超过 I_{DM} 外,还可用加大栅极电阻 R_G 的办法,延长 IGBT 的关断时间,以减小重加 dV_{DS}/dt 的数值,避免静态和动态擎住效应的发生。

IGBT 开通时的正向偏置安全工作区 FBSOA 由电流、电压和功耗三条边界极限包围而成。最大漏极电流 I_{DM} 是为避免擎住效应而由制造时确定的。最高漏源电压 V_{DSM} 是由 IGBT 中 PNP 晶体管的击穿电压规定的,最高功耗由最高允许结温所规定。如流过直流(DC)则发热严重,因而安全工作区变窄,如图 3-17(a)中 DC 线所示。若为脉冲电流,导电时间短,工作区变宽,脉冲越窄,工作区越宽。

IGBT 的反向偏置安全工作区 RBSOA 如图 3-17(b)所示,它随 IGBT 关断时的重加 dV_{DS}/dt 而改变,dV_{DS}/dt 数值越大,越容易引起 IGBT 的误导通,因此相应的反向偏置安全工作区越狭窄。

应用 IGBT 要注意的是 IGBT 有较大的极间电容,使 IGBT 的输入端显示出较强的容性特点,在输入脉冲作用下,将出现充放电现象。在器件开关过程中,极间电容是引发高频振荡的重要原因。

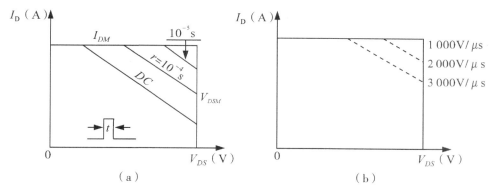

图 3-17 IGBT 的安全工作区
(a) 正向安全工作区 (b) 反向安全工作区

由于 IGBT 对栅极电荷的集聚很敏感,因此要有一个低阻抗的放电回路,驱动电路与 IGBT 的连线要尽量短,如用绞线,其长度不应超过 1m。此外,设计适当的吸收(又称缓冲)电路,以抑制 IGBT 关断时产生的尖峰浪涌电压也很重要。栅极是绝缘构造,因此要考虑静电对策,当栅极悬空时,不能在 C、E 极间加电压;G、E 极间不能加大于 ±20V 的电压。

四、IGBT 的栅极驱动电路

(一) IGBT 栅控电路的要求和基本原理

IGBT 栅控电路的基本要求可归纳为下列几点。

(1) 提供适当的正向和反向输出电压,使 IGBT 能可靠地开通和关断。
(2) 提供足够大的瞬时功率或瞬时电流,使 IGBT 能及时迅速建立栅控电场而导通。
(3) 输入、输出延迟时间尽可能小,以提高工作频率。
(4) 输入、输出电气隔离性能足够高,使信号电路与栅极驱动电路绝缘。
(5) 具有灵敏的过电流保护能力。

IGBT 是 MOSFET 与 GTR 的复合结构,所以,用于电力 MOSFET 的栅极驱动电路原则上也能适用于 IGBT。和 MOSFET 相同,IGBT 也是场控型器件,输入阻抗高,但对于大功率 IGBT(如 1200V、200～500A 以上元件)而言,由于有相当大的输入电容,数值上等于 C_{CG} 加 C_{GE},所以在 IGBT 导通瞬间栅极脉冲电流的峰值可达数安培,因此,栅控电路应有足够大的正向电压和输出能力。

同时,IGBT 的栅极正向电压 V_{GE}(正偏电压)还与它的通态电压 V_{CE} 有关。当 V_{GE} 增加时,通态 V_{CE} 电压下降,只有当 V_{GE} 大到一定值时,V_{CE} 才能达到较低的饱和值,如图 3-18 所示。使 IGBT 达到饱和的正偏压与该元件的容量有关,例如对于 50A 的元件,选择正偏压 V_{GE} 为 15V 较好,这时 V_{CE} 约为 4V。通常对较大容量的 IGBT,正偏压取 15～20V,如图 3-15(b) 及图 3-18 所示。

栅极负偏压对 IGBT 的关断特性影响不大,但在驱动电动机的逆变器电路中,为了使

IGBT 能稳定可靠地工作，还需要负偏压。同时，栅极负偏压还能够防止 IGBT 在过大的 dV_{CE}/dt 下发生误触发，负偏压通常取 $-5V$ 或者稍大一些。

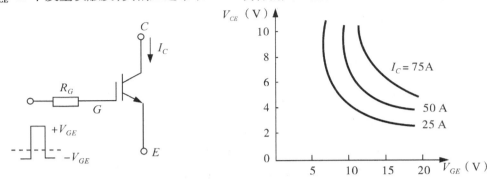

图 3-18　IGBT 的通态电压与栅极电压的关系

IGBT 栅控电路中的栅极电阻 R_G 对它的工作性能影响颇大，取较大的 R_G，对抑制 IGBT 的电流上升率 di_C/dt 及降低元件上的电压上升率 dv/dt 都有好处，但若 R_G 过大，就会过分延长 IGBT 的开关时间，使它的开关损耗加大，这对高频的应用场合是很不利的，而过小的 R_G 可使 di_C/dt 太大而引起 IGBT 的不正常或损坏。所以，正确选择 R_G 的原则是应在开关损耗不太大的情况下，选择略大的 R_G。R_G 的具体数值还与栅控电路的具体结构形式及 IGBT 的电压、电流大小有关，大致在几欧姆到几十欧姆左右。小容量 IGBT 的 R_G 值较大，可超过 100Ω，具体数值可参考元件的推荐值。

为了使栅极驱动电路与信号电路隔离，应采用抗干扰能力强、信号传输时间短的光耦合器件。

IGBT 门极与发射极的引线应尽量短，并且这两根引线应该绞合后使用，以减少栅极电感和干扰信号的进入。在图 3-19 中，用光耦器件隔离信号电路与栅控电路。栅控电路由 MOSFET 及晶体管推挽电路构成，具有正偏置和负偏置。当输入信号为高电平时，MOSFET 截止，T_1 导通，使 IGBT 迅速开通。当输入信号为低电平时，MOSFET 及 T_2 都导通，IGBT 截止。

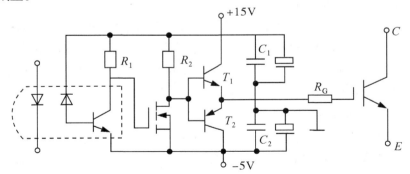

图 3-19　IGBT 的栅控电路原理图

（二）用模块化集成门控电路驱动 IGBT

1. EXB 系列模块化集成电路

集成化模块栅控电路性能可靠、使用方便，是发展方向。EXB 系列模块内部带有光耦合器件和过电流保护电路,它的功能如图 3-20 所示。管脚 1,用于连接反向偏置电源的滤波电压;管脚 2,电源 20V;管脚 3,驱动输出;管脚 4,用于连接外部电容,以防止过流保护电路误动作;管脚 5,过流保护输出;管脚 6,集电极电压监测;管脚 14,15 驱动信号输入;管脚 9,接地。

EXB850 和 EXB851 可以分别驱动 600~1200V 和 75~400A 的 IGBT,驱动信号延时不超过 4μs,最大工作频率为 10kHz。EXB840 则可达到 40kHz。

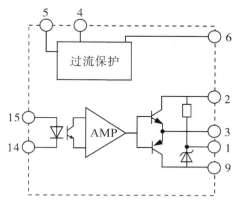

图 3-20 EXB 系列的栅控模块功能方框图

模块与 IGBT 间的外部接口电路如图 3-21 所示。驱动信号经过外接晶体管的放大,由管脚 14 和管脚 15 输入模块。过电流保护信号由测量反映元件电流大小的通态电压 V_{CE} 得出,再经过外接的光耦器件输出,过电流时使 IGBT 立即关断。两只 33μF 的外接电容器用于吸收因电源接线所引起的供电电压的变化。管脚 1 和管脚 3 的引线分别接到 IGBT 的发射极 E 和门极 G,引线要尽量短,并且应采用绞合线,以减少对栅极信号的干扰。图中 D 为快速恢复二极管。

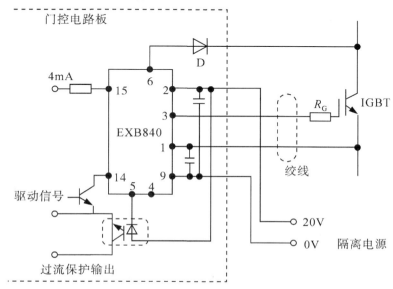

图 3-21 EXB 系列模块的接口电路

如前所述,栅极电阻 R_G 与 IGBT 的电压、电流大小有关,如用 EXB 系列模块控制 1200V、200A 的元件时,R_G 可取 12Ω;如控制 1200V、25A 的元件,R_G 取 50Ω。

2．HR065 模块的电路原理图解析

HR065 模块采用了慢关断技术,因而热性能和短路(过电流)保护性能都较好。IGBT 在发生短路后不允许立即过快地关断,因为此时短路电流已相当大,如果立即过快关断会造成很大的 di/dt,这在线路分布电感作用下会在 IGBT 上产生过高的冲击电压,极易损坏元件。所以,短路发生后,首先通过减小栅极正偏置电压 V_{GE},使短路电流得以抑制,接着再关断 IGBT。

HR065 模块的电路原理如图 3-22 所示。光耦 OC1 及晶体管 $T_1 \sim T_3$ 等构成驱动器的基本电路,其中 T_2、T_3 为一对互补推挽管,当 OC1 有输入、T_1 截止、T_2 导通时,T_3 截止,驱动器的输出端 3 向 IGBT 输出正电压;反之,输出负电压,IGBT 截止。

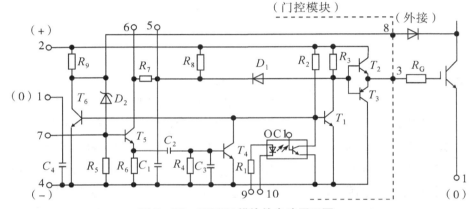

图 3-22　HR065 模块的电路原理图

T_4、T_5、D_2 及 $R_4 \sim R_8$、$C_1 \sim C_3$ 构成过电流检测、故障信号输出及导通保持电路。当 IGBT 正常导通时,8 端与 1 端(即发射极)之间为 IGBT 的饱和压降和外接检测二极管正向压降之和,电压较低,稳压管 D_2 中无电流通过,T_5 截止,故障输出端 5、6 之间无电流故障输出端输出。

当过电流发生时,IGBT 的饱和压降 V_{CEO} 随着电流增大而升高,若压降超过规定值(7V),D_2 反向导通,T_5 由截止转为导通,一方面故障信号输出端 5、6 有电流输出。同时 D_1 导通,强行将 T_2、T_3 的基极电流减少,使 T_2 饱和区退回到放大区,造成输出正向驱动电压下降,以实现 IGBT 的"软关断"。另一方面,T_5 导通时 R_6 上的正脉冲经 C_2、C_3 的分压使 T_4 导通,但 C_3 又因 R_4 的泄放,仅使 T_4 保持 30~45μs 的导通状态,保证 T_1 在此延时内可靠截止,使 IGBT 继续有一暂短的延时导通时间,不受输入端信号的影响。若在此期间过电流消失,则 D_1 截止,IGBT 的正向驱动电压恢复正常。若在这段延时之后过电流故障仍然存在,在输入封锁信号作用下,OC1 管截止,使 T_1 和 T_3 导通,故 IGBT 关断。IGBT 关断时,T_6 导通,使故障检测电路不起作用。即 T_6 管起着逻辑电路作用,它保证只有驱动器输出正向电压时才开放过流检测电路,其他情况下均使其无效,这样能可靠地防止过电流干扰。

第三节 智能功率模块

智能功率模块 IPM(Intelligent Power Module)是一种在高速、低耗的 IGBT 基础上再集成栅极控制电路、故障检测保护电路的电力电子模块。它不仅把功率开关器件和驱动电路集成在一起，而且还内藏有过电压、过电流和过热等故障检测电路，并可将检测信号送到 CPU 或 DSP 做中断处理。它由高速低功耗的管芯和优化的门极驱动电路以及快速保护电路构成。即使发生负载事故或使用不当，也可以使 IPM 自身不受损坏。

IPM 一般使用 IGBT 作为功率开关元件，内藏电流传感器及驱动电路的集成结构。小功率器件采用一种多层环氧树脂粘合绝缘系统，铜层和环氧树脂直接在铝基板上构成屏蔽的印刷线路，功率芯片和栅极驱动电路直接焊在基板上面，不需要另外设置印刷线路板和陶瓷绝缘材料，因而封装费用特别低，适合讲究低成本和尺寸紧凑的消费类和工业产品上的应用。中、大功率器件采用陶瓷绝缘，即铜箔直接键合到陶瓷衬底上面不用焊料。这样的衬底结构可以为大功率器件提供所需的得到改进的散热特性和更大的载流容量。

以三菱 IPM 为例，三菱 IPM 以其高可靠性、使用方便赢得了越来越大的市场。与传统的功率器件相比，IPM 具有下列优点。

第一，开关速度快。IPM 内的 IGBT 芯片都选用高速型，而且驱动电路紧靠 IGBT 芯片，驱动延时小，所以 IPM 开关速度快、损耗小。

第二，低功耗。IPM 内部的 IGBT 导通压降低，开关速度快，故 IPM 功耗小。

第三，快速的过流保护。IPM 实时检测 IGBT 电流，当发生严重过载或直接短路时，IGBT 将被软关断，同时送出一个故障信号。

第四，过热保护。在靠近 IGBT 的绝缘基板上安装了一个温度传感器，当基板过热时，IPM 内部控制电路将截止栅极驱动，不响应输入控制信号。

第五，桥臂对管互锁。在串联的桥臂上，上下臂的驱动信号互锁。有效防止上下臂同时导通。

第六，抗干扰能力强。优化的门极驱动与 IGBT 集成，布局合理，无外部驱动线。

第七，驱动电源欠压保护。当低于驱动控制电源(一般为 15V)就会造成驱动能力不够，增加导通损坏。IPM 自动检测驱动电源，当低于一定值超过 $10\mu s$ 时，将截止驱动信号。

第八，IPM 内藏相关的外围电路。缩短开发时间，加快产品上市。

第九，无须采取防静电措施。

第十，大大减少了元件数目。体积相应小。

一、IPM 的结构

IPM 模块有四种封装形式：单管封装、双管封装、六管封装和七管封装。以下是几种典型参照图，如图 3-23 所示。

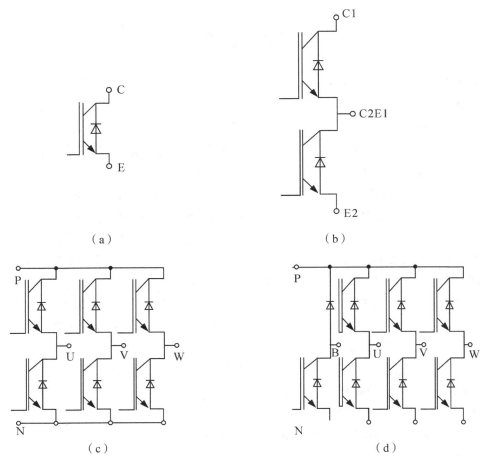

图 3-23 IPM 的四种电路形式

二、IPM 的自保护功能

IPM 的内部功能框图如图 3-24 所示。

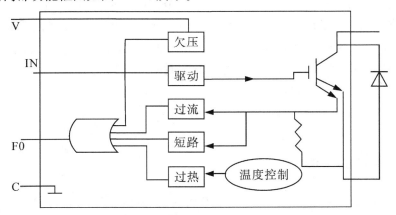

图 3-24 IPM 的内部功能框图

IPM有精良的内置保护电路以避免因系统相互干扰或承受过负荷而使功率器件损坏。所设置的故障检测和关断序列允许最大限度地利用功率器件的容量而不牺牲其可靠性。当IPM模块中有一种保护电路动作时,IGBT栅极驱动单元就会关断并输出一个故障信号(FO)。各种保护功能介绍如下。

(一)控制电源欠压锁定(UV)

内部控制电路由一个15V的直流电压供电,如果某种原因导致控制电压符合欠压条件,该功率器件将会关断IGBT并输出一个故障信号。如果毛刺干扰时间小于规定的t_{dUV}(典型值为10μs),则不影响控制电路工作,欠压保护电路不会出现保护动作。

IPM欠电压锁定保护时序图如图3-25所示。

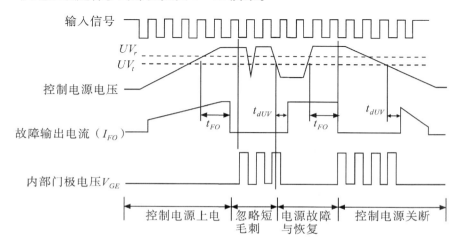

图3-25 IPM欠电压锁定保护时序图

(二)过热保护(OT)

在靠近IGBT芯片的绝缘基板上安装了一个温度传感器,如果基板温度超过过热动作数值(OT),IPM内部控制电路会截止栅极驱动,不响应控制输入信号,直到温度恢复正常(应避免反复动作),从而起到保护功率器件的作用。

在六合一和七合一模块中,所有下臂三个器件都将被关断并产生一个下臂故障信号。上臂的开关则不受影响仍能由系统控制器来控制开通和关断。与此相似,在双管模块中只有下臂器件可以被截止,上臂器件是不可以被截止的。

当温度回落至过热复位数值(OT_r)以下,并且控制输入为高电平(关断状态),功率器件被复位,将接受下一个低电平(开通状态)输入信号而恢复正常工作。IPM过热保护时序图如图3-26所示。过热保护动作是一种非常恶劣的运行状况,应该注意避免反复动作。

(三)过流保护(OC)

如果IGBT的电流超过数值并大于时间t_{off}(OC),IGBT被关断,典型值为10μs,超过OC数值但时间小于t_{off}(OC)的电流并无大碍,IPM保护不动作。当检测出过电流时,IGBT会被有效的软关断。同时输出一个故障信号。受控的软关断能控制关断大电流而发生的浪涌电压。过流保护时序图如图3-27所示。

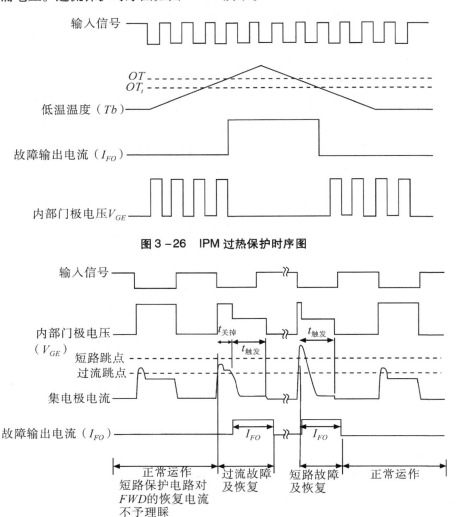

图3-26　IPM过热保护时序图

图3-27　IPM过流及短路保护时序图

IPM采用带电流传感的IGBT来测量器件实际电流。这一电流监控技术能检测到各类的过流故障,包括电阻性的和电感性的接地短路。

当IPM用于工业驱动变频器时,在变频器过载指标范围内的过载情况不会导致IPM的OC保护动作。只有超过过载指标的,IPM的OC保护才会动作。

(四) 短路保护(SC)

当发生负载短路或上下臂直通时,IPM立即关断IGBT并输出故障信号。为了缩短SC检测和SC关断之间的响应时间,第三代新型IPM采用了实时电流检测技术RTC(Real Time Current Control Circuit)技术,SC动作时,RTC直接检测IGBT驱动的末级电路,因此使响应时间减小到不足100ns,SC电流的幅度明显减小。

不带RTC技术的波形如图3-28所示,带RTC技术的波形如图3-29所示。

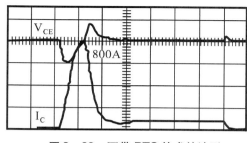

图3-28 不带RTC技术的波形

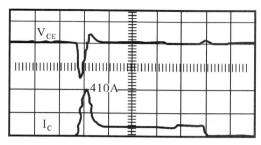

图3-29 带RTC技术的波形

三、IPM的选用

IPM模块用的比较多的是三菱的,像单相(输入)用的有PS21564(15A)、PS21867(35A)之类的,当然EUPEC的也应用挺多,其他的也有;具体选择要根据你的电机功率以及供电电源来选;其中IPM模块外围电路可以根据对应模块的详细资料来设计,资料里面都会有非常详细的电路图说明,要非常仔细的阅读对应IPM模块的外围电路设计要求。

为了选择合适的IPM用于VVVF装置,有两个主要方面需要权衡:一方面,根据电动机的峰值电流I_C和IPM的过电流动作值OC选用适当型号的IPM;另一方面,采用适当的热设计保证结温峰值永远小于最大结温额定值(150℃),使基板的温度保持低于过热动作数值。

电机最大电流的瞬态值是:

$$I_C = \frac{P \cdot OL \cdot \sqrt{2}R}{\eta \cdot PF \cdot \sqrt{3}V_{AC}} \tag{3-7}$$

式中:P——电机功率的额定值;

OL——变频器最大过载因数;

R——电流脉动因数;

η——变频器效率;

PF——功率因数;

V_{AC}——线电压标定值。

四、IPM的接口电路

下面以七管封装的PM50RSD060模块为例说明IPM的内部结构,其原理图如图3-30所示。

这种模块是由7个IGBT组成,其中6个构成三相全控桥电路,另一只作为泄放管使用。

从IPM的内部结构图可以看出,该器件共有6个主回路端(P、N、B、U、V和W)和16

个控制端。其中 V_{UP1}、V_{VP1}、V_{WP1} 分别为上桥臂 U、V、W 相控制电源输入的正端,V_{UPC}、V_{VPC}、V_{WPC} 分别为对应的负端;U_P、V_P、W_P 分别为上桥臂 U、V、W 相控制信号的输入端。V_{N1}、V_{NC} 为下桥臂公用控制电源的输入端;U_N、V_N、W_N 分别为下桥臂 U、V、W 相控制信号的输入端;B_r 为制动单元控制信号输入端;F_o 为保护电路动作 V_{WP1} 时的报警信号输出端。

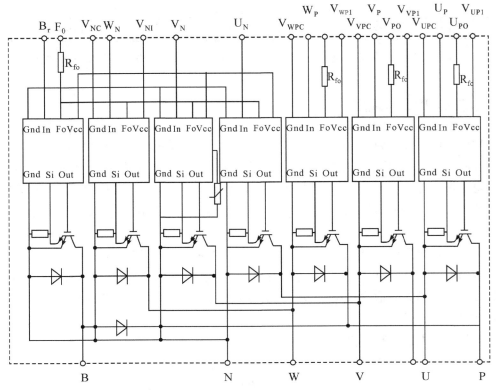

图 3-30 PM50RSD060 模块的内部结构图

表 3-1 列出了 PM50RSD060 模块主要参数。

表 3-1 PM50RSD060 模块主要参数

符号	参数名称	条件	额定值(单位)
V_{CES}	集射极电压	$V_D = 15\ V$, $V_{CIN} = 15V$	600(V)
$\pm I_C$	集电极电流	$T_C = 25℃$	50(A)
$\pm I_{CP}$	集电极电流(峰值)	$T_C = 25℃$	100(A)
P_C	集电极损耗	$T_C = 25℃$	125(W)
T_j	结温	—	-20~150(℃)

众所周知,当功率管 IPM 开关工作时,原则上是绝对不能使上下两臂同时导通的。即使在高速开关状态下稍有交迭也会潜在威胁功率管和周边电路,特别是在大电流状态下。防止这一现象的办法是一只 IPM 打开的时候必须确保他的对管已经完全关闭。在此加入一段小小的延时,被称之为"死区"。如何缩小该死区,是一项重要的课题。"开

通"IPM 延时时间取决于光耦的寄生延时数据,又要参照 IPM 的驱动电路,其中重要的是参考光耦的最大和最小延时时间。大多数设计应用是当输入为高电平时,IPM 打开。大多数情况下,IPM 数据手册给定的死区时间是大于光耦所规定的最少要求延时的。

为保证器件可靠工作,我们建议控制电源的典型值为 15V,允许波动范围 13.5 ~ 16.5V,工作频率为 15kHz;上下两臂元件关断和导通之间的间隔时间,即死区时间应大于等于 2.5μs。

图 3-31 是一种典型的七单元接口电路实例。

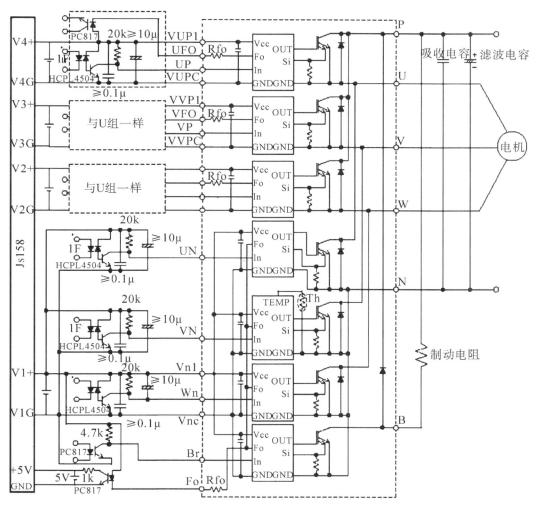

图 3-31 七单元接口电路

说明:

1. JS158:8 路隔离反激式 60W 开关电源,几乎囊括所有变频器所需要的电源。可以用它轻松构建自己的系统电源。

2. 4504:全称 HCPL4504,该款光耦是美国安捷伦公司(原惠普公司)专为 IPM 等功率器件设计的光电隔离接口芯片,内部集成高灵敏度光传感器,瞬时隔离达到 15KV/μs。

3. PC817:日本夏普的通用型低速光耦。

4. 吸收电容:美国 CDE941 系列,吸收浪涌效果显著,确保 IPM 不会因为过高的电压变化率而损坏。

5. 滤波电容:推荐使用 105 度 120 Hz 长寿命电解电容;建议同容量电容并联使用。

6. 散热器:1.5KW 以下变频器使用自然冷却就可以稳定温升,对于 1.5KW 以上变频器应该使用强迫风冷。推荐使用 JS 系列散热器。

复习思考题

3-1 GTR 的主要特性参数有哪些?

3-2 为什么普通晶闸管是半控型器件,而 GTO 是全控型器件?试从原理上进行简要说明。

3-3 GTO 的主要特性参数有哪些?

3-4 GTO 电路中过电压、过电流产生的根源是什么?如何防止和保护?

3-5 试举出两个包括驱动电路在内的 GTO 应用电路实例,并加以简要分析。

3-6 功率 MOSFET 的主要特性参数有哪些?

3-7 功率 MOSFET 的驱动电路有哪几种?保护电路有哪几种?并各举一例加以简要分析。

3-8 IGBT 的特性参数有哪些?

3-9 名词解释:擎住效应;死区。

3-10 IGBT 的驱动电路有何要求?试举例加以简要分析。

3-11 功率集成模块的内部主要结构包括哪些?各自有什么功能?

3-12 简述对 IGBT 栅控电路的基本要求。

3-13 与传统的功率器件相比,IPM 具有哪些优点?

3-14 选择合适的用于 VVVF 装置的 IPM,需要做哪两个主要方面的权衡?

3-15 简述 IPM 模块四种典型的封装形式。

第四章
三相交流异步电动机的控制策略

本章在讨论控制原理时,从电动机统一控制理论出发,揭示电动机控制的实质和关键,着重于物理概念的阐述,避免过多的抽象数学推演。为便于叙述,在讲具体的交流电动机控制系统以前,先介绍一些基本概念和规定:坐标系及符号规定、空间矢量概念和矢量坐标变换。

第一节 电动机的统一控制理论

一、转矩控制

电动机调速的任务是控制转速,转速通过转矩来改变,从转矩到转速是一个积分环节——机械惯量,即

$$\frac{GD^2}{375}\frac{dn}{dt} = T_d - T_L \tag{4-1}$$

式中:GD^2——电动机和负载机械的飞轮力矩;

n——转速;

T_d——电动机的电磁转矩;

T_L——电动机的负载转矩。

从式(4-1)可以看出,除转矩外,再没有其他控制量可以影响转速。如果能快速准确地控制转矩,使转矩实际值 T_d 对其给定值 T_d^* 的响应是一个小惯性环节,传递函数为

$$T_d(s) = \frac{1}{1+\sigma_m}T_d^*(s) \tag{4-2}$$

式中:σ_m——转矩环等效时间常数。

这样就可以很好地控制转速,速度环框图见图4-1。控制对象是一个小积分和一个小惯性环节,很容易按"电子最佳调节"理论或其他方法设计速度调节器,使系统具有很满意的动态品质。从上述讨论可以看出,调速的关键是转矩控制。

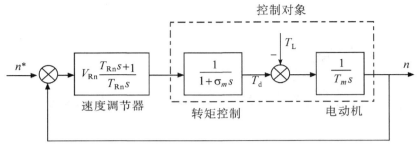

图 4-1 速度环框图

二、统一的电动机转矩公式

要想控制转矩,必须知道电动机转矩与什么有关系。一台电动机,无论是直流还是交流,都由定子和转子两部分组成,它们分别产生定子磁通势矢量 $\mathbf{F}^s$ 和转子磁通势矢量 $\mathbf{F}^r$。将 $\mathbf{F}^s$ 和 $\mathbf{F}^r$ 合成,得到合成磁通势矢量 $\mathbf{F}^c$。由它产生磁链矢量 ψ,就象空间有两块磁铁,一块是固定的,另一块是可转动的,当这两块磁通势矢量方向一致时,不产生转矩,转子不动;若方向不一致,它们相互吸引,产生转矩,使转子转动。由电磁理论知道,这转矩等于

$$T_d = \frac{\partial E_m}{\partial \theta_{rs}} \tag{4-3}$$

式中:E_m——磁场能量(由于存在气隙,磁场能量几乎全部储存在气隙中);

θ_{rs}——从 $\mathbf{F}^r$ 到 $\mathbf{F}^s$ 的夹角。

磁场能量的增加

$$\partial E_m = B \partial H \tag{4-4}$$

式中:B——磁感应强度;

H——磁场强度。

在气隙里,B 比例于 H,而 H 比例于合成磁通势 $\mathbf{F}^c$,所以

$$\partial E_m = K_e \partial (F^{c2}) \tag{4-5}$$

式中:F^c——合成磁通势矢量 $\mathbf{F}^c$ 的数值;

K_e——比例系数。

由余弦定律

$$F^{c2} = F^{s2} + F^{r2} - 2F^s F^r \cos(\pi - \theta_{rs}) \tag{4-6}$$

式中:F^s 和 F^r——磁通矢量 $\mathbf{F}^s$ 和 $\mathbf{F}^r$ 的数值;

将其代入式(4-3)、式(4-4),得电动机转矩公式为

$$T_d = K_m F^s F^r \sin\theta_{rs} \tag{4-7}$$

式中:K_m——比例系数。

由于 $F^s \sin\theta_{rs} = F^c \sin\theta_{rc}$ 和 $F^r \sin\theta_{rs} = F^c \sin\theta_{cs}$

电动机转矩公式还可改写为

$$T_d = K_m F^s F^c \sin\theta_{cs} \tag{4-8}$$

$$T_d = K_m F^r F^c \sin\theta_{rc} \tag{4-9}$$

式中：θ_{rc}——从矢量 F^r 到 F^c 的夹角；

θ_{cs}——从矢量 F^c 到 F^s 的夹角。

式（4-7）~式（4-9）是统一的电动机转矩公式，适合于各种电动机。从这些公式可以看出，电动机的转矩等于三个磁通势矢量 F^s、F^r 和 F^c 中任意两个矢量的模和它们之间的夹角的正弦值之积，即矢量平行四边形的面积。它只与这些矢量的大小与相对位置有关系，而与他们的绝对位置、是否转动无关，我们可以从便于实现出发，按其中的任一公式控制电动机转矩。

第二节 矢量控制的基本概念

交流电动机的磁通势矢量 F^s、F^r 和 F^c 都在空间以同步速度旋转，彼此相对静止，要控制转矩，必须控制任意两个磁通势矢量的大小和相对位置。

通常变频调速系统的控制量是交流电动机的定子电压幅值和频率（电压控制型）或定子电流幅值和频率（电流控制型），它们都是标量，因此称为标量控制系统。

在标量控制系统中，只能按电动机稳态运行规律进行控制，不能控制任意两个磁通势矢量的大小和相对位置，转矩控制性能差。以最常见的异步电动机控制系统为例，异步电动机的转矩和转差角速度 $\Delta\omega$ 与转子磁链二次方 ψ^{r2} 的乘积成比例。各种标量控制系统企图通过控制转差角速度 $\Delta\omega$ 来控制转矩，这只有在 ψ^r 不受 $\Delta\omega$ 影响的条件下才能实现，但是，这一要求在标量控制系统中无法满足。电压控制系统通过维持 U/f 比不变（不计绕组阻抗的电压降影响），电流控制系统通过按照 $I^r = \sqrt{I_0^2 + (C_i\Delta\omega)^2}$（$I^r$ 表示定子电流幅值；I_0 表示电动机空载电流幅值；C_i 表示比例系数）控制定子电流幅值来维持 ψ^r 恒定。在稳态，上述关系正确，但在暂态中，仅在电压或电流矢量的瞬时方向也满足一定要求，在电压控制系统中，电压矢量和磁链矢量的夹角等于 $arctg(C_i\Delta\omega/I_0)$ 时，磁链 ψ^r 才不受 $\Delta\omega$ 影响。标量控制系统中，只控制了大小，没有控制瞬时方向，不能使 ψ^r 和 $\Delta\omega$ 解耦，转矩响应是一个振荡环节。

要改善转矩控制性能，必须对定子电压或电流实施矢量控制，既控制大小，又控制方向。一个矢量通常用它在直角坐标系上的两个分量来表达，交流电动机的所有矢量（磁通势、磁链、电压、电流等）都在空间以同步速度旋转，它们在定子坐标系（静止系）上的各分量，即在定子绕组上的物理量，都是交流量，控制和计算都不方便。借助于坐标转换，人们从静止坐标系进入同步旋转坐标系，站在旋转坐标系上的各分量都是直流量，可以很方便地从统一转矩公式出发，找到转矩和被控矢量（电压或电流等矢量）各分量间的关系，实时地算出转矩控制所需要的被控矢量各分量的值（直流给定量）。由于这些被控矢量的直流分量在物理上不存在，我们还必须再经过坐标转换，从旋转坐标系回到静止坐标系,把上述直流给定量变换成物理上存在的交流给定量,在定子坐标系对交流量进行控制,使其实际值等于给定值,整个矢量过程可用如下框图4-2所示。

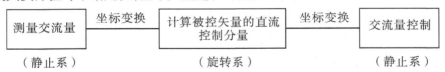

图 4-2 矢量控制过程框图

某些较简单的矢量控制系统没有第一个方框(交流量测量)及第一个坐标转换,但后面两个方框及第二个坐标变换不可少。从上述讨论中可以看出,矢量控制的关键是静止坐标系和旋转坐标系之间的坐标变换,实现该坐标变换的关键是找到两坐标系之间的夹角。

按照基准旋转坐标系的取法不同,矢量控制系统分为两类。

(1)按转子位置定向的矢量控制系统。该系统的基准旋转坐标系的水平轴位于电动机转子轴线上,这时静止和旋转坐标系之间的夹角就是转子位置角,可直接从装于电动机轴上的位置检测器获得,系统简单。

(2)按磁通定向的矢量控制系统。该系统的基准旋转坐标系的水平轴位于电动机磁通和磁链轴线上,这时静止和旋转坐标系之间的夹角不能直接测取,需通过计算获得,系统比较复杂,但易维持磁链恒定,使电动机运行经济合理。

第三节 交流电动机的坐标系及其空间矢量概念

一、交流电动机的坐标系

(一)定子坐标系(R-S-T和α-β坐标系)

三相电动机定子里有三相绕组,其轴线分别为R、S、T,彼此互差$120°$,构成一个R-S-T三相坐标系,某矢量A在三相坐标轴上的投影分别为A_R、A_S、A_T,代表三相绕组的分量。如果A是定子电流矢量,则A_R、A_S、A_T分别为三个绕组中的电流分量。

数学上,平面矢量都用两个直角坐标系来描述,所以又定义了一个两相直角坐标系α-β坐标系。它的α轴与R轴重合,β轴超前α轴$90°$,A_α、A_β为矢量A在α-β坐标系的投影和分量。由于DTC策略以及转矩的观测均在定子坐标系中完成,所以α-β坐标系对于DTC策略的实现至关重要。

由于α轴与R轴固定在定子绕组R轴线上,所以这两个坐标系在空间固定不动,是静止坐标系。交流电动机定子坐标系如图4-3所示。

(二)转子坐标系(d-q坐标系)

转子坐标系固定在转子上,其d轴位于转子轴线上,q轴超前d轴$90°$,该坐标系与转子一起在空间以转子速度旋转,是旋转坐标系。对于同步电动机,d轴是转子磁极的轴线,对于异步电动机可定义转子上任一轴线为 d 轴(不固定)。

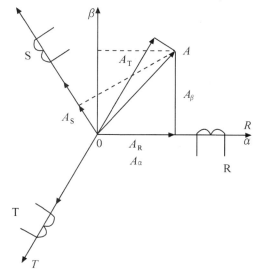

图 4-3 交流电动机定子坐标系

(三) 磁链坐标系(ϕ_1-ϕ_2 坐标系)

磁链坐标系的 ϕ_1 轴固定在磁链矢量上,ϕ_2 轴超前 ϕ_1 轴 90°,该坐标系和磁链矢量一起在空间以同步转速旋转,是旋转坐标系。这里说明一下,有些文献上磁链坐标系用 M-T 坐标系表示。

(四) 符号规定

为了便于后面的讨论,对常用符号做下述规定。

1. 变量

变量名:i——电流,u——电压,等。

上标:表示是哪一个绕组的变量,例如 s——定子变量,r——转子变量,e——励磁变量,等。

下标:表示变量在哪一个坐标轴的分量,例如 $R(S、T)$——在 $R(S、T)$ 轴上的分量,$d(q)$——在 $d(q)$ 轴上的分量,等。

例如:i_R^s 表示定子电流在 R 轴上的分量。

2. 矢量

$\mathbf{A}$ 表示变量 A 是矢量并且模等于 A。

3. 角速度

ω_s——同步角速度,比例于定子频率 f_s;ω_r——转子角速度,比例于电动机转速;$\Delta\omega$——转差角速度,$\Delta\omega = \omega_s - \omega_r$。

4. 角度

φ_L——负载角,从转子轴 d 到磁链轴 ϕ_1 的夹角;λ——转子位置角,从定子轴 α 到转子轴 d 的夹角;φ_s——磁链位置角,从定子轴 α 到磁链轴 ϕ_1 的夹角。

$$\varphi_s = \varphi_L + \lambda \tag{4-10}$$

θ_{ie}表示矢量 i 到矢量 e 的夹角。

5. 参量

参量名：N——匝数，r——电阻，x——电抗，L——电感，T——时间常数，等。

下标：s——定子绕组，r——转子绕组，e——励磁绕组，D——阻尼绕组，d——d 轴参数，q——q 轴参数，h——主电抗，σ——漏(电)抗，等。

例如：r_s 表示定子绕组电阻。

二、交流电动机的空间矢量概念

三相交流电动机定子有三个绕组 R、S、T，分别流过定子电流 i_R^s、i_S^s、i_T^s，产生三个分磁通势 F_R^s、F_S^s、F_T^s，定子磁通势 F^s 是这三个分磁通势的矢量和，它和三个分磁通势都有关系。为便于描述，我们定义一个矢量——空间矢量，来代表这三个分量的合成作用。

电动机的三个定子绕组的轴线(R、S、T 轴)互差 120°，把这平面看作一个复数平面。它的实轴 α 与定子绕组 R 轴重合，于是平面上的矢量可以用一个复数来表示。例如矢量 A 可以用 $A_\alpha + jA_\beta$ 表示(A_α、A_β 是 A 在 α、β 轴上的投影)或用 $Ae^{j\theta_{\alpha A}}$ 表示(A 是 A 模，$\theta_{\alpha A}$ 是从 α 轴到 A 的夹角)。

采用复数表示后，三个定子绕组的分磁通势可以写成

$$F_R^s = F_R^s = N_S i_R^s \tag{4-11}$$

$$F_S^s = F_S^s e^{j120°} = N_S i_S^s e^{j120°} \tag{4-12}$$

$$F_T^s = F_T^s e^{-j120°} = N_S i_T^s e^{-j120°} \tag{4-13}$$

式中：F_R^s、F_S^s、F_T^s——分别是 F_R^s、F_S^s、F_T^s 的模；

N_S——定子绕组匝数。

定子磁通势矢量

$$F^s = F_R^s + F_S^s + F_T^s = F_R^s + F_S^s e^{j120°} + F_T^s e^{-j120°} = N_S i^s \tag{4-14}$$

式中：i^s——定子电流矢量。

$$i^s = i_R^s + i_S^s e^{j120°} + i_T^s e^{-j120°} \tag{4-15}$$

F^s 和 i^s 都是空间矢量，它们有值、有方向，由 R、S、T 轴上三个分矢量组成，位于复数平面上，可用一个复数描述。

如果三相电流中无零序分量(这条件通常都能满足)，即

$$i_R^s + i_S^s + i_T^s = 0 \tag{4-16}$$

可以证明按上述方法定义的空间矢量在 R、S、T 轴上的投影和三个分矢量的数值比是 3/2，为便于计算，把空间矢量的长度按比例缩短 1/3，使投影大小和分量数值一样。

修改比例尺后的空间矢量定义如下：

$$A = (2/3)(A_R + A_S e^{j120°} + A_T e^{-j120°}) \tag{4-17}$$

式中：A_R、R_S、A_T——分别是 A 在 R、S、T 轴上的分量数值，也是 A、S、T 轴上的投影大小。

下面将说明,空间矢量的概念不仅适用于上面提到的定子磁通势的定子电流,也适用于磁通、磁链、定子电动势、定子电压以及转子电流等物理量。其中有的矢量在空间实际存在,如磁通势、磁通等;有的矢量在空间不存在,但代表着实际存在的矢量,如定子电流矢量、转子电流矢量代表着实际存在的定子磁通势矢量、转子磁通势矢量;还有一些矢量不存在,也不代表实际存在的矢量,仅仅是一种数学处理,用一个复数矢量代表复数平面上直角坐标系中的两个分量或 $R-S-T$ 坐标系中的三个分量,也称之为空间矢量,例如定子电动势和定子电压等矢量,在某一时刻,该矢量的大小和空间位置反映了定子三个绕组上的电动势和电压在此刻的瞬时值。

按照修改后的定义,定子磁通势空间矢量及定子电流空间矢量定义如下:

$$F^s = (2/3)(F_R^s + F_S^s e^{j120°} + F_T^s e^{-j120°}) \quad (4-18)$$

$$i^s = (2/3)(i_R^s + i_S^s e^{j120°} + i_T^s e^{-j120°}) \quad (4-19)$$

定子磁通势空间矢量和实际的定子磁通势矢量方向一致,数值小了 $1/3$。定子电流空间里不存在,但它代表了定子磁通势矢量,两者仅差比例系数 N_S,即

$$F^s = N_S i^s \quad (4-20)$$

同样可以定义磁通和磁链空间矢量

$$\phi = (2/3)(\phi_R + \phi_S e^{j120°} + \phi_T e^{-j120°}) \quad (4-21)$$

$$\psi = (2/3)(\psi_R + \psi_S e^{j120°} + \psi_T e^{-j120°}) \quad (4-22)$$

磁链矢量 ψ 和磁通矢量 Φ 方向一样,其值仅差一个系数 N_S,故用磁链矢量代表电动机中实际存在的磁通矢量。

式子(4-22)两边同时对时间求导数,得定子电动势空间矢量

$$e^s = (2/3)(e_R^s + e_S^s e^{j120°} + e_T^s e^{-j120°}) = d\psi/dt \quad (4-23)$$

式中:$e_R^s = d\psi_R/dt$;

$e_S^s = d\psi_S/dt$;

$e_T^s = d\psi_T/dt$。

它们是定子三个绕组中的电动势值。用模和幅角表示磁链空间矢量

$$\psi = \psi e^{j\varphi s} \quad (4-24)$$

式中:ψ——磁链值;

φ_S——磁链位置角。

$$e^s = d\psi/dt = (j\omega_s \psi + d\psi/dt)e^{j\varphi s} \quad (4-25)$$

在磁链值 ψ 不变时

$$e^s = \omega_s \psi e^{j(\varphi_s + 90°)} \quad (4-26)$$

矢量 e^s 在空间比矢量 ψ 超前 $90°$,幅值为 $\omega_s \psi$。

定义定子电压空间矢量

$$u^s = (2/3)(u_R^s + u_S^s e^{j120°} + u_T^s e^{-j120°}) \quad (4-27)$$

式中:u_R^s、u_S^s、u_T^s、——定子三个绕组上的电压值。

由于

$$\begin{cases} u_R^s = r_S i_R^s + L_{s\sigma}\dfrac{di_R^s}{dt} + e_R^s \\ u_S^s = r_S i_S^s + L_{s\sigma}\dfrac{di_S^s}{dt} + e_S^s \\ u_T^s = r_S i_T^s + L_{s\sigma}\dfrac{di_T^s}{dt} + e_T^s \end{cases} \quad (4-28)$$

式中:r_s——定子绕组电阻;

$L_{s\sigma}$——定子绕组漏感。

将它们代入式(4-27),得

$$u^s = r_s i^s + L_{s\sigma}\dfrac{di^s}{dt} + e^s \quad (4-29)$$

式(4-29)反映了矢量 u^s、i^s 和 e^s 在空间的关系。如果定子电流幅值不变,di^s/dt 比矢量 i^s 超前90°。

三、坐标变换及矢量回转器

前面已说明电动机的变量(电压、电流、电动势、磁链等)用空间矢量来描述及在空间存在的四个坐标系($R-S-T$、$\alpha-\beta$、$d-q$、$\phi_1-\phi_2$)。交流电动机是交流调速系统的一个主要环节,建立一个适当的交流电动机数学模型是研究交流调速系统静态特性及控制的理论基础。

矢量变化必须遵循以下两个原则:变换前后的电流所产生的旋转磁场等效;变换前后两个系统电动机功率不变。

在这里介绍如何将空间矢量从一个坐标系变换到另一个坐标系(已知矢量在某坐标系的各分量,求它在另一个坐标系的各分量),以及如何计算矢量的模和相位角。

(一)3/2 和 2/3 变换

3/2 变换是从 $R-S-T$ 到 $\alpha-\beta$ 坐标系的变换,又称 120°/90°变换;2/3 变换是从 $\alpha-\beta$ 到 $R-S-T$ 坐标系的变换,又称 90°/120°变换。从空间矢量定义式(4-17)和定子坐标系定义图 4-3,得 3/2 变换公式

$$\begin{cases} A_\alpha = A_R \\ A_\beta = \dfrac{1}{\sqrt{3}}(A_S - A_T) \end{cases} \quad (4-30)$$

及 2/3 变换公式

$$\begin{cases} A_R = A_\alpha \\ A_S = -\left(\dfrac{1}{2}A_\alpha - \dfrac{\sqrt{3}}{2}A_\beta\right) \\ A_T = -\left(\dfrac{1}{2}A_\alpha + \dfrac{\sqrt{3}}{2}A_\beta\right) \end{cases} \quad (4-31)$$

在实际系统中
$$A_R + A_S + A_T = 0 \tag{4-32}$$
上述变换公式可改写为更易于实现的形式,即
$$\begin{cases} A_\alpha = A_R \\ A_\beta = \dfrac{1}{\sqrt{3}}(A_R + 2A_S) \end{cases} \tag{4-33}$$

$$\begin{cases} A_R = A_\alpha \\ A_S = -(A_R + A_T) \\ A_T = -\left(\dfrac{1}{2}A_\alpha + \dfrac{\sqrt{3}}{2}A_\beta\right) \end{cases} \tag{4-34}$$

上式两组公式可以用图 4-4 所示电路实现。

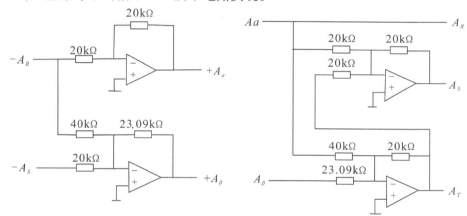

图 4-4 3/2 和 2/3 变换电路

3/2 和 2/3 变换用图 4-5 所示符号表示。

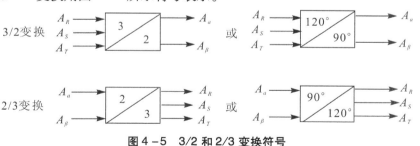

图 4-5 3/2 和 2/3 变换符号

(二) 矢量回转器(VD)

矢量回转是从一个直角坐标系到另一个直角坐标系的变换,即已知某矢量在一个坐标系的两个分量,求它在另一个直角坐标系的两个分量,也称 VD 变换。在空间有三组直角坐标系($\alpha-\beta$、$d-q$、$\phi_1-\phi_2$)它们之间的相互变换称为 VD 变换。

为了使讨论更一般化,我们研究矢量 A 从 $U-V$ 坐标系到 $X-Y$ 坐标系的变化,$U-V$ 和 $X-Y$ 坐标系可以是 $\alpha-\beta$、$d-q$、$\phi_1-\phi_2$ 三个坐标系中的任意两者。矢量 A 及 $U-V$ 和 $X-Y$ 坐标系见图 4-6。

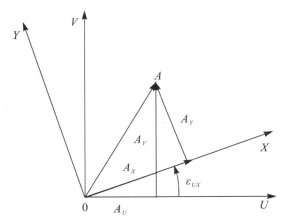

图 4-6 在 U-V 和 X-Y 坐标系上的矢量 A

由该图可写出矢量回转关系式

$$\begin{cases} A_X = A_U \cos\varepsilon_{UX} + A_V \sin\varepsilon_{UX} \\ A_Y = -A_U \sin\varepsilon_{UX} + A_V \cos\varepsilon_{UX} \end{cases} \quad (4-35)$$

式中：ε_{UX}——从 U 轴到 X 轴的夹角。

反变换（从 $X-Y$ 到 $U-V$ 时），由于 $\varepsilon_{XU} = -\varepsilon_{UX}$，所以

$$\begin{cases} A_U = A_X \cos\varepsilon_{UX} - A_Y \sin\varepsilon_{UX} \\ A_V = A_X \sin\varepsilon_{UX} + A_Y \cos\varepsilon_{UX} \end{cases} \quad (4-36)$$

上列两组公式用图 4-7 所示电路实现，电路中乘法有三种实现方法：全数字系统用软件实现；数—模混合系统用 D/A 转换实现；模拟系统用时分割乘法器实现。

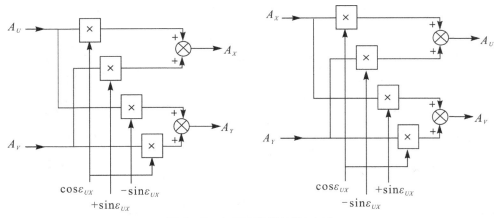

图 4-7 矢量回转器(VD)电路

矢量回转器(VD)用图 4-8 所示符号表示。

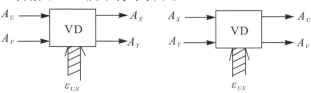

图 4-8 矢量回转器(VD)符号

(三)矢量分析器(VA)

矢量分析用于进行下述计算:已知矢量 A 在某直角坐标系 X – Y 的两个分量 A_X 和 A_Y,求幅值 A 和相位角 ε_{XA},见图 4 – 9 所示。

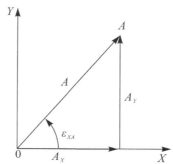

图 4 – 9 在 X – Y 坐标系上的矢量 A

$$\begin{cases} A = \sqrt{A_X^2 + A_Y^2} \\ \cos\varepsilon_{XA} = \dfrac{A_X}{A} \\ \sin\varepsilon_{XA} = \dfrac{A_Y}{A} \end{cases} \tag{4-37}$$

上述用图 4 – 10 所示电路来实现,电路中的乘除法器可以用计算机软件、专用集成电路或时分割乘除法器实现。

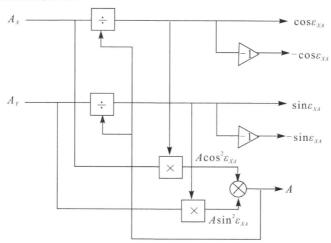

图 4 – 10 矢量分析器(VA)电路

矢量分析器(VA)用图 4 – 11 所示符号表示。

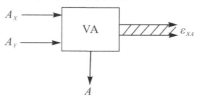

图 4 – 11 矢量分析器(VA)符号

第四节　异步电动机按磁通定向的矢量控制原理

在介绍异步电动机按磁通定向的矢量控制原理之前,我们先对交流电动机的三种合成磁通势和磁链做如下定义。

气隙磁链 ψ^a 是定转子通过气隙相互交链的那部分磁链,即

$$\psi^a = L_m i^s + L_m i^r \tag{4-38}$$

气隙合成磁通势 $F^{c,a}$ 是产生 ψ^a 的那部分合成磁通势。

定子磁链 ψ^s 是气隙磁链 ψ^a 与定子漏磁链 ψ^s_σ 的和,即

$$\psi^s = \psi^a + \psi^s_\sigma = (L_m + L_{S\sigma}) i^s + L_m i^r = L_s i^s + L_m i^r \tag{4-39}$$

定子合成磁通势 $F^{c,s}$ 是产生 ψ^s 的那部分合成磁通势。

转子磁链 ψ^r 是气隙磁链 ψ^a 与转子漏磁链 ψ^r_σ 的和,即

$$\psi^r = \psi^a + \psi^r_\sigma = (L_m + L_{r\sigma}) i^r + L_m i^s = L_m i^s + L_r i^r \tag{4-40}$$

转子合成磁通势 $F^{c,r}$ 是产生 ψ^r 的那部分合成磁通势。

式中:L_m——定转子绕组互感;

$L_{s\sigma}$——定子绕组漏感;

$L_{r\sigma}$——转子绕组漏感;

L_s——定子绕组全电感,$L_s = L_m + L_{s\sigma}$;

L_r——转子绕组全电感,$L_r = L_m + L_{r\sigma}$;

$L_m i^s$——由定子电流产生,穿过气隙,与转子绕组交链的那部分磁链;

$L_m i^r$——由转子电流产生,穿过气隙,与定子绕组交链的那部分磁链;

$L_s i^s$——定子电流产生的全部磁链(包括漏磁链);

$L_r i^r$——转子电流产生的全部磁链(包括漏磁链)。

异步电动机的转子绕组是短路绕组,转子电流靠转差感应产生。异步电动机定转子电流、磁通势、磁链及电动势矢量图见图 4-12。

在异步电动机按磁通定向的矢量控制系统中,以转子磁链为基准,可以使转子磁链值仅受定子电流磁化分量 $i^s_{\phi 1}$ 控制,与定子电流转矩分量 $i^s_{\phi 2}$ 无关,实现解耦。因此磁链位置轴 ϕ_1 位于 ψ^r 轴线上。图中所有矢量都以同步角速度 ω_s 旋转,其中,定子磁链在定子绕组中感应出的定子全电动势

$$e^{s,s} = \frac{d\psi^s}{dt} \tag{4-41}$$

气隙磁链在定子绕组中感应出的定子电动势

$$e^{s,a} = \frac{d\psi^a}{dt} \tag{4-42}$$

$$e^{s,s} = e^{s,a} + L_{s\sigma} \frac{di^s}{dt} \tag{4-43}$$

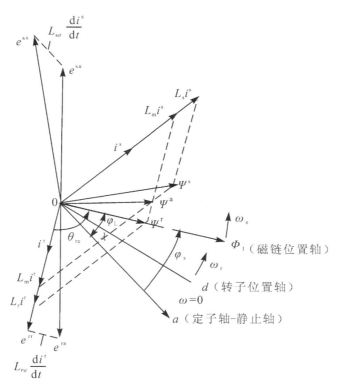

图 4-12 异步电动机矢量图

转子磁链在转子绕组里感应出的转子全电动势

$$e^{r,r} = -\frac{d\psi^r}{dt} \tag{4-44}$$

气隙磁链在转子绕组中感应出的转子电动势

$$e^{r,a} = -\frac{d\psi^a}{dt} \tag{4-45}$$

$$e^{r,r} = e^{r,a} - L_{r\sigma}\frac{di^r}{dt} \tag{4-46}$$

不同于定子电动势计算,转子电动势 $e^{r,r}$ 和 $e^{r,a}$ 的计算应在转子位置 $d-q$ 坐标系中进行,因为转子绕组本身以转子角速度 ω_r 旋转。

在磁链幅值不变情况下,上述各电动势矢量分别垂直于各自的磁链矢量;若磁链幅值变化,电动势中除上述垂直分量外,还要增加与磁链平行的分量,以 $e^{r,r}$ 为例:由矢量图 4-12,磁链矢量 ψ^r 在 $d-q$ 坐标系的表达式为

$$\psi^r = \psi^r e^{j\varphi_L} \tag{4-47}$$

式中: ψ^r —— ψ^r 的幅值;

φ_L —— 从转子位置轴 d 到磁链位置轴 ϕ_1 的夹角,负载角 $d\varphi_L/dt = \Delta\omega$($\Delta\omega$ 为转差角速度)。

将 (4-47) 代入到 (4-44),得

$$\begin{cases} e^{r,r} = e_1^{r,r} + e_2^{r,r} \\ e_1^{r,r} = -\dfrac{d\psi^r}{dt}e^{j\varphi_L} \\ e_2^{r,r} = \Delta\omega\psi^r e^{j(\varphi_L - 90°)} \end{cases} \qquad (4-48)$$

式中：$e_1^{r,r}$——ψ^r 值变化引起的变压器电动势，与 ψ^r 反向（差 $180°$）；

$e_2^{r,r}$——旋转电动势，比 ψ^r 滞后 $90°$，幅值为 $\Delta\omega\psi^r$。

由于转子漏磁链已被包含在 ψ^r 中，所以转子电流矢量

$$i^r = \frac{1}{r_r}e^{r,r} \qquad (4-49)$$

式中：r_r——转子电阻。

对应于式（4-48），i^r 也可以分解为两部分

$$\begin{cases} i_1^r = \dfrac{1}{r_r}e_1^{r,r} = -i_1^r e^{j\varphi_L} \\ i_2^r = \dfrac{1}{r_r}e_2^{r,r} = i_2^r e^{j(\varphi_L - 90°)} \end{cases} \qquad (4-50)$$

式中：i_1^r——$e_1^{r,r}$ 产生的转子电流，与 ψ^r 反向，其幅值为

$$i_1^r = \frac{1}{r_r}\frac{d\psi^r}{dt} \qquad (4-51)$$

i_2^r——$e_2^{r,r}$ 产生的转子电流，比 ψ^r 滞后 $90°$，其幅值为

$$i_2^r = \frac{\Delta\omega\psi^r}{r_r} \qquad (4-52)$$

磁链位置轴 ϕ_1 位于磁链 ψ^r 轴线上，所以 i_1^r 就是 i^r 在 ϕ_1 轴上的分矢量，i_2^r 就是 i^r 在 ϕ_2 轴上的分矢量。

$$\begin{cases} i_{\phi 1}^r = -i_1^r = -\dfrac{1}{r_r}\dfrac{d\psi^r}{dt} \\ i_{\phi 2}^r = -i_2^r = -\dfrac{\Delta\omega\psi^r}{r_r} \end{cases} \qquad (4-53)$$

利用统一转矩公式（4-7）求得异步电动机转矩

$$T_d = k_{mil}\psi^r i^r \sin\theta_{rc} \qquad (4-54)$$

式中：K_{mil}——比例系数；

θ_{rc}——从矢量 i^r 到矢量 ψ^r 的夹角；

由图 4-12 得

$$i^r \sin\theta_{rc} = -i_{\phi 2}^r \qquad (4-55)$$

因此

$$T_d = -k_{mil}\psi^r i_{\phi 2}^r \qquad (4-56)$$

从矢量图 4-12 知，ψ^r 由矢量 $L_m i^s$ 与矢量 $L_r i^r$ 合成。

$$i_{\phi 2}^r = -\frac{L_m}{L_r}i_{\phi 2}^s \qquad (4-57)$$

将上式代入转矩公式,得

$$T_d = k_{mi}\psi^r i_{\phi 2}^s \quad (4-58)$$

式中:K_{mi}——比例系数,$K_{mi}=K_{mi1}L_m/L_r$。

如果在负载变化时,施加控制,使 ψ^r 恒定,则

$$T_d = K'_{mi} i_{\phi 2}^s \quad (4-59)$$

$i_{\phi 2}^s$ 为定子电流转矩分量,它在物理上不直接存在,是定子电流矢量在 ϕ_2 轴上的直流分量,$i_{\phi 2}^s$ 的给定量 $i_{\phi 2}^{s*}$ 从速度调节器的输出获得。

欲控制 ψ^r,必须知道它与什么有关系,由式(4-40)并且考虑到 ψ^r 位于 ϕ_1 轴上,则有

$$\psi^r = L_m i_{\phi 1}^s + L_r i_{\phi 1}^r \quad (4-60)$$

将(4-53)代入上式,得

$$T_r \frac{d\psi^r}{dt} + \psi^r = L_m i_{\phi 1}^s \quad (4-61)$$

式中:T_r——转子绕组时间常数。

$$T_r = \frac{L_r}{r_r} = \frac{L_{r\sigma} + L_m}{r_r} \quad (4-62)$$

从式(4-61)可知,ψ^r 仅由 $i_{\phi 1}^s$ 到 ψ^r 是一个惯性环节,时间常数为 T_r,若 $i_{\phi 1}^s$ 固定不变,经 $3T_r$ 时间后,ψ^r 达到稳态值 $L_m i_{\phi 1}^s$,故称 $i_{\phi 1}^s$ 为定子电流磁化分量。和转矩分量一样,它在物理上也不直接存在,是定子电流矢量在 ϕ_1 轴上的直流分量,$i_{\phi 1}^s$ 的给定值 $i_{\phi 1}^{s*}$ 来自磁链调节器输出,对于非弱磁系统,可省去磁链调节部分,将 $i_{\phi 1}^{s*}$ 设定为固定值。有了 $i_{\phi 1}^{s*}$ 和 $i_{\phi 2}^{s*}$ 后,经从 $\phi_1-\phi_2$ 坐标系到 $R-S-T$ 坐标系的坐标变化,得到物理上存在的定子三个电流的给定值 i_R^{s*}、i_S^{s*}、i_T^{s*},再经过电流控制系统使定子三个电流实际值等于它们的给定值,便于完成全部矢量控制的任务。实现上述过程的关键是找到坐标变换所需要的磁链位置角 φ_s。它也存在电流模型和电压模型两种方法。

(1)电流模型(转差频率法)。利用 $i_{\phi 1}^{s*}$、$i_{\phi 2}^{s*}$ 及转子位置角 λ,计算期望的磁链位置角 φ_s^* 代替 φ_s 进行坐标变换。

由式(4-61),转子磁链模型值

$$\psi^{Mi} = \frac{L_m}{1+T_r s} i_{\phi 1}^{s*} \quad (4-63)$$

由式(4-53)和式(4-57),转差角速度为

$$\Delta\omega = \frac{L_m r_r}{L_r \psi^r} i_{\phi 2}^s = \frac{L_m}{T_r \psi^r} i_{\phi 2}^s \quad (4-64)$$

转差角速度的期望值

$$\Delta\omega^* = \frac{L_m r_r}{L_r \psi^r} i_{\phi 2}^{s*} = \frac{L_m}{T_r \psi^r} i_{\phi 2}^{s*} \quad (4-65)$$

负载角的期望值

$$\varphi_L^* = \frac{1}{s}\Delta\omega^* \tag{4-66}$$

磁链位置角的期望值

$$\varphi_s^* = \varphi_L^* + \lambda \tag{4-67}$$

式中：λ——转子位置角，在电动机轴上装有一个位置发送器 AP，测取转子位置角 λ。上述计算可以用图 4-13(a) 框图表示，从原理上说，可以用 4-13(b) 所示框图代替 4-13(a)，省去位置发送器。实际上由于测速误差会被误认为转差角速度，从而带来较大定向误差，鉴于 $\Delta\omega \ll \omega_r$，除了无位置检测器情况外，很少使用。

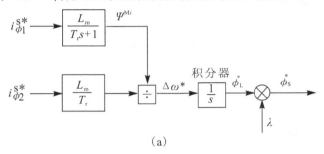

(a)

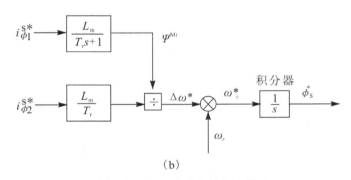

(b)

图 4-13 异步电动机的电流模型

(a) 使用位置信号 λ 的线路 (b) 使用转速信号 ω_r 的线路

使用电流模型的系统见图 4-14。

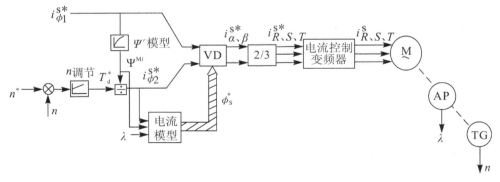

图 4-14 使用电流模型的异步电动机矢量控制系统

(2) 电压模型。通过测取定子三相电压的实际值 u_R^s、u_S^s、u_T^s，直接计算磁链矢量 ψ 的

模 ψ 和位置角 φ_s,故称直接法,其步骤如下。

1)利用3/2变换将 u_R^s、u_S^s、u_T^s 三个变量变换成 $\alpha-\beta$ 坐标系中的 u_α^s、u_β^s 两个分量。

2)利用 $\psi = \int e^s dt$ 关系,在 $\alpha-\beta$ 坐标系中的 u_α^s、u_β^s 两个分量。

$$\begin{cases} \psi_\alpha = \int e_\alpha^s dt \approx \int u_\alpha^s dt \\ \psi_\beta = \int e_\beta^s dt \approx \int u_\beta^s dt \end{cases} \tag{4-68}$$

在考虑定子绕组电阻和漏抗影响时,必须补偿上述压降的影响,需引入定子电流信号,同时还要补偿转子漏抗压降的影响。

3)在 $\alpha-\beta$ 坐标系中计算磁链矢量 ψ 的模 ψ 和位置角 φ_s。

$$\begin{cases} \psi = \sqrt{\psi_\alpha^2 + \psi_\beta^2} \\ \cos\varphi_s = \dfrac{\psi_\alpha}{\psi} \\ \sin\varphi_s = \dfrac{\psi_\beta}{\psi} \end{cases} \tag{4-69}$$

用式(4-68)和(4-69)直接计算 ψ^r 和 φ_s 角。

电压模型的系统见图4-15。

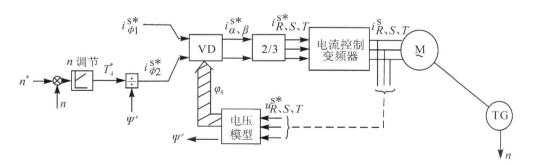

图4-15 使用电压模型的异步电动机矢量控制系统

第五节 异步电动机按磁通定向的矢量控制系统

一、磁链开环的异步电动机矢量控制系统

磁链开环的异步电动机矢量控制系统用定子电流的磁化和转矩分量的给定值 $i_{\phi1}^{s*}$ 和 $i_{\phi2}^{s*}$ 计算磁链位置角的期望值 φ_s^*($\cos\varphi_s^*$ 和 $\sin\varphi_s^*$),实现 $\alpha-\beta$ 坐标系和 $\phi_1-\phi_2$ 坐标系之间的坐标变换。该系统仅使用电流模型,无电压模型,整个系统的框图见图4-16。

该系统称为异步电动机转差频率矢量控制系统,它的优点是简单,缺点是磁通定向准确度受转子电阻影响大,转子电阻不易测量,随负载增加,转子温度及电阻值变化大,线路中无任何校正或补偿措施,不可能定向准确。定向不准使得负载变化影响电动机磁链值,导致动态性能变差。磁链过大造成磁路饱和,铁耗增加;磁链减小,电动机出力降低,铜耗增加。日本东芝公司的异步电动机矢量控制系统就是采用的这种方案。

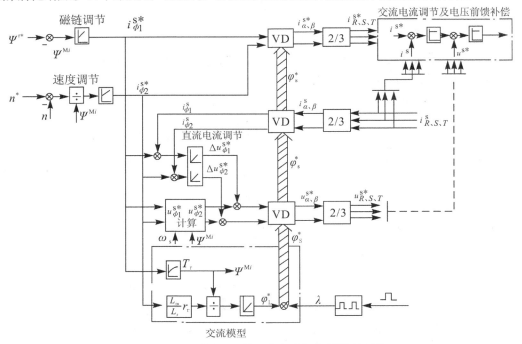

图4-16 磁链开环的异步电动机矢量控制系统

二、磁链闭环的异步电动机矢量控制系统

磁链闭环的异步电动机矢量控制系统测量定子电压电流实际值 $u_{R,S,T}^s$ 和 $i_{R,S,T}^s$,通过电压模型和电流模型计算转子磁链实际值 ψ^r,实现磁链闭环。异步电动机的电压模型和同步电动机的电压模型一样,只是漏感 L_σ 的设定方法不同。为解决初始值设定、漂移及低速误差大的问题,异步电动机的电压模型也需要电流模型的支持,高速($n \geqslant 10\% n_m$, n_m 为最大转速)时,以电压模型为主;低速($n < 10\% n_m$)时,以电流模型为主。异步电动机的计算转子磁链实际值的电流模型和计算期望值的电流模型相似,也基于转差频率,只是各变量均为实际值,其框图见图4-17。

按电流模型算出的磁链信号 ψ_α^r 和 ψ_β^r 不直接参与控制,它们通过电压模型作用于系统,整个系统的框图见图4-18。

这种线路的优点是当 $n \geqslant 10\% n_m$ 时,电压模型起主要作用,它与转子电阻 r_r 无关,磁通定向准确度比磁链开环系统的高($n < 10\% n_m$ 时,两系统性能一样),缺点是系统较复杂。德国Siemens公司的异步电动机矢量控制系统采用的就是该方案。

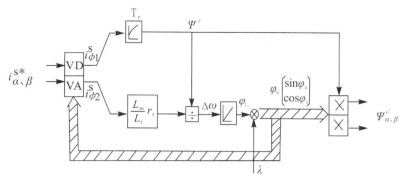

图 4-17 使用电流实际值的电流模型

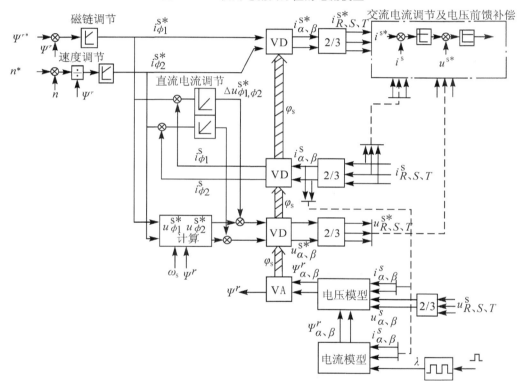

图 4-18 磁链闭环的矢量控制系统

三、磁链开环和闭环复合的异步电动机矢量控制系统

磁链开环系统比较简单,不需初始位置设定,但磁通定向准确度受转子电阻 r_r 影响,误差较大。磁链闭环系统在 $10\% n_m$ 以上时磁通定向准确度不受 r_r 影响,但线路复杂,要初始位置设定。把两者结合起来,基于磁链开环线路,在 $10\% n_m$ 以上用电压模型校正磁通定向误差,得到一种开环和闭环复合的系统,它的性能与闭环系统相当,但较之简单,不用初始位置设定。

和开环系统一样,复合系统的电流模型也用定子电流的给定量 $i_{\phi1}^{s*}$ 和 $i_{\phi2}^{s*}$ 计算磁链位

置角的期望值 φ_s^*（$\cos\varphi_s^*$ 和 $\sin\varphi_s^*$），送至矢量回转器（VD）实现坐标变换。电流模型算出的磁链期望值 ψ_α^{r*} 和 ψ_β^{r*} 被送至电压模型，协助电压模型计算磁链实际值 ψ_α^r 和 ψ_β^r，它们经矢量回转器（VD）得 $\phi_1-\phi_2$ 坐标系的磁链实际值分量 $\psi_{\phi1}^r$ 和 $\psi_{\phi2}^r$，按磁通定向的异步电动机矢量控制系统以转子磁链矢量 ψ^r 为基准，ψ^r 和 ϕ_1 轴重合，理应 $\psi_{\phi2}^r=0$，如果经电压模型和 VD 算出的 $\psi_{\phi2}^r=0$，说明电流模型算出的 φ_s^* 角正确，系统定向准确；若 $\psi_{\phi2}^r\neq 0$，说明定向有误差。$\psi_{\phi2}^r$ 经比例调节器输出 $\Delta i_{\phi2}^{s*}$，送至电流模型 $i_{\phi2}^{s*}$ 输入端，校正定向误差。

用电压模型校正电流模型电路见图 4-19。

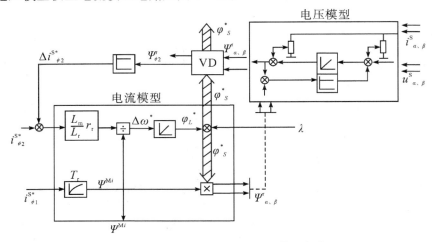

图 4-19 用电压模型校正电流模型电路

在 $n<10\%n_m$ 时，电压模型输出近似等于电流模型输出，$\psi_{\alpha,\beta}^r\approx\psi_{\alpha,\beta}^{r*}$，所以 $\psi_{\phi2}^r\approx 0$，$\Delta i_{\phi2}^{s*}\approx 0$，无校正作用，整个系统的框图见图 4-20。

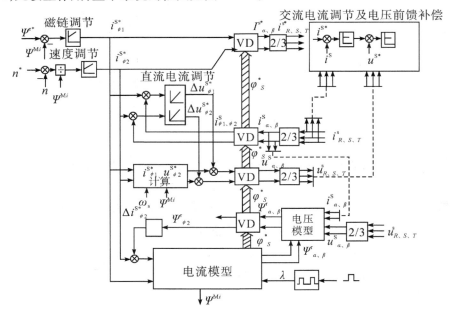

图 4-20 磁链开环和闭环复合的矢量控制系统

四、无测速发电机和编码器的简易异步电动机矢量控制系统

简易异步电动机矢量控制系统用于下述场合:除起动制动外,不工作在低速($n < 10\% n_m$);对调速性能有一定要求,但又不宜安装测速发电机和编码器。

简易异步电动机矢量控制系统有多种方案,下面介绍 Siemens 公司开发的按电动势定向的异步电动机矢量控制系统,用于交—交变频辊道传动,系统框图见图 4-21。

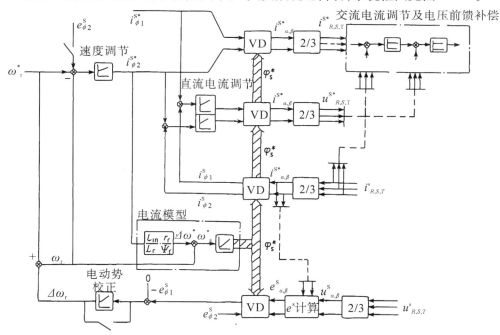

图 4-21 简易异步电动机矢量控制系统

测量定子电压 $u^s_{R,S,T}$ 和定子电流 $i^s_{R,S,T}$,计算定子电动势 $e^s_{\phi 1}$ 来校正电流模型算出的 φ_s 角(电流模型采用图 4-13(b)形式)。

定子电动势按下式进行计算:

$$\begin{cases} e^s_\alpha = u^s_\alpha - r_s i^s_\alpha - L_\sigma \dfrac{di^s_\alpha}{dt} \\ e^s_\beta = u^s_\beta - r_s i^s_\beta - L_\sigma \dfrac{di^s_\beta}{dt} \end{cases} \quad (4-70)$$

式中:L_σ——定转子漏感之和,$L_\sigma = L_{s\sigma} + L_{r\sigma}$。

电动势计算框图见图 4-22。

$e^s_{\alpha,\beta}$ 经矢量回转器(VD)输出 $e^s_{\phi 1,\phi 2}$ 信号,如果 ϕ_1 轴与转子磁链矢量 ψ^r 重合,$e^s_{\phi 1} = 0$;如果 ϕ_1 轴与转子磁链矢量 ψ^r 不重合,$e^s_{\phi 1} \neq 0$;$e^s_{\phi 1}$ 经电动势校正环节(比例-积分调节器)输出 $\Delta \omega_r$ 信号,它与角速度给定 ω^*_r 相加得角速度实际值信号 ω_r,即

$$\omega_r = \omega^*_r + \Delta \omega_r \quad (4-71)$$

ω_r 既作为角速度反馈信号,又作为电流模型的输入信号。在电流模型中,ω_r 和 $\Delta\omega^*$ 相加得 ω_s^*,再经积分输出矢量回转器所需的 φ_s^* 角信号($\cos\varphi_s^*$、$\sin\varphi_s^*$)。由于电动势校正环节是 PI 调节器,只要 $e_{\phi1}^s \neq 0$,它的积分部分就要积分,改变输出值,经电流模型改变 φ_s^* 角,直至 ϕ_1 轴与 ψ^r 重合($e_{\phi1}^s = 0$)。

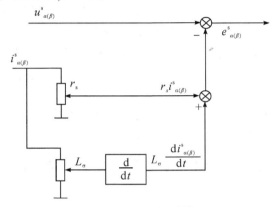

图 4-22 电动势计算框图

为了帮助理解该系统的工作原理,我们在图 4-23 中绘出了电动机加载过程的矢量图。图 4-23(a)是加载前的矢量图,ψ^r 和 ϕ_1 轴重合,$e_{\phi1}^s = 0$,$\Delta\omega_r = 0$,这时负载轻,$i_{\phi1}^s$ 小。图 4-23(b)是加载过程中的矢量图,由于负载增加,转子速度降低,转差加大,转子电流 i^r 增大,磁链 ψ^r 后移,ψ^r 和 ϕ_1 轴不重合,$e_{\phi1}^s > 0$,$\Delta\omega_r < 0$,使 ϕ_1 后移,向 ψ^r 靠拢。图 4-23(c)是加载后的矢量图,ϕ_1 轴与 ψ^r 再次重合,$e_{\phi1}^s = 0$,$\Delta\omega_r = 0$,$i_{\phi2}^s$ 比图 4-23(a)的大,达到新的平衡。

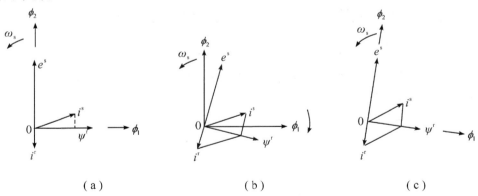

(a)   (b)   (c)

图 4-23 简易矢量控制系统的加载过程

(a)加载前 (b)加载时 (c)加载后

由于锟道不要求弱磁调速,所以无磁链调节环节,$i_{\phi1}^{s*}$ 设定为固定值,经 $3T_r$ 时间后,电动机磁链 ψ^r 达到额定值 ψ_N^r。

在低速($n < 10\% n_m$)时,电动势计算误差大,定向不准,切除电动势校正环节,代之以电动势 $e_{\phi2}^s$ 闭环。$e_{\phi2}^s$ 只解决起动、制动过程中短时经过低速区的问题,不能在长期低速运行时维持电动机磁链 ψ^r 不变。进入低速区前,ψ^r 和 ϕ_1 轴重合,进入低速区后,由于停留

时间短,即使没有定向校正环节,ψ^r 偏离 ϕ_1 轴也不太远,$e_{\phi 2}^s \approx e^s \propto \omega$,可以近似地把 $e_{\phi 2}^s$ 闭环看作速度闭环。

第六节 异步电动机的直接转矩控制

一、直接转矩控制概述

直接转矩控制(Direct Torque Control)方法是1985年由德国鲁尔大学的 Depenbrock 教授首次提出的,它是继矢量控制技术之后发展起来的一种新型交流变频调速技术。尽管矢量控制在原理上优于标量控制,但在实际上,由于转子磁链难以观测,系统性能受电机参数的影响较大,以及复杂的矢量变换,都使它的实际控制效果难于达到理论分析的结果。直接转矩控制弥补了矢量控制之不足,它避免了复杂的坐标变换,减少了对电机参数的依赖性,以其新颖的控制思想、简洁明了的系统结构、优良的动静态性能备受人们的青睐,因而得到迅速的发展。

三相交流异步电动机直接转矩控制的特点如下。

(1)直接转矩控制在定子坐标系下建立分析交流电动机的数学模型。用转矩直接控制转矩,用磁链直接控制磁链,所以不像矢量控制那样为了交流电动机数学模型的解耦、简化,频繁地进行坐标变换。无需复杂的计算,也无需模仿直流电动机的控制,使控制系统结构简洁明了。

(2)直接转矩控制以定子磁链作为被控量,而不像矢量控制那样选择转子磁链,只需定子参数,而不需随转速变化的、难以测定的转子参数,大大减少了参数变化对系统性能的影响。

(3)直接转矩控制将逆变器和电机看作一个整体进行控制,采用离散的空间电压矢量对交流电动机进行控制,使控制结构简明、直接。

(4)直接转矩控制以转矩直接控制转矩,而不像矢量控制技术那样通过电流、磁链间接地实现对转矩的控制,控制信号的物理概念明确,转矩响应迅速,且无超调,具有较高的动静态性能。

(5)直接转矩控制的交流系统中,转矩控制和磁链控制均采用砰—砰控制,输出信号直接控制逆变器的开关状态,进而输出相应的空间电压矢量,控制三相异步电动机的运行。这样就省去了PWM信号硬件电路,使系统得以进一步简化。

直接转矩控制系统是近些年发展起来的一种高动态性能的交流变压变频调速系统,其核心问题是转矩和定子磁链反馈模型,以及如何根据转矩和磁链控制信号来选择电压空间矢量控制器的开关状态。究其根本是控制转矩,而转矩控制的主要问题在于磁链的控制。异步电机矢量控制系统中就是以转子磁链定向的,直接转矩控制只用到定子磁链。

定子磁链 ψ^s 与电压空间矢量 u^s 的关系如下：

$$\psi^s = \int (u^s - i^s r_s) dt \quad (4-72)$$

若忽略定子电阻压降的影响，则

$$\psi^s \approx \int u^s dt \quad (4-73)$$

这说明定子磁链矢量 ψ^s 完全受控于定子端电压 u^s，定子磁链矢量端点的运动方向与端电压矢量方向完全一致。实际直接转矩控制系统一般采用逆变器给电动机供电，逆变器输出的电压矢量即为定子端电压矢量。也就是说，定子磁链空间矢量 ψ^s 与电压空间矢量 u^s 之间为积分关系，当电压矢量按顺序 1、2、3、4、5、6 作用时，磁链矢量沿六边形的六条边 S_1、S_2、S_3、S_4、S_5、S_6 运动，如图 4-24 所示。

如果加到定子上的电压空间矢量为 u_1^s，定子磁链将沿着边 S_1 运动；当定子磁链到达顶点 6 时，改加电压空间矢量 u_2^s，则定子磁链将沿着边 S_2 运动。磁链轨迹（S_1 或 S_2）总与所加的电压矢量（u_1^s 或 u_2^s）的方向平行。依次类推就可以得到六边形的定子磁链轨迹。

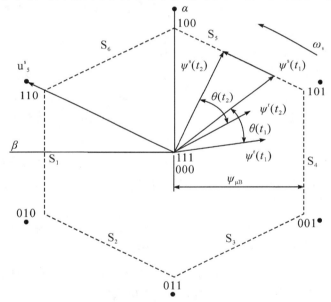

图 4-24 电压矢量对转矩的影响

为分析方便，将式（4-73）改写为微分方程，即 $u^s = d\psi^s/dt$，再将此方程离散化，得到

$$\begin{cases} \psi^s(k) = \psi^s(k-1) + u^s(k-1)T_s \\ \Delta\psi^s = u^s(k-1)T_s \end{cases} \quad (4-74)$$

其中，T_s 为采样周期。从式（4-74）可以看出，当异步电机定子绕组上加电压矢量 u^s 后，在 T_s 时间内，在电机气隙中将产生与 u^s 相同方向的磁链 $\Delta\psi^s = u^s T_s$，即 $\Delta\psi^s$ 的大小与 u^s 和 T_s 的值有关，其方向与前一时刻的 $\psi^s(k-1)$ 方向不同，$\Delta\psi^s$ 与 $\psi^s(k-1)$ 的矢量和为总磁链 $\psi^s(k)$。定子磁链 ψ^s 与电压矢量 u^s 的关系如图 4-25(b) 所示，其中，α 为 $\psi^s(k-1)$ 与 $u^s(k-1)$ 的夹角。从中我们可以看到，非零电压矢量能产生定子磁链并使它运动。

这样适当地控制电压矢量的顺序和作用时间,就可以迫使磁链按所需轨迹运动。当 T_s 足够小时,就可能使六边形磁链轨迹变为圆形(或接近圆形)轨迹。圆形轨迹将在改进的直接转矩控制中介绍。

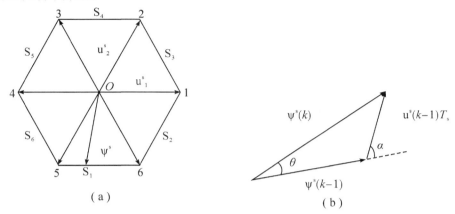

图 4-25 定子磁链与电压矢量关系分析
(a)定子磁链的六边形轨迹 (b)定子磁链与电压空间矢量的关系

二、电压矢量对电机转矩的影响

电机的转矩大小不仅仅与定子磁链、转子磁链的幅值有关,还与它们的夹角有关。当磁链的幅值基本不变,而夹角从 0°到 90°变化时,电磁转矩从零变化到最大值。因此,对定子磁链的夹角、转子磁链的夹角进行控制也能达到控制电机转矩的目的,这就是直接转矩控制思想的基本出发点。

电压矢量对转矩的影响就体现在对定子磁链、转子磁链之间夹角 θ 的控制作用,如图 4-24 所示。在实际运行中,为充分利用电动机铁芯,常常保持定子磁链幅值为额定值,转子磁链幅值由负载决定,要想改变转矩就只有通过改变磁通角来实现。磁通角的改变是通过改变电压矢量来实现的。工作电压矢量使定子磁链走,零电压矢量使定子磁链停,控制定子磁链走走停停,就控制了磁通角的大小,也就达到了控制转矩的目的。

在图 4-24 中,在 t_1 时刻定子磁链为 $\psi^s(t_1)$,转子磁链为 $\psi^r(t_1)$,磁通角为 $\theta(t_1)$;到 t_2 时刻,给出电压矢量 $u^s(t_2) = u_5^s$,定子磁链旋转到 $\psi^s(t_2)$ 的位置,其运动轨迹为 $\Delta\psi^s(t)$,沿着 S_5 区段,与 u_5^s 平行,转子磁链转到 $\psi^r(t_2)$,磁通角为 $\theta(t_2)$。在此期间,定子磁链的旋转速度大于转子磁链的转速,磁通角增大,所以转矩相应增大。如果在 t_2 时刻,给出零电压矢量,则定子磁链 $\psi^s(t)$ 保持原位置不动,而转子磁链仍旋转到 $\psi^r(t_2)$ 位置,磁通角将减小,随之转矩减少。

再回到直接转矩控制的原理上,若要增大电磁转矩,需按上述规律加载工作电压空间矢量,所加电压的幅值足够,定子磁链的转速就会大于转子磁链,从而使转矩增加;而若要减小电磁转矩,只需加载零电压空间矢量,定子磁链就会停止转动,从而使转矩减小。这就是直接转矩控制的基本原理。

在控制策略上,直接转矩控制并不要求对定子磁链、转子磁链的夹角进行精确、平滑的控制,也不要求对它们的空间矢量位置都进行控制,而是只对定子磁链的转动进行走走停停的开关式控制。当需要减速时,让定子磁链停止,两个磁链的夹角由于转子磁链的转动而缩小,从而使电磁转矩减小;当需要加速时,让定子磁链转动,并且转动速度大于转子磁链的转动速度,这样两个磁链的夹角就会增大,从而使电磁转矩增加。

三、直接转矩控制的基本结构

图 4-26 是直接转矩控制系统的基本结构。

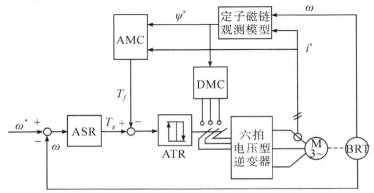

图 4-26 直接转矩控制系统的基本结构

ASR——转速调节器;ATR——转矩调节器;AMC——转矩计算单元;DMC——磁链自控制单元;BRT——旋转变压器

该系统中,定子磁链观测模型可以根据式(4-72)进行构建,但在低速下,由于定子电阻压降所占比例很大,因而误差较大,这时可以采用其他更合理的模型。磁链自控制单元 DMC 的基本原理就是将定子磁链矢量在空间三相坐标上投影,在六边形轨迹的各个顶点处,磁链矢量在某一坐标轴上的分量达到正或负的最大值。

目前市场上采用直接转矩控制的变频器还不多。瑞典的 ABB 公司最先推出的 ACS600 就属于这一类产品。ACS600 的基本结构是交—直—交变频,选用 IGBT 功率开关元件,以及具备强大信号处理功能的转矩计算单元 AMC,实现对异步电机的直接转矩控制。具体的工作原理是利用电机运行中所测得的参数建立电机模型,对实时测得的电动机的两相电流和中间直流环节的电压进行分析、计算,得到电机的定子磁链和实际转矩,再与磁链和转矩的给定值分别进行比较。偏差分别进入磁链和转矩调节器(两点式滞环调节器)进行调节,并将偏差限制在给定的容差范围内。把转矩响应限制在一拍(1~5ms)之内,且无超调。调节器的输出直接控制逆变器的 PWM 控制信号,使逆变器产生所需的电压矢量,从而调节电机转矩。1994 年瑞士 ABB 公司将直接转矩控制技术成功应用到异步电动机的通用变频器上,例如 ABB 公司生产的 ACS600、ACS800 等变频器。ABB 公司并且声称直接转矩控制将是下一代交流电动机最优秀的控制方案,宣称以后 ABB 公司只发展这个系统。ACS600 的静态精度为 0.02%,开环转矩阶跃响应上升时间为5ms,而矢量控制的上升时间为100ms。起动转矩平稳可控,最大起动转矩可达200%,零速转矩可达100%。另外,该产品还配有数据通信接口,可通过总线对其进行编程、监控和人机对话。

四、圆形磁链轨迹的控制

利用6个非零的电压空间矢量控制磁链走出六边形磁链轨迹,这种方法控制简单,功率器件开关次数少、开关损耗小。但是六边形磁链方法会产生较大的电流脉动,因而转矩脉动也较大,故这种方法只能在某些大功率领域(如开关频率、开关损耗均有限制)的场合使用。

为了减少转矩脉动,人们很自然地想到改六边形磁链轨迹为圆形磁链轨迹。与正六边形轨迹控制相比,圆形磁链幅值近似不变;转矩、转速脉动小,但电流脉动,需要实时计算磁链的幅值和相角,计算量大;逆变器功率器件的开关次数多、开关损耗大;适用于中、大功率,开关频率较高的场合。

由于异步电动机在三相对称正弦电压供电时,定子磁链为圆形,因此,可以通过合理地选择非零电压空间矢量及零矢量控制逆变器的开关状态按一定的规律变化,这样就能获得幅值不变而又旋转的圆形磁链轨迹。但是,由于逆变器的电压空间矢量是离散的,加之开关频率的限制,控制时只能是在一定容差范围内使定子磁链逼近圆形。

为了能准确地确定某一瞬时定子磁链的空间位置,把原六边形的磁链轨迹,按u_1、u_2、u_3、u_4、u_5、u_6的作用方向,分为六个区域,每个区域占$\pi/3$电角度,分别标以$\theta(1)$、$\theta(2)$、$\theta(3)$、$\theta(4)$、$\theta(5)$、$\theta(6)$,即

$$\frac{2N-3}{6}\pi \leq \theta(N) \leq \frac{2N-1}{6}\pi \quad (N=1,2,\cdots,6) \quad (4-75)$$

具有容差限的圆形磁链轨迹如图4-27所示。

在图4-27中,有三个圆,虚线圆表示定子磁链幅值的给定值,用$|\psi^{s*}|$表示,两个实线圆表示定子磁链幅值的实际允许值,用$|\psi^s|$表示,它们的半径之差$\Delta|\psi^s|$为允许误差。从图中不难看出,通过适当选择各段时间里的输入电压空间矢量,可使定子磁链矢量的幅值只在给定$|\psi^{s*}|$和允许的偏差$\pm\Delta|\psi^s|/2$的范围内变化,即

$$|\psi^{s*}| - \Delta|\psi^s|/2 \leq |\psi^s| \leq |\psi^{s*}| + \Delta|\psi^s|/2 \quad (4-76)$$

在电机旋转过程中,每一阶段具体加什么电压空间矢量,不但要根据磁链偏差的大小,同时还要考虑磁链的方向。下面通过一个具体例子来说明。

当定子磁链ψ^s位于$\theta(2)$区域内,并有$|\psi^{s*}| - \Delta|\psi^s|/2$的值,如图4-27所示。

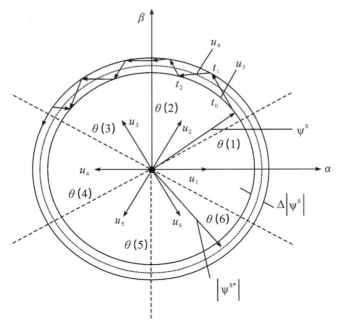

图 4-27　具有容差限的圆形磁链轨迹

如果要求定子磁链逆时针方向旋转时,则分别选择电压空间矢量 u_3 和 u_4 就能控制 $|\psi^s|$ 满足式(4-76)的关系。从图 4-27 中看出,当电压空间矢量 u_3 的作用使定子磁链 $|\psi^s|$ 达上限 $|\psi^{s*}|+\Delta|\psi^s|/2$ 时,采用滞环控制将逆变器切换为 u_4 状态,定子磁链 ψ^s 将沿电压空间矢量 u_4 的方向移动,直到幅值达下限 $|\psi^{s*}|-\Delta|\psi^s|/2$ 为止。之后,再进行逆变器工作状态的切换,只要定子磁链 ψ^s 不出 $\theta(2)$ 区,则反复施加电压空间矢量 u_3 和 u_4。但是,当定子磁链 ψ^s 进入 $\theta(3)$ 区后,则需让逆变器反复工作在 u_4 和 u_5 状态,才能满足式(4-76)的要求。其他各区域的情况依此类推,见表 4-1。

表 4-1　逆变器开关状态表

D_ψ	D_T	$\theta(N)$					
		1	2	3	4	5	6
+	+	u_2	u_3	u_4	u_5	u_6	u_1
	0	u_7	u_0	u_7	u_0	u_7	u_0
	−	u_6	u_1	u_2	u_3	u_4	u_5
+	+	u_3	u_4	u_5	u_6	u_1	u_2
	0	u_0	u_7	u_0	u_7	u_0	u_7
	−	u_5	u_6	u_1	u_2	u_3	u_4

注:D_ψ,D_T 为滞环控制器输出,"+"表示给定值大于实际值,"−"表示给定值小于实际值。

如果要求定子磁链顺时针方向旋转,还是以定子磁链 ψ^s 位于 $\theta(2)$ 区为例,则应选择电压空间矢量 u_1 和 u_6。其他区域的工作情况依此类推。为了实现对于上述定子磁链的控制,需采用图4-28(a)及图4-28(b)的磁链位置检测和滞环控制技术。

根据实测的定子磁链ψ^s,经图4-28(a)后,得该磁链所处的$\theta(N)$区域,其中,$N=1$、2、$\cdots$、6。图4-28(b)中,定子磁链给定值与实际值ψ^s进行比较,若滞环控制器输出D_ψ为"+"信号,表示要求增加定子磁链,如在$\theta(2)$区时,则选择u_3。如果滞环控制器的输出D_ψ为"-"信号,表示要求减小定子磁链,如在$\theta(2)$区时,选择u_4。其他各区域的情况都列在表4-1里。总之,用滞环控制来实现对定子磁链的限幅控制,就能获得近似圆形旋转的定子磁链轨迹。

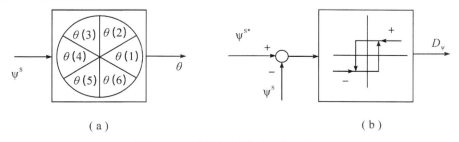

图4-28 磁链位置检测及滞环控制
(a)磁链位置检测　(b)滞环控制原理

如何控制定子磁链沿圆周方向的旋转速度呢? 定子磁链向哪个方向移动,由所选择的电压空间矢量确定。例如,处于$\theta(2)$区的定子磁链,当选择u_3时,逆时针方向旋转;选择u_6时,顺时针方向旋转。如果选择零电压空间矢量,定子磁链的速度为零,即在原地不动。控制定子磁链在圆周方向走走、停停,或者正走、反走,就能获得任意的定子磁链平均旋转速度。这种切换的频率越高,所得到的平均旋转速度越均匀,同时,电机的电磁转矩脉动也越小。

在控制磁链的同时,转矩也会发生变化。仍以定子磁链位于$\theta(2)$区域内为例。

(1)当要求定子磁链逆时针方向旋转时,应选择电压空间矢量u_3或u_4,如图4-27所示。但是,不管逆变器切换为u_3状态,还是u_4状态,两种情况都会产生电磁转矩的变化。不同的是,u_3和u_4状态仅仅是定子磁链分别在增大、减小情况下产生的电磁转矩。这是因为电压空间矢量u_3或u_4将在气隙中产生与该电压矢量相同方向的磁链,并与其作用前已存在的磁链ψ^s方向不同,使合成磁链增大或减小。

(2)当要求定子磁链顺时针方向旋转时,应选择电压空间矢量u_1或u_6,显然,在这两种状态下,也是在定子磁链增大、减小情况下分别产生电磁转矩。但是,如果我们要求电机转子为逆时针方向旋转,上述两种状态下的电磁转矩对电机来说,表现为制动转矩。

(3)当选择逆变器工作在u_2或u_5状态时,由于它们产生的磁链不能沿着顺时针或逆时针方向旋转,只能在小范围内往复运动,因而不能产生持续非零的动态电磁转矩变化。

不管定子磁链位于哪个区域,施加零电压空间矢量u_0或u_7,因不产生新磁链,磁链停止在原位不动,也不产生电磁转矩的变化。在实际应用中,采用滞环控制器来控制电动机的电磁转矩,如图4-29(a)所示,图4-29(b)是电磁转矩的波形。

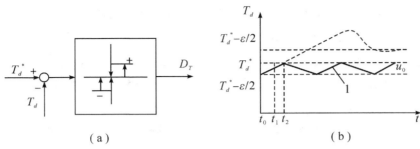

图 4-29 电磁转矩滞环控制及其波形

当电磁转矩给定值 T_d^* 与反馈值 T_d 进行比较时，若图 4-29(a)中的滞环控制器输出 D_T 为"+"信号，表示要求增大电磁转矩。当定子磁链位于 $\theta(2)$ 区时，则应选择电压空间矢量 u_3 或 u_4，视要求定子磁链增大或减小情况而定。无论是选择电压空间矢量 u_3 或 u_4，产生的电磁转矩瞬时值都要增大，如图 4-29(b)中的曲线 1，此时接通矢量 u_3 使定子磁链以正比于逆变器恒定中间直流电压的线速度增大，直至 t_1 时刻。

在 $t_1 \sim t_2$ 的时间段中，定子磁链的旋转角速度是变化的，但当容差较小时，我们可以将定子磁链旋转角速度看作常数，用 ω_0 表示。在 t_1 时刻，根据磁链减小的要求，需接通矢量 u_4，直至 t_2 时刻。在此过程中，定子磁链仍以 ω_0 为角速度旋转。在容差较小时，从 $t_0 \sim t_2$ 的一拍调节时间很短，可以认为转速没有变化，此过程完全可以看作电机在 t_0 时刻有 $\omega_0 - \omega(t_0)$ 大小的转差阶跃发生。在此激励下，如图 4-29(b)所示，转矩增加。在 t_2 时刻，电磁转矩增大到与给定值相等，滞环控制器的输出 D_T 为"0"信号，这时如不适时地改变转矩变化规律，会导致转矩偏离给定值，这是不符合电机实际控制要求的。因此，我们同样要引入容差概念来控制转矩，使转矩也在给定值附近波动，即转矩减少到给定下限时，应利用磁链控制，然后通过选择合适的电压空间矢量增加转矩；当转矩增大到给定上限时，应暂时中断磁链控制，然后通过选择合适的电压空间矢量减小转矩。转矩减小的电压空间矢量不是唯一的，通常采用插零矢量的方法使转矩减小，即在 t_2 时刻，接通零电压空间矢量 u_0 或 u_7，至于选 u_0 还是 u_7，要根据逆变器开关次数最少的原则而定，其目的是为了减少元件的开关损耗。在忽略定子电阻的影响下，磁链轨迹停止不动，转差为 $0 \sim \omega(t)$。在此激励下电机转矩减小。当电磁转矩减小到使滞环控制器的输出 D_T 又为"+"信号时，让磁链闭环控制继续工作，切换非零电压空间矢量 u_3 或 u_4，电磁转矩又回升，如图 4-29(b)所示。

当电磁转矩 T_d 大于给定值 T_d^*，滞环控制器输出 D_T "-"信号，且当定子磁链在 $\theta(2)$ 时，选电压空间矢量 u_1 还是 u_6，要视需要定子磁链是增大还是减小情况来定。不管选电压空间矢量 u_1 还是 u_6，产生的都是制动性电磁转矩，使 T_d 值减小。

综上所述，不管定子磁链位于哪个区域，8 种电压空间矢量（u_0、u_1、…、u_7）都可选用。每一种电压空间矢量都对定子磁链及电磁转矩产生影响。按表 4-1 列出的 6 个区域，根据定子磁链位置检测信号 $\theta(N)$、滞环控制信号 D_ψ 和 D_T 来选择合适的电压空间矢量进行控制，便可得到圆形磁链轨迹，同时电磁转矩的脉动量也大大减少。

必须明确指出的是，实现直接转矩控制并不刻意追求其输出电压一定为正弦波，即定子磁链为圆,首先追求的是尽快满足负载所需要的输出转矩。图4-27所示的每条折线的长度,正好是执行某一定子电压矢量的时间,亦与逆变器输出三相电压的PWM脉冲列中每一个脉冲的宽度相对应。这就是"借助离散式调节(砰—砰控制)直接产生PWM控制信号"的奥秘之所在。

五、矢量控制(VC)和直接转矩控制(DTC)的对比

(一)控制原理

VC是在转子磁通坐标系中,通过分别控制q轴和d轴定子电流分量,实现转速和磁链的解耦控制。其实质是通过坐标变换重建的电动机数学模型等效为直流电动机,从而像直流电动机那样进行快速的转矩和磁通控制。DTC是在定子坐标系下通过检测电动机定子电压和电流,采用空间矢量理论计算电动机的转矩和磁链,并根据与给定值比较所得差值,实现转矩和磁链的直接控制的。

(二)控制性能

VC的调速范围较宽(1:20~200),调速精度较高,低速特性连续,响应速度较快,但受参数变化影响较大,且计算复杂,控制相对繁琐。DTC的调速范围较窄(1:15~100),调速精度较高,响应速度快,低速特性有脉动现象,但其不仅计算简便,而且控制思想新颖,控制结构简单,控制手段直接,信号处理的物理概念明确,动静态性能均佳,有广阔的应用前景。

直接转矩控制的基本思想是在准确观测定子磁链的空间位置和大小并保持其幅值基本恒定以及准确计算负载转矩的条件下,通过控制电动机的瞬时输入电压来控制电机定子磁链的瞬时旋转速度,来改变它对转子的瞬时转差率,达到直接控制电机输出的目的。

DTC为什么具有比矢量控制快的转矩响应呢?众所周知,DTC控制系统由电机的电压和电流计算出定子磁链和转矩,采用砰—砰控制来实现变频器的PWM控制,DTC控制系统没有电流控制环路,因此,DTC控制系统的着眼点是电压,而不是电流。而矢量控制的原理基于交流电机的电流控制,把交流电流按磁场坐标轴分解为转矩分量和磁场分量,分别加以控制,故矢量控制的着眼点是电流控制。对于交流电机来讲,要想获得快速的转矩响应,在磁链不变的条件下,就要求电流的快速变化,而电流的变化是由电压的快速变化引起的。矢量控制系统的输出电压是由电流调节器的输出产生的,这就存在电流调节的时间滞后。当然,现代的矢量控制系统输出电压可以是由电机模型计算的前馈电压控制和电流调节共同产生,前馈电压控制可以获得较快的动态响应,但这个电压输出是由模型精确计算的,没有任何过冲现象,且电流是始终受控的。而DTC由于没有电流控制环路,砰—砰控制产生的输出电压,没有任何电流限制,电压可以出现过冲现象,故电机可以获得较大的电压变化率,较大的加速电流,因而产生较快的电流响应及转矩响应就不言而喻了。

第七节 定子磁链的观测模型

在直接转矩的控制中,需要计算定子磁链,构成磁链自控制;需要定子磁链实现电动机电磁转矩的准确控制。不论是按圆形轨迹控制还是按六边形轨迹控制,都需要已知定子磁链。所以,定子磁链的准确获得是实现直接转矩控制系统高性能的转矩动态响应的关键因素之一。采用直接检测的方法获得定子磁链,存在着制造工艺问题、环境限制问题以及成本问题,因而在实际系统中使用较少。解决磁链问题的较为通用的方法为间接测量的方法,即通过易于测量的电机其他物理量(如定子电压、定子电流和转速等),建立定子磁链的观测模型,在控制中实时地推算出定子磁链的幅值和相位。由于定子磁链的观测是直接转矩控制系统的重要组成部分,观测的准确性直接影响系统的性能,因此,许多学者针对磁链观测问题开展了大量的研究工作,提出了各式各样的磁链观测模型。在这里我们仅介绍其中最常用的三种:基于定子电压和电流的磁链观测模型,基于定子电流和转速的磁链观测模型和基于定子电压、电流和转速的磁链观测模型。

一、基于定子电压和电流的磁链观测模型(u–i 模型)

利用定子电压与定子电流来观测定子磁链的方法称之为 u–i 模型法。

根据定子电压平衡方程式,可以推导出

$$\begin{cases} \Psi_\alpha^s = \int (u_\alpha^s - i_\alpha^s r_s) dt \\ \Psi_\beta^s = \int (u_\beta^s - i_\beta^s r_s) dt \end{cases} \quad (4-77)$$

之所以能够利用定子电压与定子电流来观测定子磁链,是由于定子电压、定子电流和定子磁链满足式(4 – 77)。如果简单地利用式(4 – 77)数学模型对定子磁链进行观测,则该方法称之为纯积分器法,它是将定子感应电动势 e^s(即 $u^s - i^s r_s$)简单积分结果作为定子磁链观测值。该式实际上是式(4 – 72)在两相静止坐标系下的表达式,其结构图如图 4 – 30 所示,简称 u – i 模型。

此观测模型只用到了一个电机参数——定子电阻,而且电机的定子电阻也是易于测量的。为计算简便,在图 4 – 30 中,通常忽略定子电阻压降,则定子磁链仅随定子电压的变化而变化,只要合理地选择电压矢量施加的顺序和时间,便可使磁链按照要求的轨迹运动。但是,这种简化只能在转速较高时采用,因为此时定子电压远大于定子电阻上的压降,忽略定子电阻上的压降,对磁链的估计影响不大。但当转速较低时,定子电阻的压降较之定子电压不可忽略,这种简化不适用。

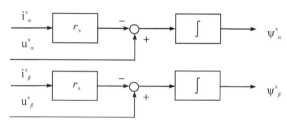

图 4-30 定子磁链的 u-i 模型

另外，由于低速时，定子电阻随温度的变化而变化，也将影响磁链的观测，最终影响系统的性能。因此，u-i 模型一般在 30% 额定转速以上适用，能较准确地观测定子磁链，而且结构简单，鲁棒性强，在 30% 额定转速以下就要采用另外一种观测模型——基于定子电流和转速的磁链观测模型。

二、基于定子电流和转速的磁链观测模型（i-n 模型）

u-i 模型仅需要定子绕组端电压和电流即可以实现定子磁链的观测，本质上是对定子绕组感应电动势的积分。当转子转速低于 30% 额定转速后，由于定子电阻压降原因，利用端电压与电阻压降之差的方法提取出的绕组感应电动势已经不准确。此时如果仍然采用 u-i 模型法会产生很大的磁链观测误差，这个时候采用 i-n 模型法比较合适。

i-n 模型法是利用定子电流与转速来确定定子磁链的方法，其原理讲述如下。

根据异步电机的磁链方程式

$$\begin{cases} \Psi^s = L_s i^s + L_m i^r \\ \Psi^r = L_m i^s + L_r i^r \end{cases} \qquad (4-78)$$

由 (4-78) 可推得

$$\begin{cases} i^s = \dfrac{L_r}{L_s L_r - L_m^2} \Psi^s - \dfrac{L_m}{L_s L_r - L_m^2} \Psi^r \\ i^r = \dfrac{L_s}{L_s L_r - L_m^2} \Psi^r - \dfrac{L_m}{L_s L_r - L_m^2} \Psi^s \end{cases} \qquad (4-79)$$

则在 α-β 坐标系中有

$$\begin{cases} i_\alpha^s = \dfrac{L_r}{L_s L_r - L_m^2} \Psi_\alpha^s - \dfrac{L_m}{L_s L_r - L_m^2} \Psi_\alpha^r \\ i_\beta^s = \dfrac{L_r}{L_s L_r - L_m^2} \Psi_\beta^s - \dfrac{L_m}{L_s L_r - L_m^2} \Psi_\beta^r \\ i_\alpha^r = \dfrac{L_s}{L_s L_r - L_m^2} \Psi_\alpha^r - \dfrac{L_m}{L_s L_r - L_m^2} \Psi_\alpha^s \\ i_\beta^r = \dfrac{L_s}{L_s L_r - L_m^2} \Psi_\beta^r - \dfrac{L_m}{L_s L_r - L_m^2} \Psi_\beta^s \end{cases} \qquad (4-80)$$

α-β 定子坐标系转速为 0，也就是 $\omega_s = 0$，α-β 坐标系对于转子短路（无外加电压）

的异步电动机(鼠笼交流电动机 $u_\alpha^r = u_\beta^r = 0$),有

$$\begin{cases} r_r i_\alpha^r + p\Psi_\alpha^r + \omega_r \Psi_\beta^r = 0 \\ r_r i_\beta^r + p\Psi_\beta^r - \omega_r \Psi_\alpha^r = 0 \end{cases} \quad (4-81)$$

式中:p 为微分算子。

由式(4-80)和(4-81)不难推出

$$\begin{cases} p\Psi_\alpha^r = \dfrac{L_m r_r}{L_s L_r - L_m^2}\Psi_\alpha^s - \dfrac{L_s r_r}{L_s L_r - L_m^2}\Psi_\alpha^r - \omega_r \Psi_\beta^r \\ p\Psi_\beta^r = \dfrac{L_m r_r}{L_s L_r - L_m^2}\Psi_\beta^s - \dfrac{L_s r_r}{L_s L_r - L_m^2}\Psi_\beta^r + \omega_r \Psi_\alpha^r \end{cases} \quad (4-82)$$

由式(4-80)和式(4-82)可以推出

$$\begin{cases} p\Psi_\alpha^s = \dfrac{L_s L_r - L_m^2}{L_r} p i_\alpha^s + \dfrac{L_m^2 r_r}{L_r(L_s L_r - L_m^2)}\Psi_\alpha^s - \dfrac{L_m L_s r_r}{L_r(L_s L_r - L_m^2)}\Psi_\alpha^r - \dfrac{L_m}{L_r}\omega_r \Psi_\beta^r \\ p\Psi_\beta^s = \dfrac{L_s L_r - L_m^2}{L_r} p i_\beta^s + \dfrac{L_m^2 r_r}{L_r(L_s L_r - L_m^2)}\Psi_\beta^s - \dfrac{L_m L_s r_r}{L_r(L_s L_r - L_m^2)}\Psi_\beta^r + \dfrac{L_m}{L_r}\omega_r \Psi_\alpha^r \end{cases} \quad (4-83)$$

式(4-83)就是基于定子电流和转速的磁链观测模型,其结构图如图4-31所示,简称 i-n 模型。

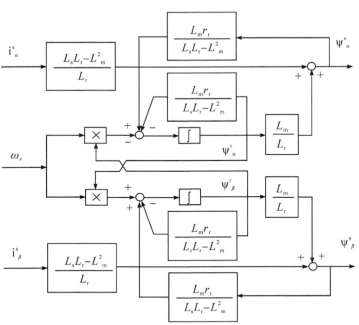

图 4-31 定子磁链的 i-n

由 i-n 模型公式可以看出。i-n 模型易受转子电阻、定子电感、转子电感以及定子与转子的互感变化的影响;要求精确的测量转速。

很明显,该模型结构较复杂,而且用到了电机的定转子电感和互感,以及转子电阻等参数。

众所周知,转子电阻和电感是很难测到的,它们随转速的变化而变化,变化较大,只

能在30%额定转速下采用该模型。但要保证磁链观测的精度,就要求低速时对转速的测量有较高的精度。也就是说,低速的磁链观测精度问题转化为低速的转速测量精度问题。而转速的测量精度问题可以由采用高精度的测速装置(旋转变压器和光电码盘)来解决。

三、基于定子电压、电流和转速的磁链观测模型(u-i-n模型)

从前面所述可知,定子磁链观测的u-i模型简单,中高速时采用u-i模型最佳,i-n模型解决了低速运行时候磁链的精确观测,但是它受电动机参数影响较大,低速时采用i-n模型较好,这样在全速范围内就要有一个模型的切换过程。由于瞬间切换模型相当于变结构,必将对整个系统的动态性能造成较大的影响。为避免这种情况发生,需采用基于定子电压、电流和转速的磁链观测模型,简称u-i-n模型。该模型是把式(4-77)和式(4-83)联立得到的,其结构图如图4-32所示。

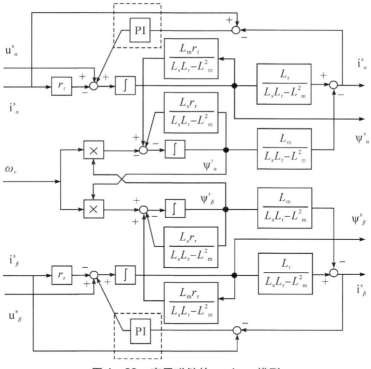

图4-32 定子磁链的u-i-n模型

该模型的特点是综合了u-i模型和i-n模型的优点,克服了它们的缺点,又很自然地解决了模型的切换问题。尤其是在该模型中引入了电流调节器,而且是无差的PI调节器。它的作用是强迫模型电流与实际电流相等,如果不等,则电流调节器输出补偿信号,用以修正定子磁链估计值和模型电流值,由此提高了模型的观测精度。

该模型可以在全速范围内得到较好的观测精度,无需切换。在高速时,由于电机的定子反电势较高,该观测模型实际工作在u-i模型下,定子电阻误差、转速测量误差以及转子参数误差对磁链的观测值都不产生明显的影响。而在低速时,观测模型实际工作在 i-n 模型下,且由于电流调节器的作用,可以减少由于电机参数误差和转速测量误差所造成的磁链误差,提高了观测精度,增强了鲁棒性。该模型的缺点是结构复杂,实现起来较困难。

直接转矩控制是继矢量控制后的又一个重大发展。直接转矩控制技术用空间矢量的分析方法,简单地通过检测到的定子电压和电流,直接在定子坐标系下,计算电机的磁链和转矩,并根据反馈计算值与给定值比较所得的差值,实现磁链和转矩的直接控制。它省掉了电机坐标的旋转变换,使电机数学模型的计算得到简化,使控制手段更直接。直接转矩控制在很大程度上解决了矢量控制中计算控制复杂、特性易受电动机参数变化的影响以及实际性能难于达到理论分析结果等一些重要问题。这种控制系统的转矩响应迅速,是一种具有优良静动态特性的交流调速方法。近年来对异步电机直接转矩控制的研究异常活跃。自从直接转矩控制理论问世以来,各国学者都对此做了大量工作,取得了一些成就。但还存在一些亟待解决的问题。

(1)磁链轨迹问题。Depenbrock 在提出直接转矩控制理论之初所实现的系统,其定子磁链轨迹是按 6 边形运动的,六边形分别对应 6 个非零电压矢量,可简单地切换 6 个工作状态,直接由六个非零电压矢量完成六边形磁链轨迹控制,磁链控制环节简单开关动作次数少,开关损耗也小。但是六边形磁链方案的电流脉动大,转矩脉动、噪声都比较大,故只在某些大功率领域(开关频率、开关损耗均有较大限制)的场合予以考虑,目前这方面的研究工作主要集中在德国,并且还有在兆瓦级电力机车牵引上成功应用之报导。1986 年,日本 I. Takahashi 等人提出了使定子磁链近似圆形的直接转矩控制方法。由于感应电机由三相对称正弦波供电时,电机气隙磁势为圆形,此时电机损耗、转矩脉动和噪声最小,故在中、小功率场合人们趋向于采用圆形磁链方案。

(2)低速时定子电阻的估算问题。在低速甚至零速时由于定子线圈的反电动势很小,低速时定子电阻的压降是电机上压降的主要部分。这样即使对定子电阻估计的微弱偏差就会导致定子磁通的幅值、定子磁通矢量的位置及电磁转矩的错误估算。从而导致控制系统的性能变差。针对这一问题,许多学者提出了解决方案。如在操作过程中运用状态观测器、PI 调节器,用模糊控制、神经网络等估算定子电阻随温度的变化。而 Francesco Bonanno 则提出应用定子电压的三次谐波估算气隙磁通和转矩。整个估算独立于电机参数,尤其是定子电阻的参数,从而提高了系统在低速时的性能。

(3)对无速度传感器的研究。在现代交流传动中为达到高精度转速闭环控制,速度传感器是必不可少的,但是有时速度传感器的安装增加了整个传动系统的费用,而且存在安装不便、低速时传感器精度降低及在恶劣条件下不适合安装等问题。因此人们常常希望在不降低系统性能的情况下取消速度传感器。采用的方法是应用定子的电压和电流估算异步电机的转速。1989 年,德国学者 Uwe Baader 等人将无速度传感器引入直接转矩控制系统中。无速度传感器的直接转矩控制在结构上更为简单,已经成为直接转矩控制系统研究的重要内容之一。

（4）全数字化问题。DTC(Direct Torque Control)在结构上特别适合于全数字化控制，但是对实时性要求很高。不过各种高性能高速微处理器和控制器，特别是高速数字信号处理器(DSP)的出现，使得全数字化的交流传动系统成为现实。目前普遍采用的DTC数字化系统方案是应用普通单片机完成系统常规性操作如键盘、显示系统操作等控制，而应用DSP芯片完成实时性要求很高的直接转矩控制的计算。

复习思考题

4-1 简述矢量控制的原理。

4-2 按照基准旋转坐标系的取法不同，矢量控制系统分为哪两类？

4-3 交流电动机可以分为哪几种坐标系？

4-4 名词解释：气隙磁链；定子磁链；转子磁链。

4-5 论述使用电压模型的异步电动机矢量控制系统的原理。

4-6 说明磁链开环、闭环以及开环和闭环复合的异步电动机矢量控制系统各自的优缺点。

4-7 简述直接转矩控制的特点。

4-8 与正六边形轨迹控制相比，圆形磁链轨迹控制有哪些特点？

4-9 简述直接转矩控制的原理。

4-10 简述圆形磁链轨迹的控制原理。

4-11 直接转矩控制为什么具有比矢量控制快的转矩响应呢？

4-12 构建基于定子电流和转速的磁链观测模型。

4-13 构建基于定子电压和电流的磁链观测模型。

4-14 说明基于定子电压和电流的磁链观测模型、基于定子电流和转速的磁链观测模型($i-n$模型)和基于定子电压、电流和转速的磁链观测模型($u-i-n$模型)它们各自的使用范围，以及各自的优缺点。

4-15 简述目前直接转矩控制还存在哪些亟待解决的问题？

第五章 斩波电路

与干线铁路相比,在距离较短的城市轨道交通体系中,高压交流到低压直流(IEC 电压标准为 1500V、750V 或 600V)的变压、整流过程是在地面变电站完成的。

在城市轨道交通车辆电力牵引系统中,主电路用于车辆的牵引和制动;辅助电路为空调、压缩机等辅助机械的三相交流电机提供电源。斩波电路是把恒定直流电压变换成为负载所需的直流电压的变流电路。它通过周期性地快速通、断,把恒定直流电压斩成一系列的脉冲电压,改变这一脉冲列的脉冲宽度或频率就可调节输出电压的平均值。斩波电路还可以用来调节电阻的大小和磁场的强弱。

作为直流电动机调速的有效手段,斩波电路广泛应用于城市轨道交通车辆和其他电动运输车辆,如城市无轨电车、工矿电力机车、高速电动车组以及由蓄电池供电的搬运车、叉车、电动汽车等。斩波电路有 6 种基本类型:降压斩波电路、升压斩波电路、升降压斩波电路、Cuk 斩波电路、Sepic 斩波电路和 Zeta 斩波电路,其中前两种是最基本的电路,还有复合斩波电路——不同基本斩波电路组合;多相多重斩波电路——相同结构基本斩波电路组合。

直流斩波电路与三相逆变电路是城市轨道交通车辆电力牵引系统中广泛应用的电力电子电路,直流斩波电路主要用于构成驱动直流电机的调压调速主电路和辅助电路的前级。

本章主要介绍几种基本的斩波电路。

第一节　降压斩波电路

一、降压斩波电路概述

斩波电路的典型用途之一是拖动直流电动机,也可带蓄电池负载,两种情况下负载中均会出现反电动势。20 世纪二三十年代开始的城市有轨电车,速度控制采用的是调节电机转速的传统方法。直流电动机由恒压直流电源供电,改变串在电路中的电阻值来改变电动机的端电压,从而调节电机转速。

直流电机回路串联电阻调速的电路如图 5-1 所示。

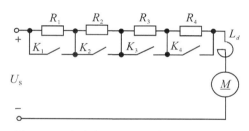

图 5-1 直流电机回路串联电阻调速电路

图 5-1 中 K_1、K_2、K_3、K_4 为机械开关。当分别闭合或断开电路中的开关时,改变了电机回路中的电阻值,也就改变了直流电动机的端电压和转速。在串联电阻调速电路中,串入电阻和负载流过相同的电流,而其两端的电压为电源电压与负载电压之差,于是在电阻上将消耗大量的功率,特别是在电机的转速较低时,电源供给的功率大部分消耗在电阻上。显然,改变电阻值调速的方法能耗大,生成的热量又会带来地铁隧道温升等问题。

用一个理想开关取代电阻就可以组成如图 5-2(a)所示直流电机斩波调速电路。图中 VD 为续流二极管,L 为平波电抗器。当 V 导通时,负载两端的电压等于电源电压;V 断开时,续流二极管导通,负载两端的电压等于零。如使开关 V 周期地快速接通和断开,则在负载两端得到一系列脉冲电压,如图 5-2(b)所示。图中 T 为开关的切换周期,T_{on} 为 V 的接通时间,t_{off} 为 V 的断开时间。脉冲列电压的幅值等于电源电压 E。只要开关切换速度足够高,即切换周期 T 比电动机的机电时间常数小得多,电机的转速就不会受到电压断续的影响,此时可以认为电机的转速由电压平均值决定。电动机的机电时间常数是表征动态响应快速性能的重要指标,是指电机空载的时候,通过在电枢外一个施加阶跃电压,其转速由零升到稳定转速的 63.2% 时所需要的时间。获得机电时间常数的方法,无非就是要获得电机在阶跃电压下空载运行时的转速-时间曲线。通常的方法有示波器法、摄影法和光电脉冲法等。

二、降压斩波电路工作原理

降压斩波电路的原理电路如图 5-2(a)所示。工作时的电压、电流波形如图 5-2(b)所示。

降压斩波电路工作原理如下:$t=0$ 时刻驱动 V 导通,电源 E 向负载供电,负载电压 $u_0=E$,负载电流 i_0 按指数曲线上升,$t=t_1$ 时刻控制 V 关断,负载电流经二极管 VD 续流,负载电压 u_0 近似为零,负载电流呈指数曲线下降。为了使负载电流连续且脉动小,通常使串接的电感 L 值较大,L 通常称之为平波电抗器。由于斩波电路输出电压平均值小于输入电压 E,所以该电路被称为降压斩波电路,也称之为 Buck 变换器。负载电动机的调速范围一般是零到额定转速,因此,一般电动机直流调速系统均采用降压斩波电路。

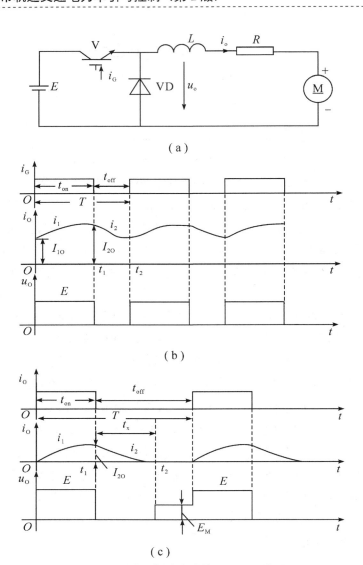

图 5-2 降压斩波电路的原理图及波形
(a)电路图 (b)电流连续时的波形 (c)电流断续时的波形

(一)数量关系

电流连续时,负载电压平均值

$$U_0 = \frac{t_{on}}{t_{on}+t_{off}}E = \frac{t_{on}}{T}E = \alpha E \tag{5-1}$$

式中:t_{on}——V 导通的时间;t_{off}——V 关断的时间;α——导通占空比。
U_0 最大为 E,减小占空比 α,U_0 随之减小,因此称为降压斩波电路。
负载电流平均值

$$I_0 = \frac{U_0 - E_M}{R} \tag{5-2}$$

电流断续时,U_0 被抬高,一般不希望出现。
下面基于"分段线性"的思想,对降压斩波电路进行分析。

(1) V 导通期间,设负载电流为 i_1,可列出如下方程:

$$L\frac{di_1}{dt} + i_1 R + E_M = E \tag{5-3}$$

设此阶段电流初值为 I_{10},$\tau = L/R$,解 (5-3) 得

$$i_1(t) = I_{10} e^{-\frac{t-t_{on}}{\tau}} + \frac{E - E_M}{R}(1 - e^{-\frac{t-t_{on}}{\tau}}) \tag{5-4}$$

(2) V 关断期间,设负载电流为 i_2,可列出如下方程:

$$L\frac{di_2}{dt} + i_2 R + E_M = 0 \tag{5-5}$$

设此阶段电流初值为 I_{20},解 (5-5) 得:

$$i_2(t) = I_{20} e^{-\frac{t}{\tau}} - \frac{E_M}{R}(1 - e^{-\frac{t}{\tau}}) \tag{5-6}$$

(3) 当电流连续时,有:

$$I_{10} = i_2(t_2) \tag{5-7}$$

$$I_{20} = i_1(t_1) \tag{5-8}$$

即 V 进入通态时的电流初值就是 V 在断态阶段结束时的电流值,反过来,V 进入断态时的电流初值就是 V 在通态阶段结束时的电流值。

当电流连续时,由 (5-7)、(5-8) 式可知电流最大值 I_{20} 和最小值 I_{20} 分别为

$$I_{10} = i_2(t_{off}) = I_{20} e^{-\frac{t_{off}}{\tau}} - \frac{E_M}{R}(1 - e^{-\frac{t_{off}}{\tau}}) \tag{5-9}$$

$$I_{20} = i_1(t_{on}) = I_{10} e^{-\frac{t_{on}}{\tau}} + \frac{E - E_M}{R}(1 - e^{-\frac{t_{on}}{\tau}}) \tag{5-10}$$

由图 5-2(b) 可知,I_{20} 和 I_{20} 分别是负载电流瞬时值的最小值和最大值。

由 (5-9) 和 (5-10) 式联解可求得:

$$I_{10} = \frac{e^{\frac{t_{on}}{\tau}} - 1}{e^{\frac{T}{\tau}} - 1} \cdot \frac{E}{R} - \frac{E_M}{R} \tag{5-11}$$

$$I_{20} = \frac{1 - e^{-\frac{t_{on}}{\tau}}}{1 - e^{-\frac{T}{\tau}}} \cdot \frac{E}{R} - \frac{E_M}{R} \tag{5-12}$$

令 $\rho = \frac{T}{\tau}$,$\alpha = \frac{t_{on}}{T}$,$m = \frac{E_M}{E}$,$t_{on}/\tau = \frac{t_{on}}{T} \cdot \frac{T}{\tau} = \alpha\rho$ 则有

$$I_{10} = \left(\frac{e^{\alpha\rho} - 1}{e^{\rho} - 1} - m\right) \cdot \frac{E}{R} \tag{5-13}$$

$$I_{20} = \left(\frac{1 - e^{-\alpha\rho}}{1 - e^{-\rho}} - m\right) \cdot \frac{E}{R} \tag{5-14}$$

由 (5-13) 和 (5-14) 式在 L 值足够大的条件下,用泰勒级数近似,可得

$$I_{10} \approx I_{20} \approx \frac{(\alpha - m)E}{R} = I_0 \tag{5-15}$$

(5-15) 表示了平波电抗器 L 为无穷大,负载电流完全平直时的负载电流平均值 I_0,

此时负载电流最大值、最小值均等于平均值。

从能量传递关系出发进行的推导,由于 L 为无穷大,故负载电流维持为 I_0 不变,电源只在 V 处于通态时提供能量,为在整个周期 T 中,负载一直在消耗能量,消耗的能量为 $RI_0^2T + E_M I_0 T$。

在一个周期中,如果忽略损耗,则电源提供的能量与负载消耗的能量相等,即

$$EI_0 t_{on} = RI_0^2 T + E_M I_0 T \qquad (5-16)$$

则

$$I_0 = \frac{\alpha E - E_M}{R} \qquad (5-17)$$

在上述情况中,均假设 L 值为无穷大,负载电流平直的情况。这种情况下,假设电源电流平均值为 I_1,则有

$$I_1 = \frac{t_{on}}{T} I_0 = \alpha I_0 \qquad (5-18)$$

其值小于等于负载电流 I_0,由式(5-18)得

$$EI_1 = \alpha E I_0 = U_0 I_0 \qquad (5-19)$$

即输出功率等于输入功率,可将降压斩波器看作直流降压变压器。

(4) 负载电流断续的情况:$I_{10} = 0$,且 $t = t_x$ 时,$i_2 = 0$,利用式(5-4)和式(5-6)可求出 t_x 为

$$t_x = \tau \ln\left[\frac{1-(1-m)e^{-\alpha\rho}}{m}\right] \qquad (5-20)$$

电流断续时,$t_x < t_{off}$,由此得出电流断续的条件为

$$m > \frac{e^{\alpha\rho}-1}{e^\rho - 1} \qquad (5-21)$$

对于电路的具体工况,可据此式判断负载电流是否连续。在负载电流断续工作情况下,负载电流降到零时,续流二极管 VD 即关断,负载两端电压等于 E_M。输出电压平均值为

$$U_o = \frac{t_{on}E + (T - t_{on} - t_x)E_M}{T} = \left[\alpha + \left(1 - \frac{t_{on}+t_x}{T}\right)m\right]E \qquad (5-22)$$

U_0 不仅和占空比 α 有关,也和反电动势 E_M 有关。

此时负载电流平均值为

$$I_0 = \frac{1}{T}\left(\int_0^{t_{on}} i_1 dt + \int_0^{t_x} i_2 dt\right) = \left(\alpha - \frac{t_{on}+t_x}{T}\right)\frac{E}{R} = \frac{U_o - E_M}{R} \qquad (5-23)$$

例 5-1 降压式斩波电路,输入电压 U_i 为 $27V \times (1 \pm 10\%)$,输出电压为 $15V$,求占空比变化范围。

解:降压斩波电路输出电压 $U_0 = \alpha U_i$,则 $\alpha = \frac{U_0}{U_I}$

$U_{imax} = 27 + 27 \times 10\% = 29.7V$,则 $\alpha_{min} = \frac{U_0}{U_{imax}} = \frac{15}{29.7} \approx 0.505$

$U_{imin} = 27 - 27 \times 10\% = 24.3V$,则 $\alpha_{max} = \frac{U_0}{U_{imin}} = \frac{15}{24.3} \approx 0.617$

(二)平波电抗器电感量的确定

不连续的电枢电流对电动机的工作不利,是应该避免的。因而必须选择适当的平波电抗器电感量 L,保证在电动机的工作范围内,电枢电流是连续的。为了确定电路平波电抗器电感量 L,我们要进行如下电路分析。当确定斩波器输出端的参数时,假定负载两端的电压没有脉动;对于图 5-2 的电路,其负载电压、电流波形如图 5-3 所示。

如忽略回路的电阻,在电压无脉动的假设条件下,这样在 V 导通时,电路的电压方程为

$$L_{LD}\frac{di_0}{dt} = E - E_M = (1-\alpha)E \qquad (5-24)$$

式中:L_{LD}——负载回路总电感;

E_M——电机电势。

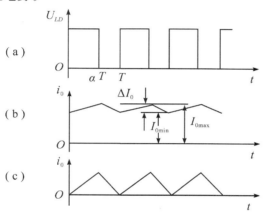

图 5-3 负载电压、电流波形

(a)负载电压波形 (b)负载电流波形 (c)负载电流临界连续时的波形

电枢电流 i_0 的脉动量 ΔI_0 为

$$\Delta I_0 = I_{0\max} - I_{0\min} = \frac{E}{L_{LD}}(1-\alpha)\alpha T \qquad (5-25)$$

从式(5-25)可知,在 E、L_{LD} 一定情况下,ΔI_0 是导通比和周期 T 的函数。

对于定频调宽的控制方式,即 $T = C_1$(C_1 是常数),则最大脉动量发生在 $\alpha = 0.5$ 的工况,此时

$$\Delta I_0 = \Delta I_{0\max} = \frac{ET}{4L_{LD}} = \frac{EC_1}{4L_{LD}} \qquad (5-26)$$

对于定宽调频的控制方式,即 $\alpha T = C_2$(C_2 是常数),则

$$\Delta I_{0\max} = \frac{EC_2}{L_{LD}}(1-\alpha_{\min}) \qquad (5-27)$$

式中:$\alpha_{\min}$——斩波器的最小导通比。

电枢电流 i_0 的电流脉动系数 K 为

$$K = \frac{0.5\Delta I_0}{I_0} = \frac{E}{2L_{LD}I_0}(1-\alpha)\alpha T \qquad (5-28)$$

如果在某一定 I_0 值要求其电流脉动系数不大于某定值 K,这时所需的回路电感值为

$$[L_{LD}]_K \geq \frac{E}{2KI_0}(1-\alpha)\alpha T \quad (5-29)$$

对于定频调宽控制方式:

$$[L_{LD}]_K \geq \frac{C_1 E}{8KI_0} \quad (5-30)$$

对于定宽调频控制方式:

$$[L_{LD}]_K \geq \frac{C_2 E}{2KI_0}(1-\alpha_{\min}) \quad (5-31)$$

在电流 i_0 连续的临界状态,$I_{0\min}=0$,如图 5-3(c)所示。在临界状态下,电枢电流平均值是连续状态中电枢平均电流的最小值,称最小连续电流,以符号 $\bar{I}_{0\min}$ 表示。由图 5-3(c)可见,在该情况下,$\Delta I_0 = 2\bar{I}_{0\min}$ 代入式(5-25)便可求得维持 i_0 续所需的回路电感之最小值 $[L_{LD}]_{\min}$ 为

$$[L_{LD}]_{\min} \geq \frac{E}{2\bar{I}_{0\min}}(1-\alpha)\alpha T \quad (5-32)$$

对于定频调宽控制方式:

$$[L_{LD}]_{\min} \geq \frac{C_1 E}{8\bar{I}_{0\min}} \quad (5-33)$$

对于定宽调频控制方式:

$$[L_{LD}]_{\min} \geq \frac{C_2 E}{2\bar{I}_{0\min}}(1-\alpha_{\min}) \quad (5-34)$$

选择回路电感 L_{LD} 应考虑两种情况:一是保证在 $I_0 > I_{0\min}$ 条件下,i_0 连续;二是保证电流脉动系数 K 满足电机工作要求。按上述两种情况算出所需的电感值,取两者中较大的一个作为电机回路中应有的电感值,而平波电抗器的电感值 L 为

$$L = L_{LD} - L_M \quad (5-35)$$

式中:L_M——电枢回路中各绕组电感的总和。

例 5-2 有一降压斩波电路,$E=120V$,负载电阻 $R=6\Omega$,开关周期性通断,通 $30\mu s$,断 $20\mu s$,忽略开关导通压降,电感 L 足够大。试求:

(1)负载电流及负载上的功率。

(2)若要求负载电流在 $4A$ 时仍能维持,则电感 L 最小应取多大?

解:依据题意,开关通断周期 $T=50\mu s$

$$占空比\ \alpha = \frac{t_{on}}{T} = \frac{30}{50} = 0.6$$

(1)负载电压的平均值 $\quad U_0 = \alpha E = 0.6 \times 120 = 72V$

负载电流的平均值 $\quad I_0 = \frac{U_0}{R} = \frac{72}{6} = 12A$

负载功率的平均值 $\quad P_0 = U_0 I_0 = 72 \times 12 = 864W$

(2)设占空比不变,当负载电流为 $4A$ 时,处于临界连续状态,则电感量 L 为

$$[L_{LD}]_{\min} \geq \frac{E}{2\bar{I}_{0\min}}(1-\alpha)\alpha T = \frac{120}{2\times 4}\times(1-0.6)\times 0.6 \times 50 = 180\mu H$$

三、斩波电路的控制方式

(一)时间比控制方式(Time Rate Control,TRC)

时间比控制时斩波器闭环控制系统框图如图 5-4 所示。

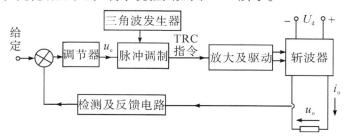

图 5-4　时间比控制时斩波器闭环控制系统框图

时间比控制是改变斩波电路输出电压的一种方法。由式(5-1)可知,斩波电路的输出电压是斩波器导通时间 t_{on} 和斩波周期 T 的函数。改变导通时间 t_{on} 或改变斩波周期 T 都可改变输出电压。改变 t_{on}/T 之比有如下三种方式。可以分为定频调宽、定宽调频和调频调宽三种类型,并且定频调宽是这三种控制方式中应用最为广泛的一种。

1. 定频调宽控制(脉冲宽度调制)

定频调宽控制法是保持斩波周期 T 不变,只改变斩波器的导通时间 t_{on},如图 5-5 所示。图中 T = 常数,t_{on} = 变数;t_{on} 越宽,平均输出电压值 U_0 越大。这种控制方式的特点为斩波器的基本频率固定,比较容易滤除高次谐波。

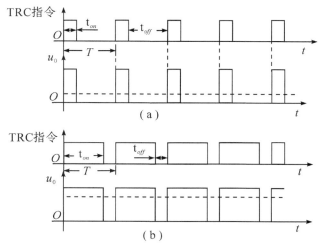

图 5-5　定频调宽的时间比控制

2. 定宽调频控制(脉冲频率调制)

定宽调频控制法是保持斩波周期 t_{on} 不变,只改变斩波器的斩波周期 T,如图 5-6 所示。图中 t_{on} = 常数,T = 变数;T 越宽,平均输出电压值 U_0 越小。如图 5-6 所示,$t_{off1} > t_{off2}$,则

(a)图输出的平均电压比(b)图输出的平均电压要小。这种控制方式的特点为斩波回路和控制电路简单,但是由于斩波频率是变化的,消除开关谐波的滤波电路较难设计。

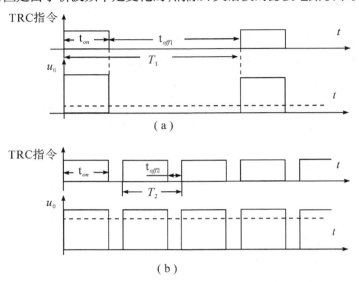

图 5-6 定宽调频的时间比控制

3. 调频调宽混合控制

调频调宽混合控制法是不但改变斩波器的工作频率,而且也改变斩波器的导通时间,如图 5-7 所示。这种控制方法的特点为可以较大幅度地改变输出电压平均值,但也存在着由于频率变化所引起的设计滤波器的困难。

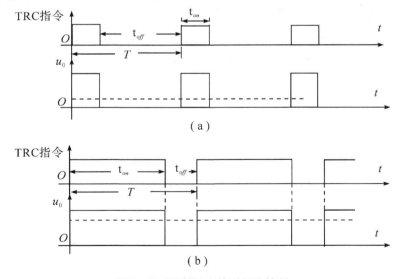

图 5-7 调频调宽的时间比控制

(二)瞬时值控制和平均值控制

采用直流斩波电路进行调速的车辆在加速时,为使其加速度恒定,需要进行恒流控制。恒流控制有瞬时值控制和平均值控制两种方式。

1. 瞬时值控制

将电动机电流的瞬时值与预先给定的主电机电流上限值和下限值比较,在电流达到上限值或下限值时即关断或开通斩波器,称为电流瞬时值控制。其原理图如图 5-8 所示。这种直接控制电流脉冲值的方式,应用于电气车辆,可以做到不管车辆速度如何,脉动率始终保持恒定,并且控制系统本身具有瞬时响应特性。但因为电流的脉动幅度 $\Delta I_M = I_{max} - I_{min}$ 固定,斩波器工作频率将随导通比 α 的变化发生大幅度的变化。

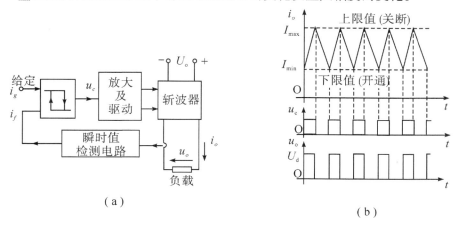

图 5-8 瞬时值控制方式原理图

(a)方框图　(b)波形图

2. 平均值控制

用检测出的电流平均值与给定值比较,根据其差值控制斩波器的开通与关断,称为平均值控制。这种方式的原理图如图 5-9 所示,电路中设置了给定斩波器工作频率的振荡器和控制导通比的移相器,根据电流给定值和负载电流平均值的偏差,控制移相器的输出。这种方式与瞬时值控制相比,响应速度稍差,但工作频率是稳定的。考虑到电动机的机电时间常数比切换周期 T 大得多,直流牵引轨道交通车辆较多采用这种平均值控制方式。

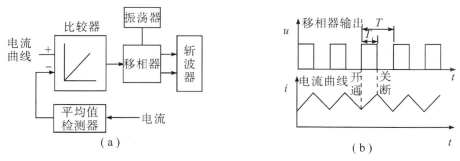

图 5-9 平均值控制原理图

(a)方框图　(b)波形图

第二节 升压斩波电路

一、升压斩波电路的基本原理

升压斩波的原理电路如图 5 – 10（a）所示。斩波电路工作时的电流波形如图 5 – 10（b）所示。假设 L 值很大，C 值也很大，当 V 导通时，电源电压 E 加于电感 L 上，充电电流恒为 I_1 电感储能。与此同时电容 C 向负载供电，因 C 值很大，输出电压 u_o 为恒值，记为 U_0。

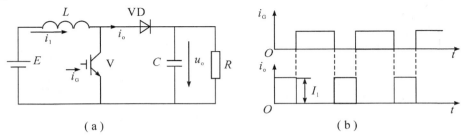

图 5 – 10 升压斩波电路及其工作波形
（a）电路图 （b）波形

设 V 导通的时间为 t_{on}，此阶段 L 上积蓄的能量为 $EI_1 t_{on}$，而隔离二极管 VD 因受电容 C 施加的反向电压而关断。当 V 关断时，电感 L 中的电流维持原来的流通方向不变，其自感电势改变极性并和电源电压叠加，强制电流进入负载并给电容 C 充电。这样斩波器导通时储存在电感器中的电能便释放到负载 R 和电容 C 上。设 V 关断的时间为 t_{off}，则此期间电感 L 释放能量为 $(U_0 - E)I_1 t_{off}$。稳态时，一个周期 T 中 L 积蓄能量与释放能量相等。

$$EI_1 t_{on} = (U_0 - E)I_1 t_{off} \tag{5-36}$$

化简得

$$U_0 = \frac{t_{on} + t_{off}}{t_{off}} E = \frac{T}{t_{off}} E \tag{5-37}$$

$T/t_{off} > 1$，输出电压高于电源电压，故该电路被称为升压斩波电路，也被称为 Boost 变换器。T/t_{off}——升压比，调节其大小即可改变 U_0 大小，调节方法与前面介绍的改变导通比 α 的方法类似。将升压比的倒数记作 β，即 $\beta = t_{off}/T$。

β 和导通占空比 α 有如下关系：

$$\alpha + \beta = 1 \tag{5-38}$$

因此，式(5-37)可表示为

$$U_0 = \frac{1}{\beta} E = \frac{1}{1-\alpha} E \tag{5-39}$$

升压斩波电路能使输出电压高于电源电压的原因：一是 L 储能之后具有使电压上升的作用；二是电容 C 可将输出电压保持住。

在以上分析中,认为 V 通态期间因电容 C 的作用使得输出电压 U_0 不变,但实际 C 值不可能无穷大,在此阶段其向负载放电,U_0 必然会有所下降,故实际输出电压会略低,如果忽略电路中的损耗,则由电源提供的能量仅由负载 R 消耗,即

$$EI_1 = U_0 I_0 \tag{5-40}$$

式(5-40)表明,与降压斩波电路一样,升压斩波电路也可看成是直流变压器。根据电路结构并结合式(5-39)得出输出电流的平均值 I_0 为

$$I_0 = \frac{U_0}{R} = \frac{1}{\beta} \cdot \frac{E}{R} \tag{5-41}$$

由式(5-40)和(5-41)即可得出电源电流 I_1 为

$$I_1 = \frac{U_0 I_0}{E} = \frac{1}{\beta^2} \cdot \frac{E}{R} \tag{5-42}$$

例 5-3 升压式斩波电路,输入电压为 $27\text{V} \times (1 \pm 10\%)$,输出电压为 45V,输出功率为 750W,效率为 95%,若等效电阻为 $R = 0.05\Omega$。

(1) 求最大占空比;

(2) 如果要求输出 60V,是否可能?为什么?

解:输入电流的平均值为 $I_i = \dfrac{P_0}{\eta U_i}$

设 I_i 为理想的常值,则 $U_0 = \dfrac{U_i - RI_i}{1-\alpha}$

$$\alpha = 1 - \frac{U_i - RI_i}{U_0} = 1 - \frac{U_i - R\dfrac{P_0}{\eta U_i}}{U_0} = \frac{U_0 - U_i + R\dfrac{P_0}{\eta U_i}}{U_0}$$

(1) 当 U_i 取最小值时,α 为最大值

$$U_{i\min} = 27 - 27 \times 10\% = 24.3\text{V}$$

$$\alpha_{\max} = \frac{45 - 24.3 + 0.05 \times \dfrac{750}{0.95 \times 24.3}}{45} \approx 0.5$$

(2) 如果要求输出电压 60V,此时占空比为

$$\alpha_{\max} = \frac{60 - 24.3 + 0.05 \times \dfrac{750}{0.95 \times 24.3}}{60} \approx 0.62$$

理论上说明此电路是可以输出 60V 电压的。

二、升压斩波电路的典型应用

升压斩波电路的典型应用主要体现在以下三个方面:一是用于直流电动机传动;二是用作单相功率因数校正(PFC)电路;三是用于其他交直流电源中。这里主要介绍用于直流电动机回馈能量的升压斩波电路。

用于直流电动机传动时，通常是用于直流电动机再生制动时把电能回馈给直流电源，实际电路中电感 L 值不可能为无穷大，因此该电路和降压斩波电路一样，也有电动机电枢电流连续和断续两种工作状态。此时电机的反电动势相当于图 5-2 电路中的电源，而此时的直流电源相当于图 5-2 中电路中的负载。由于直流电源的电压基本是恒定的，因此不必并联电容器。

用于直流电动机回馈能量的升压斩波电路及其波形如图 5-11 所示。

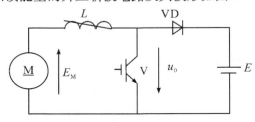

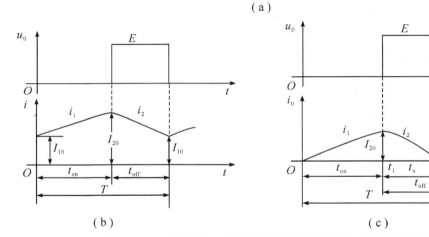

图 5-11 用于直流电动机回馈能量的升压斩波电路及其波形
(a) 电路图 (b) 电流连续时 (c) 电流断续时

下面就该电路做如下分析：

(1) V 处于通态时，设电动机电枢电流为 i_1，得下式

$$L\frac{di_1}{dt} + Ri_1 = E_M \tag{5-43}$$

式中 R 为电机电枢回路电阻与线路电阻之和。电路时间常数 $\tau = \dfrac{L}{R}$。

设 i_1 的初值为 I_{10}，解上式 (5-43) 得

$$i_1 = I_{10}e^{-\frac{t}{\tau}} + \frac{E_M}{R}(1 - e^{-\frac{t}{\tau}}) \tag{5-44}$$

(2) 当 V 处于断态时，设电动机电枢电流为 i_2，得下式

$$L\frac{di_2}{dt} + Ri_2 = E_M - E \tag{5-45}$$

设 i_2 的初值为 I_{20}，解式 (5-45) 得

$$i_2 = I_{20}e^{-\frac{t}{\tau}} - \frac{E-E_M}{R}(1-e^{-\frac{t}{\tau}}) \qquad (5-46)$$

(3) 当电流连续时,从图 5-11(b)的电流波形可看出,$t=t_{on}$ 时刻 $i_1=I_{20}$,$t=t_{off}$ 时刻 $i_2=I_{10}$,由此可得

$$I_{20} = I_{10}e^{-\frac{t_{on}}{\tau}} + \frac{E_M}{R}(1-e^{-\frac{t_{on}}{\tau}}) \qquad (5-47)$$

$$I_{10} = I_{20}e^{-\frac{t_{off}}{\tau}} - \frac{E-E_M}{R}(1-e^{-\frac{t_{off}}{\tau}}) \qquad (5-48)$$

由以上两式(5-47)和(5-48)求得

$$I_{10} = \frac{E_M}{R} - \left(\frac{1-e^{-\frac{t_{off}}{\tau}}}{1-e^{-\frac{T}{\tau}}}\right)\frac{E}{R} \qquad (5-49)$$

$$I_{20} = \frac{E_M}{R} - \left(\frac{e^{-\frac{t_{on}}{\tau}}-e^{-\frac{T}{\tau}}}{1-e^{-\frac{T}{\tau}}}\right)\frac{E}{R} \qquad (5-50)$$

设 $m = \frac{E_M}{E}, \beta = \frac{t_{off}}{T}, \alpha = \frac{t_{on}}{T}, \rho = \frac{T}{\tau}$,则有:

$$I_{10} = \left(m - \frac{1-e^{-\beta\rho}}{1-e^{-\rho}}\right)\frac{E}{R} \qquad (5-51)$$

$$I_{20} = \left(m - \frac{e^{-\alpha\rho}-e^{-\rho}}{1-e^{-\rho}}\right)\frac{E}{R} \qquad (5-52)$$

与降压斩波电路一样,把上面两式用泰勒级数线性近似,得

$$I_{10} \approx I_{20} \approx (m-\beta)\frac{E}{R} \qquad (5-53)$$

该式表示了 L 为无穷大时电枢电流的平均值 I_0,即

$$I_0 = \frac{m-\beta}{R} \cdot E = \frac{E_M - \beta E}{R} \qquad (5-54)$$

该式表明,以电动机一侧为基准看,可将直流电源看作是被降低了 βE。

(4) 当电枢电流断续时的波形如图 5-11(c)所示。

当 $t=0$ 时刻 $i_1=I_{10}=0$,令式(5-47)中 $I_{10}=0$ 即可求出 I_{20},进而可写出 i_2 的表达式。另外,当 $t=t_2$ 时,$i_2=0$,可求得 i_2 持续的时间 t_x,即

$$t_x = \tau \ln \frac{1-me^{-\frac{t_{on}}{\tau}}}{1-m} \qquad (5-55)$$

当 $t_x < t_{off}$ 时,电路为电流断续工作状态,$t_x < t_{off}$ 是电流断续的条件,即

$$m < \frac{1-e^{-\beta\rho}}{1-e^{-\rho}} \qquad (5-56)$$

根据此式可对电路的工作状态做判断。

第三节 升降压斩波电路和 Cuk 斩波电路

一、升降压斩波电路

升降压斩波的原理电路如图 5-12(a)所示。升降斩波电路工作时的电流波形如图 5-12(b)所示。

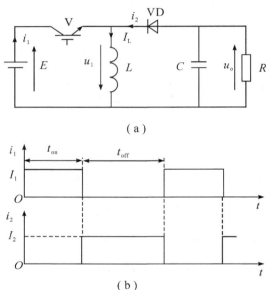

图 5-12 Buck-Boost 电路及其波形
(a)电路图 (b)波形

设 L 值很大，C 值也很大，使电感电流 i_L 电压即负载电压 u_0 基本为恒值。

升降压斩波电路基本工作原理如下。V 通时，电源 E 经 V 向 L 供电使其储能，此时电流为 i_1。同时，C 维持输出电压恒定并向负载 R 供电。V 断时，L 的能量向负载释放，电流为 i_2。负载电压极性为上负下正，与电源电压极性相反，因此该电路也被称作反极性斩波电路。稳态时，一个周期 T 内电感 L 两端电压 u_L 对时间的积分为零，即

$$\int_0^T u_L dt = 0 \qquad (5-57)$$

当 V 处于通态期间，$u_L = E$；而当 V 处于断态期间，$u_L = -u_0$。于是

$$Et_{on} = U_0 t_{off} \qquad (5-58)$$

所以输出电压为

$$U_0 = \frac{t_{on}}{t_{off}}E = \frac{t_{on}}{T-t_{on}}E = \frac{\alpha}{1-\alpha}E \qquad (5-59)$$

由此可见，改变导通比 α，输出电压既可以比电源电压高，也可以比电源电压低。当

$0<\alpha<0.5$ 时为降压,当 $0.5<\alpha<1$ 时为升压,因此将该电路称作升降压斩波电路。也有文献直接按英文称之为 Buck-Boost 变换器(Buck-Boost Converter)

图 5-12(b)中给出了电源电流 i_1 和负载电流 i_2 的波形,设两者的平均值分别为 I_1 和 I_2,当电流脉动足够小时,有

$$\frac{I_1}{I_2}=\frac{t_{on}}{t_{off}} \qquad (5-60)$$

由式(5-60)可得

$$I_2=\frac{t_{off}}{t_{on}}I_1=\frac{1-\alpha}{\alpha}I_1 \qquad (5-61)$$

如果 V、VD 为没有损耗的理想开关时,则

$$EI_1=U_0I_2 \qquad (5-62)$$

其输出功率和输入功率相等,可看作直流变压器。

二、升降压斩波电路的典型应用

基于城市轨道交通系统频繁的制动,列车制动能量的电力再生特别值得关注。城市轨道交通车辆制动车载储能系统已经成为目前国内外的研究热点之一。随着储能设备的不断发展,特别是超级电容器的出现,使得车载储能系统应用于城市轨道车辆成为可能。超级电容器因具有功率密度大、低内阻、迅速充放电和循环寿命长等特点,在制动能量回收的器件选型中备受青睐。

城市轨道交通车辆制动车载储能系统由双向 DC-DC 变换器和超级电容器阵列两部分组成。储能变流装置在其控制系统控制之下工作于三种状态:充电状态(储能再生制动)、放电状态(储能电容器释放电能)及保持状态(电阻制动),为满足这一要求,储能制动变流装置的主电路拓扑如图 5-13 所示。

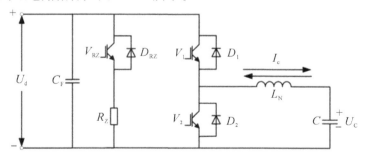

图 5-13 城市轨道交通车辆制动车载储能系统的原理图

当城市轨道车辆牵引和制动时,超级电容可以释放和吸收系统能量。该系统中储能制动变流装置的高压端直接并联在牵引逆变器的支撑电容 C_F 上,C_F 兼作储能制动变流装置的高压输出电容。超级电容作为储能变流装置的核心部件,主要是依靠电容极板将能量以电能的形式来储存,直接向直流电网进行能量的释放和吸收,无需转换能量的形式,从而使得该装置可以快速的与直流电网进行能量的交换,具有很高的效率。储能变

流装置的优点是高能量密度、负载循环使用周期长,具体表现为可以减少直流母线中的能量损耗。储能变流装置不仅能够降低地面制动电阻的额定功率以及散热的额定容量,同时可以很大程度的改善电机地起动性能。

(一)充电状态

牵引电机处于制动工况时,系统将电机的机械能转变为电能。此时若中间直流环节的电压 U_d 高于其允许值,且超级电容器电压 U_c 低于其最高允许电压值,则储能变流装置向超级电容 C 充电;在储能变流装置控制系统控制下,图 5-13 中 V_2、V_{RZ} 均关闭,用 PWM 方式控制开关管 V_1,此时双向 DC-DC 变换器工作在 Buck 电路状态,即降压斩波器,则系统通过 V_1、L_N、C、D_2 组成的降压电路为超级电容器 C 充电,将电气制动产生的电能存储于超级电容器中,实现了储能制动。双向 DC-DC 变换器的 Buck 电路如图 5-14 所示。

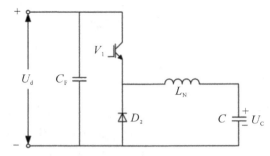

图 5-14 双向 DC-DC 变换器的 Buck 电路

(二)保持状态

牵引电机处于制动工况时,若在充电过程中,超级电容器电压 U_c 高于其最高允许电压且中间直流环节的电压 U_d 高于其允许值,则系统在储能变流装置控制系统的控制之下转入保持状态(电阻制动工况)。电阻制动的电路拓扑结构如图 5-15 所示。

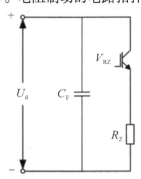

图 5-15 双向 DC-DC 变换器工作在保持状态的电路

在储能变流装置控制系统控制下,用 PWM 方式控制开关管 V_{RZ},此时变换器工作在 Buck 电路状态,则电气制动过程中产生的电能消耗于制动电阻 R_Z 上,实现电阻制动。

(三)放电状态

牵引电机处于牵引工况时,若超级电容器电压 U_c 高于超级电容器工作电压下限,储能变流装置将超级电容 C 与牵引逆变器的支撑电容 C_F 并联为牵引逆变器供电,从而使得再生制动的能量被再次利用,直至超级电容器电压低于超级电容器工作电压下限。

储能变流装置的在放电状态下的电路拓扑如图 5-16 所示。

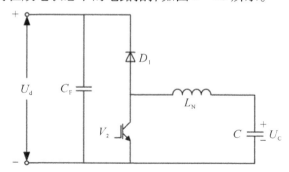

图 5-16 双向 DC-DC 变换器的 Boost 电路

在储能变流装置控制系统的控制下,用 PWM 式控制开关管 V_2,此时双向 DC-DC 变换器工作在 Boost 电路状态,则超级电容器中储存的电能经由 D_1、L_N、C、V_2 构成的升压电路向直流环节释放电能,储能变流装置工作在放电状态。

三、Cuk 斩波电路

Cuk 斩波电路的原理电路如图 5-17(a)所示。其等效电路如图 5-17(b)所示。

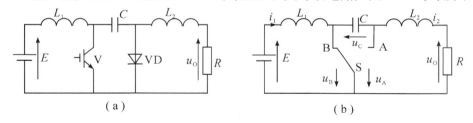

图 5-17 Cuk 斩波电路及其等效电路
(a)电路图 (b)等效电路

Cuk 斩波电路的基本工作原理如下。

(1)V 处于导通状态时,二极管 VD 截止。Cuk 电路可以分为两个回路:电源 E 和电感 L_1 经过 V 构成回路;负载 R、电感 L_2、电容 C 经过 V 构成回路,分别流过电流。假设 E 不变,电容 C 足够大,则这期间流过电感 L_1 和 L_2 的电流均上升。

(2)V 处于关断状态时,二极管 VD 导通。Cuk 电路又可以分为两个回路:电源 E、电感 L_1、电容 C 经过二极管 VD 构成回路;负载 R 和电感 L_2 经过 VD 构成回路,分别流过电流。则这期间流过电感 L_1 和 L_2 的电流均下降。

输出电压的极性与电源电压极性相反,等效电路如图 5-17(b)所示,相当于开关 S 在 A、B 两点之间交替切换。

稳态时电容 C 的电流在一周期内的平均值应为零,也就是其对时间的积分为零,即

$$\int_0^T i_C dt = 0 \tag{5-63}$$

在图 5-17(b)的等效电路中，开关 S 合向 B 点时间，即 V 处于通态的时间 t_{on}，则电容电流和时间的乘积为 $I_2 t_{on}$。开关 S 合向 A 点的时间为 V 处于断态的时间 t_{off}，则电容电流和时间的乘积为 $I_1 t_{off}$。由此可得

$$I_2 t_{on} = I_1 t_{off} \tag{5-64}$$

从而可得

$$\frac{I_2}{I_1} = \frac{t_{off}}{t_{on}} = \frac{T - t_{on}}{t_{on}} = \frac{1-\alpha}{\alpha} \tag{5-65}$$

当电容 C 很大使电容电压 u_C 的脉动足够小时，输出电压 U_0 与输入电压 E 的关系可用以下方法求出。当开关 S 合到 B 点时，B 点电压 $u_B = 0$，A 点电压 $u_A = -u_C$；相反，当 S 合到 A 点时，$u_B = u_C$，$u_A = 0$。因此，B 点电压 u_B 的平均值为

$$U_B = \frac{t_{off}}{T} U_c \quad (U_c \text{ 为电容电压 } u_C \text{ 的平均值}) \tag{5-66}$$

又因电感 L_1 的电压平均值为零，所以

$$E = U_B = \frac{t_{off}}{T} U_c \tag{5-67}$$

另一方面，A 点的电压平均值为 $U_A = -\frac{t_{on}}{T} U_c$，且 L_2 的电压平均值为零，按图 5-17(b) 中输出电压 U_0 的极性，有 $U_0 = \frac{t_{on}}{T} U_C$。于是可得出输出电压 U_0 与电源电压 E 的关系：

$$U_0 = \frac{t_{on}}{t_{off}} E = \frac{t_{on}}{T - t_{on}} E = \frac{\alpha}{1-\alpha} E \tag{5-68}$$

这一输入输出关系与升降压斩波电路时的情况相同。

Cuk 斩波电路的优点（与升降压斩波电路相比）是输入电源电流和输出负载电流都是连续的，且脉动很小，有利于对输入、输出进行滤波。

第四节　Sepic 斩波电路和 Zeta 斩波电路

一、Sepic 斩波电路

图 5-18(a)给出了 Sepic 斩波电路的原理图。

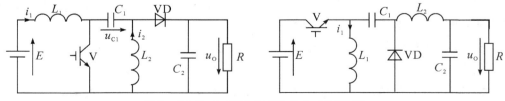

图 5-18 Sepic 斩波电路和 Zeta 斩波电路
(a)Sepic 斩波电路　(b)Zeta 斩波电路

Sepic 斩波电路的基本工作原理如下。

(1) V 处于导通状态时，Sepic 电路可以分为两个回路：电源 E 和电感 L_1 经过 V 构成回路；电容 C_1 经过 V 和电感 L_2 构成回路，分别流过电流。

(2) V 处于关断状态时，Sepic 电路又可以分为两个回路：电源 E、电感 L_1、电容 C_1 经过二极管 VD 和负载 (C_2 和 R) 构成回路；电感 L_2 经过 VD 和负载 R 构成回路，分别流过电流。此阶段 E 和 L_1 既向负载供电，同时也向 C_1 充电，C_1 储存的能量在 V 处于通态时向 L_2 转移。

Sepic 斩波电路的输入输出关系由下式给出：

$$U_0 = \frac{t_{on}}{t_{off}}E = \frac{t_{on}}{T-t_{on}}E = \frac{\alpha}{1-\alpha}E \qquad (5-69)$$

三、Zeta 斩波电路

图 5-18(b) 给出了 Zeta 斩波电路的原理图。

Zeta 斩波电路也称双 Sepic 斩波电路，Zeta 斩波电路基本工作原理是在 V 处于通态期间，电源 E 经开关 V 向电感 L_1 储能。待 V 关断后，L_1 经 VD 与 C_1 构成振荡回路，其储存的能量转移至 C_1，至振荡回路电流过零，L_1 上的能量全部转移至 C_1 上之后，VD 关断，C_1 经 L_1 向负载供电。Zeta 斩波电路的输入输出关系为：

$$U_0 = \frac{\alpha}{1-\alpha}E \qquad (5-70)$$

两种电路相比，具有相同的输入输出关系。Sepic 电路中，电源电流和负载电流均连续，有利于输入、输出滤波，反之，Zeta 电路的输入、输出电流均是断续的。

另外，与前一小节所述的两种电路相比，这里的两种电路输出电压为正极性的，且输入输出关系相同。

第五节 复合斩波电路和多相多重斩波电路

复合斩波电路——降压斩波电路和升压斩波电路的组合构成。
多相多重斩波电路——相同结构的基本斩波电路组合构成。

一、电流可逆斩波电路

电流可逆斩波电路及其波形如图 5-19 所示。

斩波电路用于拖动直流电动机时，常要使电动机既可电动运行，又可再生制动，将能量反馈。降压斩波电路拖动直流电动机时，电动机工作于第一象限；升压斩波电路中，电动机则工作于第二象限。电流可逆斩波电路是降压斩波电路与升压斩波电路的组合，电动机的电枢电流可正可负,但电压只能是一种极性,故其可工作于第一象限和第二象限。V_1 和 VD_1 构成降压斩波电路,由电源向直流电动机供电,电动机为电动运行,通过控制 V_1 的导通比可以控制电机的转速,工作于第一象限;V_2 和 VD_2 构成升压斩波电路,把直流电动机的动能转变为电能反馈到电源,使电动机作再生制动运行,通过控制 V_2 的导通比可以调节电机的制动功率,工作于第二象限。无论哪种工况运行,负载回路的端电压的波形总是处于时间轴的上方,也就是说 E_M 的方向总是正的。而电枢电流 i_0 的方向可正可负,这取决于 αE 和 E_M 值比较的结果。如果 $\alpha E > E_M$,则电枢电流 i_0 的方向为正,如果 $\alpha E < E_M$,则电枢电流 i_0 的方向为负。

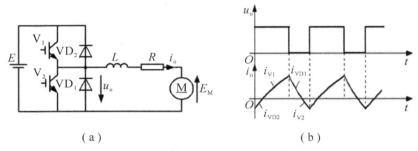

图 5-19 电流可逆斩波电路及其波形

(a)原理电路 (b)波形

必须防止 V_1 和 V_2 同时导通而导致的电源短路:只作降压斩波器运行时,V_2 和 VD_2 总处于断态;只作升压斩波器运行时,则 V_1 和 VD_1 总处于断态;一个周期内交替地作为降压斩波电路和升压斩波电路工作。

当降压斩波电路或升压斩波电路的电流断续而为零时,使另一个斩波电路工作,让电流反方向流过,这样电动机电枢回路总有电流流过。在一个周期内,电枢电流沿正、负两个方向流通,电流不断,所以响应很快。

二、桥式可逆斩波电路

电流可逆斩波电路:电枢电流可逆,两象限运行,但电压极性是单向的。当需要电动机进行正、反转以及可电动又可制动的场合,须将两个电流可逆斩波电路组合起来,分别向电动机提供正向和反向电压,成为桥式可逆斩波电路。桥式可逆斩波电路的原理图如图 5-20(a)所示。

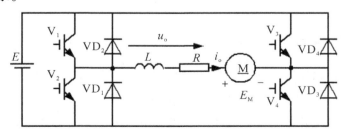

图 5-20(a) 桥式可逆斩波电路原理图

(一)斩波器的工作模态

1. 工作模态1,斩波器工作于第一象限

使 V_4 保持导通时,V_3 一直处于关断,等效为电流可逆斩波电路,向电动机提供正电压,通过控制 V_1 和 V_2 可使电动机工作于第一象限,即正转电动状态。当斩波器工作在第一象限时,始终处 V_4 于导通状态,V_3 于关断状态。V_1 导通,V_2 关断。电动机工作于第一象限作正转电动运行,同时给电感 L 充电,电路作为降压斩波器运行。V_1 关断时,电流不能突变,导致 VD_1 导通,电感向电动机供电。

2. 工作模态2,斩波器工作于第二象限

使 V_4 保持导通时,V_3 一直处于关断,等效为电流可逆斩波电路,向电动机提供正电压,通过控制 V_1 和 V_2 可使电动机工作于第二象限,即正转再生制动状态。当斩波器工作在第二象限时,始终处 V_4 于导通状态,V_3 于关断状态。V_2 导通,V_1 关断。电机工作于第二象限正转再生制动运行。转速方向不变,电流改变方向,同时给电感 L 充电,电路作为升压斩波器运行。V_2 关断时,电流不能突变,导致 VD_2 导通,E_M 与 U_L 叠加向直流电源反馈能量。

3. 工作模态3,斩波器工作于第三象限

使 V_2 保持导通时,V_1 一直处于关断,V_3、VD_3 和 V_4、VD_4 等效为又一组(电压反向)电流可逆斩波电路,向电动机提供负电压,可使电动机工作于第三象限,即反转电动状态;斩波器工作在第三象限,始终处 V_2 于导通状态,V_1 于关断状态。V_3 导通,V_4 关断,电动机工作于第三象限作反转电动运行,同时给电感 L 充电,电路作为降压斩波器运行。工作原理与第一象限运行时完全相同。

4. 工作模态4,斩波器工作于第四象限

使 V_2 保持导通时,V_1 一直处于关断,V_3、VD_3 和 V_4、VD_4 等效为又一组(电压反向)电流可逆斩波电路,向电动机提供负电压,可使电动机工作于第四象限,即反转再生制动状态;V_3 关断时,电流不能突变,导致 VD_3 导通,电感向电动机供电。斩波器工作在第四象限,电机作为反转再生制动时,电流反向,V_4 导通 E_M 首先向电感 L 充电。当 V_4 关断时,又因为电感电流不能突变,导致 VD_4 导通,E_M 与 U_L 叠加向直流电源反馈能量。工作原理和第二象限完全相同。

(二)桥式斩波电路的划分

桥式斩波电路又有双极性、单极性和受限单极性之分。

1. 双极性工作方式

四个开关器件 V_1 与 V_4,V_2 与 V_3 同时导通和关断,且工作于互补状态,即 V_1 与 V_4 导通时,V_2 与 V_3 关断,反之亦然。控制开关器件的通断时间可以调节输出电压的大小,当 V_1 与 V_4 导通时间大于 V_2 与 V_3 的导通时间,输出电压的平均值为正,V_2 与 V_3 的导通时间大于 V_1 与 V_4 导通时间时,则输出电压的平均值为负,所以可用于直流电动机的可逆运行。

桥式可逆斩波电路中的四个开关器件的驱动一般都采用 PWM 方式,由调制波与直流信号比较产生驱动脉冲,由于调制波频率较高(通常在几千赫兹以上),所以斩波电路的输出电流一般是连续的。用于直流电动机调速时电枢回路不用串联电抗器,但是 4 个开关器件都工作于 PWM 方式开关损耗较大。由于输出波形中电压有正有负,故称双极性,如图 5-20(b)所示。

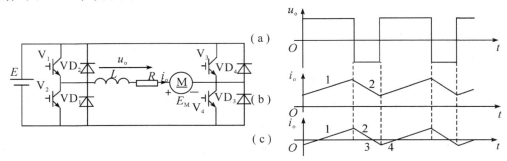

图 5-20(b)　桥式可逆斩波电路的双极性工作方式

2. 单极性工作方式

单极性工作方式四个开关器件中 V_1 和 V_2 工作于互补的 PWM 方式,而 V_3 和 V_4 则根据电动机的转向采取不同的驱动信号,电动机正转时,V_3 和 V_1 关断,V_4 导通;电动机反转时,V_4 关断,V_3 导通。由于减少了 V_3 和 V_4 的开关次数,开关损耗减少,这是单极式工作方式的优点。

V_1 与 V_2 不断调制,V_3 与 V_4 全通或全断;V_1 与 V_2 通断互补,V_3 与 V_4 通断互补。输出电压波形中电压只有正或只有负,故称单极性,如图 5-20(c)所示。

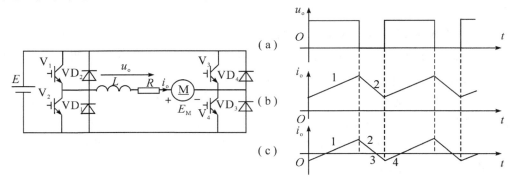

图 5-20(c)　桥式可逆斩波电路的单极性工作方式

3. 受限单极性工作方式

在单极性工作的基础上,为了进一步减少开关损耗和桥臂直通的可能性,在电动机要求正转时,只有 V_1 工作于 PWM 方式,V_4 始终处于导通状态,而 V_3 与 V_2 全断;而在电动机要求反转时,只有 V_2 工作于 PWM 方式,V_3 始终处于导通状态,而 V_1 与 V_4 全断。也就是在工作过程中,V_1 不断调制,V_4 全通,V_3 与 V_2 全断;V_2 不断调制,V_3 全通,V_1 与 V_4 全断。输出电压波形中电压只有正或只有负,且轻载时电流也断续,故称受限单极性,在这种工作方式下,当电动机电流较小时会出现电流断续的现象。如图 5-20(d)所示。

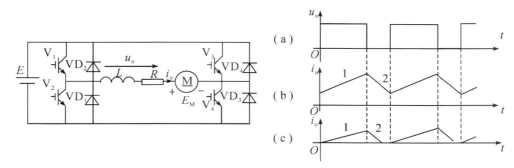

图 5-20(d) 桥式可逆斩波电路的受限单极性工作方式

(三)桥式可逆斩波电路的控制

1. 桥式可逆斩波电路的控制方式

桥式可逆斩波电路从控制方式上区分有双极性调制、单极性调制和受限单极性调制三种方式。双极性调制开关损耗较大,受限单极性调制当电动机电流较小的时候会出现电流断续现象,而单极性调制方式开关损耗少,而且很少出现电流断流现象。对于单极性调制方式,4 个开关器件中 V_1 和 V_2 工作于互补的 PWM 方式,而于导通状态,V_3 和 V_4 则根据电动机的转向采取不同的驱动信号,电动机正转时 V_4 导通,V_3 关断;电动机反转时 V_3 导通,V_4 关断。由于减少了 V_3 和 V_4 的开关次数,开关损耗减少,这是单极性调制方式的优势所在。

2. 桥式可逆斩波电路的微机控制

基于桥式可逆斩波电路的基本原理,用微机来实现脉冲宽度调制通常有两种方法:软件方案和硬件方案,选择的硬件方案如图 5-21 所示。

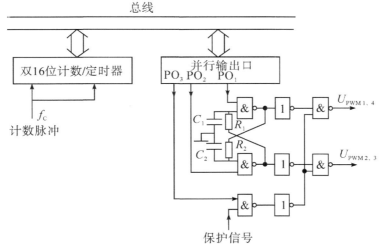

图 5-21 脉冲宽度调制原理图

其中计数/定时器及并行输出位可以由微机的附加外围接口芯片提供,也可以由单片机内部提供。两个计数/定时器分别对开关周期 T 和正脉冲宽度 t_{on} 定时,由并行输出位 PO_1、PO_2 按逻辑非的关系成对输出理想条件的 PWM 基极驱动信号,以高电平为有效。桥式可逆斩波电路同一桥臂的两个主管要保证不能同时导通,否则会造成短路。因此必

须在 V_1、V_3 开通和 V_2、V_4 开通之间设置死区。

硬件电路中 RS 触发器的输出存在 0 态延时,用于实现开关切换期的延时死区,由此得到防止"共态直通"的基极驱动信号。改变 R_1、R_2、C_1、C_2 的大小可以比较方便地改变延时死区时间 t_0。同时在此期间电磁电流通过 VD_1、VD_3 或 VD_2、VD_4 续流,向电源反馈能量。此外,该触发器还具有对两组基极驱动信号实现互锁的功能。微机通过输出位 PO_3 发出的输出信号,用来控制基极驱动信号的封锁或开放,微机上电复位后,PO_3 应为封锁态输出。

图中的保护信号来自系统的过电压、欠电压、过电流、过热(电动机过热、功率转换装置过热)等监测电路。当其中任何一种现象发生时,此时保护信号应为低电平,直接将功率级截止,强制系统停止运行。相应地,在截止功率级的同时,应切断系统输入电源。

3. 控制算法

根据公式 $u_0 = \dfrac{1}{T}\int_0^T u_0 dt = (2\alpha - 1)E$(其中 u_0 为电动机的端电压),可知当 $\alpha = 0.5$ 时,电动机的端电压为 0,电动机停止不动;当 α 由 0.5 逐渐增加到 1 时,电动机的端电压由 0 逐渐增加到 E,电动机正转调速,而当 α 由 0.5 逐渐减低到 0 时,电动机的端电压由 0 逐渐变化到 $-E$,电动机反转调速。

微机控制系统应根据速度给定的要求完成上述正反转调速控制,在实现这种速度控制时,α 值是按怎样的规律"逐渐"变化呢?这就需要一种控制算法。为使调速系统获得满意的静态指标与动态指标,在计算机控制系统中,运用现代控制理论已提出了各种各样的控制算法,如变结构控制策略、离散滑模控制策略等,并得到了优良的控制性能。这里我们仍沿用比较实用的 PI 控制算法,这种方法是将系统的离散部分看成是连续的,按连续系统的理论设计校正环节,然后将其离散化。

系统采用转速外环、电流内环的双闭环控制方案。由于转速 PI 调节与电流 PI 调节算法基本一样,下面仅以电流 PI 调节为例介绍以单片机实现 PI 调节的算法和步骤。

设 PI 调节器的输出量为 i_{out},输入量为 i_{in},调节器的比例系数为 k_p,积分时间常数为 T_i,则电流 PI 调节的积分方程为

$$i_{out}(t) = k_p \left[i_{in}(t) + \frac{1}{T_i}\int_0^t i_{in}(t) d_t \right] \tag{5-71}$$

对于式(5-71)离散化后,第 $(k-1)$ 次和第 k 次采样时刻调节器的输出

$$i_{outk} = k_p \left[i_{ink} + \frac{1}{T_i}\sum_{n=0}^{k} i_{in}(n) T_S \right] \tag{5-72}$$

$$i_{out(k-1)} = k_p \left[i_{in(k-1)} + \frac{1}{T_i}\sum_{n=0}^{k-1} i_{in}(n) T_S \right] \tag{5-73}$$

式中 T_s 为调节器的采样周期。

采用增量式算法,由式(5-72)和式(5-73)可得两个采样时刻间的调节器输出增量 ΔI_{outk} 为

$$\Delta i_{out(k-1)} = i_{outk} - i_{out(k-1)} = K_p [i_{ink} - i_{in(k-1)}] + K_P \frac{T_S}{T_i} i_{ink} \qquad (5-74)$$

从而得到

$$i_{outk} = i_{out(k-1)} + K_p [i_{ink} - i_{in(k-1)}] + K_P \frac{T_S}{T_i} i_{ink} \qquad (5-75)$$

在微机控制过程中,按照式(5-75)编程就可以实现数字化的 PI 调节功能,使系统获得良好的静态与动态性能。

三、多相多重斩波电路

采用斩波电路供电时,负载的电压、电流以及电源电流都是脉动的,它们的脉动量都反比于斩波器的工作频率,提高斩波器的工作频率有利于减少脉动。当斩波器的工作频率受到电力电子器件限制的时候,常常采用多相多重的方式来提高斩波电路的工作频率。多相多重斩波电路的优点主要体现在以下几个方面:电流脉动率下降,有利于牵引电机的运行;平波电抗器的体积重量会显著下降;有利于减小输入滤波器的电感和电容。

多相多重斩波电路是在电源和负载之间接入多个结构相同的基本斩波电路而构成的相数——一个控制周期中电源侧的电流脉波数,所谓"相"是指从电源端看,不同相位的斩波回路数;重数——负载电流脉波数,所谓"重"是指负载端看,不同相位的斩波回路数。从这一定义出发,图 5-22(a)叫作三相三重降压斩波电路。图 5-22(b)是它的电压、电流波形。

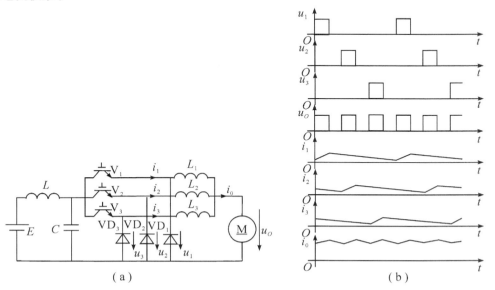

图 5-22 多相多重斩波电路及其波形
(a)电路图 (b)波形

三相三重降压斩波电路相当于由三个降压斩波电路单元并联而成,总输出电流为三个斩波电路单元输出电流之和,平均值为单元输出电流平均值的三倍,脉动频率也为三倍。三相三重降压斩波电路有三个斩波电路并联工作,但各个斩波电路的斩波器的电流 i_1、i_2 和 i_3 相互之间具有一定的相位差。三个降压斩波电路的导通时间从不重叠。这样,便出现两种运行模式:三个降压斩波电路都不导通;其中只有一个降压斩波电路导通,也就是说 V_1、V_2 或 V_3 导通。由于频率增加了,则三个降压斩波电路单元电流的脉动幅值互相抵消,使总的输出电流脉动幅值变得很小;总输出电流最大脉动率(电流脉动幅值与电流平均值之比)与相数的平方成反比,和单相时相比,设输出电流最大脉动率一定时,所需平波电抗器总重量大为减轻。当电源共用而负载为三个独立负载时,则为三相一重斩波电路;而当电源为三个独立电源,向一个负载供电时,则为一相三重斩波电路;多相多重斩波电路还具有备用功能,各斩波电路单元可互为备用。

复习思考题

5-1 直流斩波电路中最基本的两种电路是什么电路?

5-2 斩波电路有三种控制方式是什么?

5-3 升压斩波电路的典型应用有那些?

5-4 Sepic 斩波电路和 Zeta 斩波电路具有相同的输入输出关系,所不同的是什么?

5-5 斩波电路用于拖动直流电动机时,降压斩波电路能使电动机工作于第几象限?升压斩波电路能使电动机工作于第几象限?什么电路能使电动机工作于第一和第二象限?

5-6 桥式可逆斩波电路用于拖动直流电动机时,可使电动机工作于第几象限?

5-7 画出降压斩波电路原理图并简述其工作原理。

5-8 画出升压斩波电路原理图并简述其工作原理。

5-9 画出 Sepic 斩波电路原理图并简述其工作原理。

5-10 分析图 5-19(a)所示的电流可逆斩波电路,并结合图 5-19(b)的波形,绘制出各个阶段电流流通路径并标明电流方向。

5-11 对于图 5-20(a)所示的桥式可逆斩波电路,若需使电动机工作于反转电动状态,试分析此时电路的工作情况,并绘制相应的电流流通路径图,同时标明电流流向。

5-12 试分别简述升降压斩波电路和 Cuk 斩波电路的基本原理,并比较其异同点。

5-13 在图 5-23 所示的降压斩波电路中,已知 $E=200V$,$R=10\Omega$,L 值极大,$E_M=30V$,$T=50\mu s$,$t_{on}=20\mu s$,计算输出电压平均值 U_0,输出电流平均值 I_0。

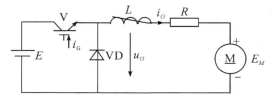

图 5-23

5-14 在图 5-23 所示的降压斩波电路中,$E=100V$,$L=1mH$,$R=0.5\Omega$,$E_M=10V$,采用脉宽调制控制方式,$T=20\mu s$,当 $t_{on}=5\mu s$ 时,计算输出电压平均值 U_0,输出电流平均

值 I_0，计算输出电流的最大和最小值瞬时值并判断负载电流是否连续。当 $t_{on}=3\mu s$ 时，重新进行上述计算。

5-15 在图 5-10(a) 所示的升压斩波电路中，已知 $E=50V$，L 值和 C 值极大，$R=20\Omega$，采用脉宽调制控制方式，当 $T=40\mu s$，$t_{on}=25\mu s$ 时，计算输出电压平均值 U_0，输出电流平均值 I_0。

5-16 如图 5-24 所示降压斩波电路，设输入电压为 200V，电感 L 是 100mH，电容 C 无穷大，输出接 10Ω 的电阻，电路的工作频率是 50kHz，全控器件导通占空比 a 为 0.5，求：

(1) 输出直流电压 U_0，输出直流电流 I_0。

(2) 流过 IGBT 的峰值电流。

(3) 如果将 IGBT 的峰值电流减小为输出直流电流 I_0 的 110%，应改变什么参数，它的值是多大？

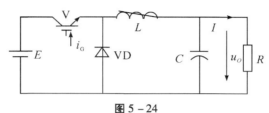

图 5-24

5-17 简述多相多重斩波电路的优点。

第六章

逆变电路

逆变是整流的逆过程。直流电能通过逆向变换，向交流电源反馈能量的逆变电路称为有源逆变电路，它通常是一种工作在相控角大于 90°的相控整流电路。直流电能通过逆向变换，得到的交流电能直接供给负载的逆变电路，则因其输出端没有电源，称为无源逆变电路。无源逆变电路输出的频率和电压的大小，取决于负载的实际需要，可以是定频、定压，也可以是调压、调频。三相无源逆变电路用于构成驱动交流电机的 VVVF 主电路和辅助电路的后级。

早在 20 世纪 30 年代，欧洲一些国家的电气化铁路，就曾利用多台交流和直流旋转电机，实现了将来自电网的单相工频电能变为三相调频电能，驱动感应电动机作为电力机车的牵引电动机。但是装置十分复杂、笨重，价格也很昂贵；20 世纪 50 年代，又曾采用水银整流器、引燃管和闸流管等离子器件，构成静止式变频器，但这些器件的管压降大，同时有控制性能差、体积大、水冷却、寿命短等缺点；20 世纪 60 年代开始用电力半导体器件构成逆变电路，实现了高性能、高效益的轨道车辆交流传动。由全控型电力电子器件构成的逆变电路不必另设半控型电力电子器件所需要的强迫换流电路，主电路比较简单，结构犹如一个逆方向工作的可控整流电路，把直流电能变为可变频调压的交流，送给单相或三相负载。而且采用不同的全控型电力电子器件如 GTR、GTO、IGBT 时，其主电路没有原则差别，差别主要在于门极（栅极）控制电路和保护方法有所不同。

按照逆变电路直流测电源性质分类，直流侧是电压源的逆变电路称为电压型逆变电路，直流侧是电流源的逆变电路称为电流型逆变电路。

电压型逆变电路的主要持点有以下 3 点：①直流侧为电压源，或并联有大电容，相当于电压源，直流侧电压基本无脉动，直流回路呈现低阻抗；②由于直流电压源的钳位作用，交流侧输出电压波形为矩形波，并且与负载阻抗角无关，而交流侧输出电流波形和相位因负载阻抗情况的不同而不同；③当交流侧为阻感负载时需要提供无功功率，直流侧电容起缓冲无功能量的作用，为了给交流侧向直流侧反馈的无功能量提供通道，逆变桥各臂都并联了反馈二极管。

电流型逆变电路的主要特点有以下 3 点：①直流侧串联有大电感，相当于电流源，直流侧电流基本无脉动，直流回路呈现高阻抗；②电路中开关器件的作用仅是改变直流电流的流通路径，因此交流侧输出电流为矩形波，并且与负载阻抗角无关，而交流侧输出电压波形和相位则因负载阻抗情况的不同而不同；③当交流侧为阻感负载时需要提供无功功率,直流测电感起缓冲无功能量的作用,因为反馈无功能量时直流电流并不反向,因此不必像电压型逆变电路那样要给开关器件反并联二极管。

性能良好的逆变电路包括三部分,第一部分是电力电路及缓冲电路,电力电路是利用电力电子器件进行能量变换的主体,缓冲电路与电力电子器件并联,用于吸收电力电子器件上的换流过电压;第二部分是控制电路,完成对主电路的控制,实现逆变,并使逆变器具有调压、调频,或稳压、稳频等良好的动态、静态性能;第三部分是电力电子器件的门控电路,包括设计在门控电路中的过电流保护等部分。逆变电路因为其性能可靠,动态、静态性能卓越和节能等优点,在各个领域获得越来越广泛的应用。在包括轨道交通在内的电力牵引领域,以 VVVF 逆变电路为核心的交流传动,正在以很大的优势,逐步取代直流传动及其配套的斩波器,恒压恒频的逆变电路则为车辆的空调、空气压缩机提供三相、50Hz 的电源。

目前城市轨道车辆逆变器控制牵引电机的模式主要有车控、架控和轴控三种。轴控和架控分别如图 6-1(a)和 6-1(b)所示。其中车控是一台逆变器给一辆动车的四台牵引电机同时供电;架控是一台逆变器给一个转向架的两台牵引电机同时供电,车控和架控均属于并联运行;而轴控是不同的牵引电机由不同的逆变器供电。相对于轴控而言,并联运行情况下的交流传动机车的生产成本较低,控制模式相对简单。但是,由于轮径和电机参数等的影响,并联运行的各台电机功率发生偏差的情况会经常出现,对牵引防空转和制动防滑控制都会造成不良的影响。

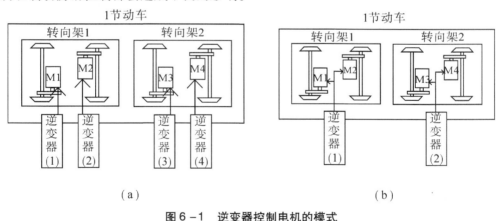

图 6-1 逆变器控制电机的模式
(a)轴控模式 (b)架控模式

第一节 逆变电路的工作原理

一、单相桥式逆变电路

逆变电路从其结构而言,也像整流电路那样有零式(中间抽头式)和桥式、单相和多相之分,如图6-2(a)的单相桥式IGBT逆变器的主电路。

图6-2(b)和(c)是IGBT逆变器在电阻负载下的输出电压 u_R 和输出电流 i_R 的波形。在 $0\sim\pi$ 期间,V_1 和 V_2 导通;在 $\pi\sim2\pi$ 期间,V_3 和 V_4 导通。图6-2(d)则为直流输入电流 i_d 的波形,图中假设 IGBT 的开关是瞬时完成的理想过程。

对于感性负载,交流电流滞后电压一个相位角,当两组开关管已经切换,电压已经反向时,感性负载电流仍将在滞后角时间内保持原来的流通方向,如果强迫开断这一感性负载的滞后电流,必然会引起过电压造成电力电子器件的击穿损坏。为此,在感性负载下,每个电力电子器件上还需反向并联一个快速二极管,以构成滞后电流的通路,如图6-3(a)所示。

在图6-3(a)中,$\omega=\pi$ 时刻,当 V_1 和 V_2 关断、V_3 和 V_4 导通后,感性负载电流从 V_1、V_2 转移到由 D_3、D_4 及电源所构成的续流回路中,使负载电流在滞后角内继续保持原方向流通。同理在 V_3、V_4 切换到 V_1、V_2 后,负载电流改经 D_1、D_2 和电源电路续流。负载电流 i_z 的波形如图6-3(c)所示,波形由两段指数曲线组成,阴影部分为二极管中的电流,其余为IGBT中的电流。

图6-3(d)为直流输入电流 i_d 的波形,它由正方向的 IGBT 电流和反方向的电流 i_D 组成,由图可见,在二极管导通期间,感性负载向电源反馈了能量。

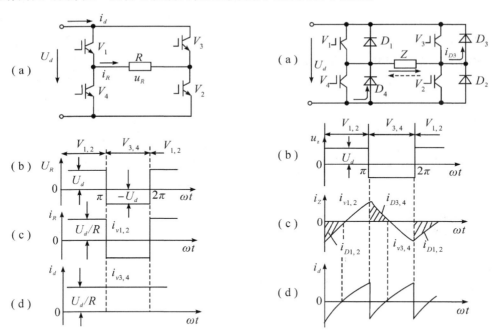

图6-2 电阻负载单相桥式IGBT逆变电路及波形　图6-3 感性负载单相桥式IGBT逆变电路及波形

二、三相桥式逆变电路

(一)三相桥式逆变电路的结构

三相桥式逆变电路如图6-4所示,图中应用可关断晶闸管GTO作为逆变管,也可用其它全控型器件构成逆变电路。若用晶闸管时,还应有强迫换流电路,但逆变电路的基本结构都是相同的。

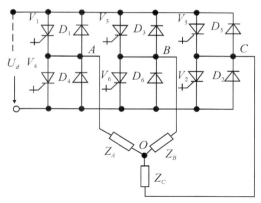

图 6-4 三相桥式逆变电路

从电路结构上看,如果把三相负载 Z_A、Z_B、Z_C 看成三相整流变压器的 3 个绕组,那么三相桥式逆变电路犹如三相桥式可控整流电路与三相桥式二极管整流电路的反并联,其中可控电路用来实现直流到交流的逆变,不可控电路为感性负载电流提供续流回路,完成无功能量的续流或反馈。因此与 GTO 并联的 6 个二极管 $D_1 \sim D_6$ 称为续流二极管或反馈二极管。

图 6-4 所示的三相桥式逆变电路其管子的导通次序和整流电路一样,也是 V_1、V_2、V_3、V_4、V_5、V_6,各管的触发信号依次互差 60°。根据各管导通时间的长短,分为 180°导通型和 120°导通型两种。对瞬时完成换流的理想情况,180°导通型的逆变电路在任意瞬间都有三只管子导通,各管导通时间为 180°。同相中桥臂上下的两只管子称为互补管,它们轮流导通,如 A 相中的 V_1 和 V_4 各导通 180°,但相位也差 180°,不会引起电源经 V_1 和 V_4 的贯穿短路。所以 180°型三相桥式逆变电路每隔 60°,各管的导通情况依次是 V_1、V_2、V_3;V_2、V_3、V_4;V_3、V_4、V_5;V_4、V_5、V_6;……;V_5、V_6、V_1。120°导通型逆变电路中各管导通 120°,任意时间只允许不同相的两只管子导通,同一桥臂中的两只管子不是瞬时互补导通,而是有 60°的间隙时间。所以逆变器的各管每隔 60°,依次按 V_1、V_2;V_2、V_3;V_3、V_4;……;V_6、V_1 次序导通。当某相中没有逆变管导通时,感性电流则经该相中的二极管流通。

(二)基本参数

按 180°导通方式工作的三相桥式逆变电路,每隔 60°为一个阶段,其导通管号、等值电路的图形、相电压和线电压值如表 6-1 所示。

表 6-1 中设三相负载对称,即 $Z_A = Z_B = Z_C$。

在 0°~60°阶段晶闸管(或其他全控型电力电子器件)V_1、V_2、V_3 同时导通,A 相和 B 相负载 Z_A、Z_B 都与电源的正极连接,C 相负载 Z_C 与电源的负极连接,由于三相负载对称,如取负载中心点 O 为电压的基准点,则 A 相的电压 U_{AO} 和 B 相的电压 U_{BO} 相等,均为 $1/3 U_d$,U_d 为直流电源电压。C 相的电压为 $-2/3 U_d$。

表6-1 180°导通型三相逆变器各阶段的导通管号、等值电路及相电压和线电压值

阶段		0°~60°	60°~120°	120°~180°	180°~240°	240°~300°	300°~360°
导通管号		1、2、3	2、3、4	3、4、5	4、5、6	5、6、1	6、1、2
等值电路		$Z_A \| Z_B, Z_C$	$Z_B, Z_A \| Z_C$	$Z_B \| Z_C, Z_A$	$Z_C, Z_A \| Z_B$	$Z_C \| Z_A, Z_B$	$Z_A, Z_B \| Z_C$
相电压	U_{AO}	$+\frac{1}{3}U_d$	$-\frac{1}{3}U_d$	$-\frac{2}{3}U_d$	$-\frac{1}{3}U_d$	$+\frac{1}{3}U_d$	$+\frac{2}{3}U_d$
	U_{BO}	$+\frac{1}{3}U_d$	$+\frac{2}{3}U_d$	$+\frac{1}{3}U_d$	$-\frac{1}{3}U_d$	$-\frac{2}{3}U_d$	$-\frac{1}{3}U_d$
	U_{CO}	$-\frac{2}{3}U_d$	$-\frac{1}{3}U_d$	$+\frac{1}{3}U_d$	$+\frac{2}{3}U_d$	$+\frac{1}{3}U_d$	$-\frac{1}{3}U_d$
线电压	U_{AB}	0	$-U_d$	$-U_d$	0	$+U_d$	$+U_d$
	U_{BC}	$+U_d$	$+U_d$	0	$-U_d$	$-U_d$	0
	U_{CA}	$-U_d$	0	$+U_d$	$+U_d$	0	$-U_d$

同理,在60°~120°阶段,逆变管T_1关断。V_2、V_3、V_4导通,Z_B与电源正极接通,Z_A和Z_C与负载接通,故$U_{BO} = +2/3U_d$,$U_{AO} = U_{CO} = -1/3U_d$,其余类推。最后得出任一相的相电压的波形为六阶梯波,U_{BO}落后U_{AO}120°,U_{CO}落后U_{BO}120°,如图6-5(a)所示。

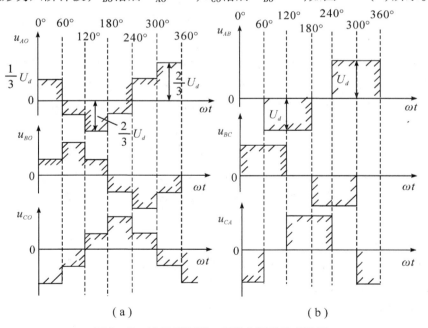

图6-5 180°导通型三相逆变器的输出波形
(a)相电压波形 (b)线电压波形

线电压由相电压相减得出:$U_{AB} = U_{AO} - U_{BO}$(如0°~60°阶段其值为0)。$U_{BC} = U_{BO} - U_{CO}$(如0°~60°阶段其值为$+U_d$)。$U_{CA} = U_{CO} - U_{AO}$(如0°~60°阶段其值为$-U_d$)。

线电压波形如图 6-5(b)所示,它们是宽为 120°的矩形波,各线电压波形依次相差 120°。

初相角为零的六阶梯波(如图 6-5 中的 u_{BO})的基波可用付氏级数求得,相电压中无余弦项、偶次项和三的倍数次谐波。电压中最低为五次谐波,含量为基波的 20%,其次为七次谐波,含量为基波的 14.3%。

对于基波无初相角的矩形波线电压,其中谐波分量与相电压中的谐波分量相同,只是符号不同,使波形产生差异。线电压的幅值是相电压的幅值的$\sqrt{3}$倍。

根据图 6-5,以 A 相的相电压为例,

$$U_{AO} = \sqrt{\frac{1}{2\pi}\left[\frac{\pi}{3}\left(\frac{1}{3}U_d\right)^2 + \frac{\pi}{3}\left(\frac{2}{3}U_d\right)^2 + \frac{\pi}{3}\left(\frac{1}{3}U_d\right)^2\right] \times 2} = \frac{\sqrt{2}}{3}U_d;$$

$$U_{AB} = \sqrt{\frac{1}{2\pi}\left[\frac{2\pi}{3}(U_d)^2 + \frac{2\pi}{3}(-U_d)^2\right]} = \frac{\sqrt{6}}{3}U_d;$$

$$U_{AB} = \sqrt{3}U_{AO}。$$

可以看出六阶梯波的相电压和方波线电压的有效值之间仍有$\sqrt{3}$倍的关系。

实际的电压波形较上面分析的结果略有误差,这是由于在分析中忽略了换流过程,也未扣除逆变电路中电压降落的缘故。

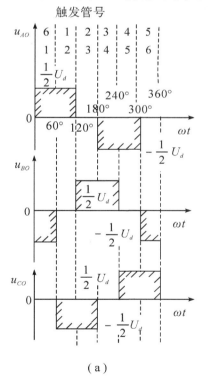

(a)

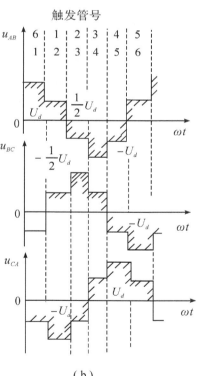

(b)

图 6-6 120°导通型三相逆变器的输出电压波形
(a)相电压波形 (b)线电压波形

当三相逆变器按 120°导通方式工作时,如在 0°~60°阶段中 V_6、V_1 导通,则 Z_A、Z_B 分别接电源正、负极(见图 6-6),Z_C 不通电,则 $U_{AO}=1/2U_d$,$U_{BO}=-1/2U_d$,$U_{CO}=0$。在

60°~120°阶段 V_1、V_2 导通,Z_A、Z_C 分别接正、负电源,Z_B 不通电,则 $U_{AO}=1/2U_d$,$U_{BO}=0$,$U_{CO}=-1/2U_d$。依次类推,由此获得图 6-6 所示的输出电压波形。与图 6-5 相反,这里相电压为矩形波,而线电压为六阶梯波。

由图 6-6 可见,逆变器采用 120°导通方式时,由于同一桥臂中上下两管有 60°的导通间隙,对换流的安全有利,但管子的利用率较低,并且若电机采用星形接法,则始终有一相绕组断开,在换流时该相绕组中会引起较高的感应电势,应采用过电压保护措施。而 180°导通方式无论电动机星形接法或三角形接法,正常工作时不会引起过电压,因此对于电压型逆变器,180°导通方式的应用较为普遍。

第二节　正弦波脉宽调制逆变电路(SPWM)

一、脉宽调制(PWM)

脉宽调制(Pulse Width Modulation)的调压方法是把逆变电路的输出电压斩波成为脉冲,通过改变脉冲的宽度、数量或者分布规则,以改变输出电压的数值和频率。这种方法种类很多,它只需对逆变器本身加以控制,使调压、调频一次完成,调节迅速而不需增加功率设备,因而是逆变电路调压、调频(VVVF)的主要方法,尤以正弦脉宽调制(SPWM)的谐波分量最少,应用最广。

从获得 SPWM 波的方法来看,有三角波(载波)与正弦波(调制波)相交,得出开关切换模式的 SPWM 逆变器;还有锯齿波(载波)与正弦波(调制波)相交,马鞍形波与正弦波相交,三角波(载波)与准正弦的阶梯波(调制波)相交等方法得出的 SPWM 波。所有这些控制方法和指定次数的谐波消去法所追求的目标,都是使输出的波形中谐波最少,最接近正弦波。

从逆变电路的负载端来看,又有追求电动机的气隙磁通(磁链)尽量接近圆形的磁链跟踪型逆变器。有 6 种开关状态的六阶梯波逆变器输出电压,加到三相电动机的定子绕组上,与逆变器的每一种开关状态相对应,电动机中就有一个合成的空间电压矢量。六阶梯波逆变电路输出的电压空间矢量为 6 个等幅对称的矢量,逆变器的开关状态切换一次,合成的电压矢量在电机绕组中跳跃式地转动 60°的空间。在气隙中形成一个六边形的跳跃式旋转的磁场,与正弦电压下电动机的圆形旋转磁场一样,在电磁力的作用下,使电动机旋转。但是由于六阶梯波逆变器只能提供六边形的旋转磁场,在低频下,电动机的力矩不均衡,会出现电动机转轴的轻微颤动或步进现象。经过 PWM 控制,电压矢量相应增加,其磁链可逼近圆形,从而使电动机气隙中获得准圆形的旋转磁场。

电流跟踪型逆变电路的基本思想是将电动机定子电流的检测信号与正弦波电流给定信号进行比较,如果实际电流大于给定值,可通过开关的切换使电流下降,反之则增加,结果是实际电流接近正弦形给定电流。显然这样的逆变电路开关动作也是一种

PWM 控制。

目前 PWM 控制技术的热门课题是正弦脉宽调制技术,下面重点给予分析。

二、正弦脉宽调制原理

在城市轨道交通车辆中,逆变电路的负载大多是感应电动机,要求可以调压、调频,而且输出是正弦波形。为此可以把一个正弦半波做几等分,把正弦曲线每一等分所包含的面积,都用一个与其面积相等的等幅矩形脉冲来代替。这样,由数量足够多的等幅而不等宽的矩形脉冲所组成的波形就与正弦的半波等效,而另半波也可用相同的方法得到。与正弦波等效的等幅矩形脉冲序列波形如图 6-7(b) 所示,各脉冲的幅值是相等的,所以逆变器可由恒定的直流电源供电。当逆变器各开关元件在理想状态工作时,显然驱动开关元件的控制信号也应该是一系列脉冲波。

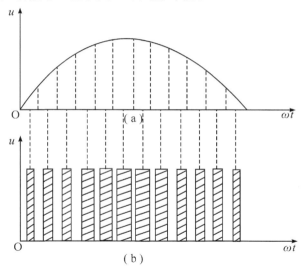

图 6-7 与正弦波等效的等幅值矩形脉冲序列波

(一)单极性正弦脉宽调制

单极性 SPWM 是指逆变器输出相电压在任何半周内始终为一个极性,如图 6-8(b) 所示。它的控制信号由两个半周中不对称的等腰三角形载波与正弦调制波相交得出,如图 6-8(a) 所示。原始的脉宽调制方法是利用正弦波作为基准的调制波(Modulation Wave),受它调制的信号称为载波(Carrier Wave),在 SPWM 中常用等腰三角波当作载波。当调制波与载波相交时如图 6-8(a) 所示,由它们的交点确定逆变器开关器件的通断时刻。以图 6-4 三相桥式逆变电路为例,具体的做法是,当 U 相的调制波电压 u_{ru} 高于载波电压 u_t 时使相应的开关器件 V_1 导通,输出正的脉冲电压,如图 6-8(b) 所示;当 u_{ru} 低于 u_t 时使 V_1 关断,输出电压为零。在 u_{ru} 的负半周中,可用类似的方法控制下桥臂的 V_4,输出负的脉冲电压序列。改变调制波的频率时,输出电压基波的频率也随之改变;降低调制波的幅值时,如 u'_{ru},各段脉冲的宽度都将变窄,从而使输出电压基波的幅值也相应减小。如 $u'_{ru}=0$,则各脉冲宽度就等于零。又如 u'_{ru} 变的相当大时,各脉冲连成一片,成为矩形输出波,其输出电压达到最大值。

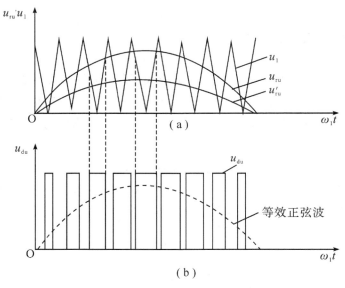

图 6-8　单极性正弦脉宽调制波的形成

(a)三角形载波与正弦调制波　(b)输出的 SPWM 波形

正弦调制波的频率为逆变器输出电压的频率。每个正弦半波中三角形载波数为整数,这样输出的电压波形对称,谐波分量较少。设三角形载波的频率为 f_t,正弦调制波的频率为 f_r,两者之比为载波比 N,载波比越大,逆变器输出的谐波分量越少。所以载波比的下限受谐波分量的规定值所限制,而载波比的上限受逆变器开关管的开关频率所限制,如晶闸管仅为 200Hz,而 IGBT 可高达 50kHz 左右。单极式 SPWM 波形如图 6-9 所示。

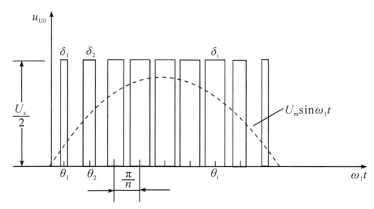

图 6-9　单极式 SPWM 电压波形

其等效正弦波为 $U_m\sin\omega_1 t$,而 SPWM 脉冲序列波的幅值为 $U_s/2$,各脉冲宽度不相等,但中心间距相同,都等于 π/n,n 为正弦波半个周期内的脉冲数。令第 i 个脉冲的宽度为 δ_i,其中心点相位角为 θ_i,则根据面积相等的等效原则,可写成

$$\delta_i \frac{U_s}{2} = U_m \int_{\theta_i - \frac{\pi}{2n}}^{\theta_i + \frac{\pi}{2n}} \sin\omega_1 t \, d(\omega_1 t)$$

$$= U_m \left[\cos\left(\theta_i - \frac{\pi}{2n}\right) - \cos\left(\theta_i + \frac{\pi}{2n}\right) \right]$$

$$= 2U_m \sin\frac{\pi}{2n} \sin\theta_i \tag{6-1}$$

当 n 的数值较大时，$\sin\frac{\pi}{2n} \approx \frac{\pi}{2n}$ 于是

$$\delta_i \approx \frac{2\pi U_m}{n U_s} \sin\theta_i \tag{6-2}$$

这就是说，第 i 个脉冲的宽度与该处正弦波值近似成正比。因此，与半个周期正弦波等效的 SPWM 波是两侧窄、中间宽、脉宽按正弦规律逐渐变化的序列脉冲波形。

（二）双极性正弦脉宽调制

上述的单极式 SPWM 波形在半周内的脉冲电压只在"正"（或"负"）和"零"之间变化，主电路每相只有一个开关器件反复通断。如果让同一桥臂上、下两个开关器件交替地导通与关断，则输出脉冲在"正"和"负"之间变化，就得到双极式的 SPWM 波形。双极性 SPWM 是由对称于横坐标的三角形载波与正弦调制波相交得出的，如图 6-10（a）所示。

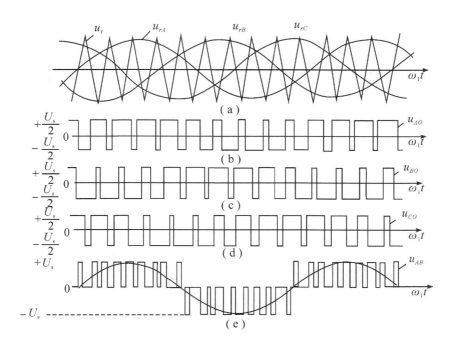

图 6-10 三相双极式 SPWM 波形

（a）三相调制波与双极性三角载波 （b）$u_{AO}=f(t)$ （c）$u_{BO}=f(t)$ （d）$u_{CO}=f(t)$ （e）$u_{AB}=f(t)$

双极性 SPWM 是逆变器输出半个周期内，同一桥臂的上、下两个元件作互补式通、

断的控制方式,所以在逆变器输出相电压在任何半周内,都有正、负极性交替出现,由此取其基波,可得交变的正弦波电压,其输出电压的脉冲波如图 6-10(b、c、d)所示。u_{AB} 的电压波形如图 6-10(e)所示。与单极性 SPWM 相同,也只需控制正弦调制波的频率和幅值,就能调节双极性 SPWM 逆变器输出电压的频率与数值。图 6-10 绘出了三相双极式的正弦脉宽调制波形,其调制方法和单极式相似,只是输出脉冲电压的极性不同。

三、SPWM 逆变器的同步调制和异步调制

定义载波频率 f_t 与调制波频率 f_r 之比 N 为载波比,即

$$N = f_t/f_r \tag{6-3}$$

视载波比的变化与否,SPWM 逆变器有同步调制与异步调制之分。

(1)同步调制

在同步调制方式中,载波比 N = 常数,变频时三角载波的频率与正弦调制波的频率同步改变,因而输出电压半波内的矩形脉冲数是固定不变的,如果取 N 等于 3 的倍数,则同步调制能保证输出波形的正、负半波始终保持对称,并能严格保证三相输出波形之间具有互差 120°的对称关系。但是,当输出频率很低时,由于相邻两脉冲间的间距增大,谐波会显著增加,使负载电动机产生较大的脉动转矩和较强的噪声,这是同步调制方式在低频时的主要缺点。

(2)异步调制

采用异步调制方式是为了消除上述同步调制的缺点。在异步调制中,在变频器的整个变频范围内,载波比 N 不等于常数。一般在改变调制波频率 f_r 时保持三角载波频率 f_t 不变,因而提高了低频时的载波比。这样,输出电压半波内的矩形脉冲数可随输出频率的降低而增加,相应地可减少负载电动机的转矩脉动与噪声,改善了系统的低频工作性能。但异步调制方式在改善低频工作性能的同时,又失去了同步调制的优点。当载波比 N 随着输出频率的降低而连续变化时,它不可能总是 3 的倍数,必将使输出电压波形及其相位都发生变化,难以保持三相输出的对称性,因而引起电动机工作不平稳。

(3)分段同步调制

为了扬长避短,可将同步调制和异步调制结合起来,成为分段同步调制方式,实用的 PWM 变压变频器多采用此方式。

在一定频率范围内采用同步调制,以保持输出波形对称的优点,当频率降低较多时,如果仍保持载波比 N 不变的同步调制,输出电压谐波将会增大。为了避免这个缺点,可使载波比 N 分段有级地加大,以采纳异步调制的长处,这就是分段同步调制方式。具体地说,把整个变频范围划分成若干频段,每个频段内都维持载波比 N 恒定,而对不同的频段取不同的 N 值,频率低时,N 值取大些,一般大致按等比级数安排。表 6-2 给出了一个实际系统的频段和载波比分配,以供参考。

表 6-2　分段同步调制的频段和载波比

输出频率/Hz	载波比	开关频率/Hz	输出频率/Hz	载波比	开关频率/Hz
41~62	18	738~1116	11~17	66	726~1122
27~41	27	729~1107	7~11	102	714~1122
17~27	42	714~1134	4.6~7	159	731.4~1113

图 6-11 所示是与表 6-2 相应的 f_t 与 f_r 的关系曲线。由图可见,在输出 f_r 的不同频段内,用不同的 N 值进行同步调制,可使各频段开关频率的变化范围基本一致,以适应功率开关器件对开关频率的限制,其中最高开关频率在 1107~1134Hz 之间,这是在允许范围之内的。

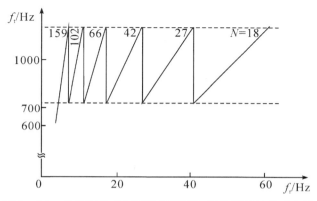

图 6-11　分段同步调制时输出频率与开关频率的关系曲线

上述图表的设计计算方法如下:已知变频器要求的输出频率范围为 5~60Hz,取最大开关频率为 1.1kHz 左右,最小开关频率在最大开关频率的 1/2~2/3 之间,视分段数的要求而定。

现取输出频率上限为 62Hz,则第一段载波比为 $N_1 = \dfrac{f_{tmax}}{f_{rmax}} = \dfrac{1100}{62} = 17.7$;取 N 为 3 的整倍数,则 $N_1 = 18$,修正后,$f_{tmax} = N_1 f_{rmax} = 18 \times 62 HZ = 1116 Hz$;若取 $f_{tmin} \approx \dfrac{2}{3} f_{tmax} = \dfrac{2}{3} \times 1116 Hz = 744 Hz$,$f_{rmin} = \dfrac{f_{tmin}}{N_1} = \dfrac{744}{18} Hz = 41.33 Hz$;取整数,则 $f_{rmin} = 41 Hz$,那么 $f_{tmin} = 41 \times 18 Hz = 738 Hz$。

以下各段依次类推,可得表 6-2 中各行的数据。分段同步调制虽然比较麻烦,但在微电子技术迅速发展的今天,这种调制方式是很容易实现的。

四、SPWM 的控制模式及其算法

SPWM 波形的控制需要根据三角载波与正弦控制波的交点来确定逆变器功率器件的开关时刻,这个任务可以用模拟电子电路、数字电路或专用的大规模集成电路芯片等硬件

电路来完成,也可以用微型计算机通过软件生成 SPWM 波形。在计算机控制 SPWM 变频器中,SPWM 信号一般由软件加接口电路生成。如何计算 SPWM 的开关点,是 SPWM 信号生成中的一个难点,也是当前人们研究的一个热门课题。下面讨论几种常用的算法。

(一)自然采样法

自然采样法是按照正弦波与三角波交点进行脉冲宽度与间隙时间的采样,从而生成 SPWM 波形。在图 6-12 中,截取了任意一段正弦波与三角载波的一个周期长度内的相交情况。

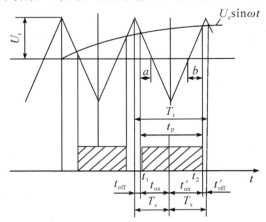

图 6-12 自然采样法

让我们来研究一下如何建立适合微型计算机控制的数学模型。在图 6-12 中,其中 T_t 为三角波的周期,U_t 为三角波的高,正弦波为 $U_c \sin\omega t$。T_s 称为采样周期,$T_s = T_t/2$。由图可知:

$$\begin{cases} t_{off} = \dfrac{T_s}{2} - a \\ t_{on} = \dfrac{T_s}{2} + a \\ t'_{off} = \dfrac{T_s}{2} - b \\ t'_{on} = \dfrac{T_s}{2} + b \end{cases} \tag{6-4}$$

利用三角形相似关系,解出 a、b,并且代入(6-4)式得到

$$\begin{cases} t_{off} = \dfrac{T_s}{2}(1 - M\sin\omega t_1) \\ t_{on} = \dfrac{T_s}{2}(1 + M\sin\omega t_1) \\ t'_{off} = \dfrac{T_s}{2}(1 - M\sin\omega t_2) \\ t'_{on} = \dfrac{T_s}{2}(1 + M\sin\omega t_2) \end{cases} \tag{6-5}$$

其中，$M = U_c/U_r$ 为正弦调制波幅值与载波的幅值比，称为调幅比（或调制度），$0 < M < 1$。M 的值越大，则输出电压也越高。ω 为正弦调制波的角频率，ω 改变，则 PWM 脉冲列基波频率也随之改变。t_1、t_2 为正弦波与三角波两个相邻交点的时刻。脉冲宽度为

$$t_p = t_{on} + t'_{on}$$
$$= \frac{T_t}{2}\left[1 + \frac{M}{2}(\sin\omega t_1 + \sin\omega t_2)\right] \tag{6-6}$$

这是一个超越函数。其中 t_1、t_2 不但与载波比 N 有关，而且是调幅比 M 的函数，求解 t_1、t_2 与 M 的关系要花费很多时间。这使得实时计算与控制相当困难，即使事先将计算结果存入内存，控制过程中通过查表确定时间，也会因参数过多而占用计算机太多内存和时间，此法仅限于频率段数较少的场合。这种自然采样法得到的数学模型并不合适于微机实现实时控制，所以人们发展了规则采样法。

（二）规则采样法

由于自然采样法的不足，人们一直在寻找更实用的采样方法来尽量接近于自然采样法，希望这种更实用的采样方法比自然采样法的波形更对称一些，以减少计算工作量、节约内存空间，这就是规则采样法。规则采样法有多种，常用的方法有对称规则采样法、不对称规则采样法，计算机实时产生 SPWM 波形也是基于其采样原理及计算公式。这里先介绍对称规则采样法。

1. 对称规则采样法

如图 6 - 13(a)所示，它由经过采样的正弦(实际上是阶梯波)与三角波相交，由交点得出脉冲宽度。

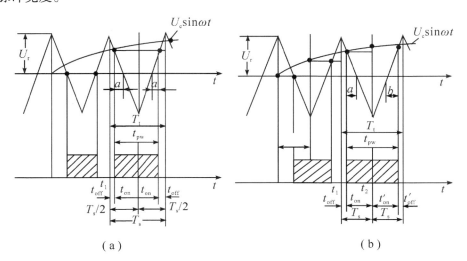

图 6 - 13　规则采样法
(a)对称规则采样法　(b)不对称规则采样法

这种方法只在三角波的顶点位置或底点位置对正弦波采样而形成阶梯波，此阶梯波与三角波的交点所确定的脉宽在一个采样周期 T_s（这里 $T_s = T_t$）内的位置是对称的，所以称为规则采样。由图 6 - 13 可知

$$\begin{cases} t_{off} = \dfrac{T_s}{4} - \alpha \\ t_{on} = \dfrac{T_s}{4} + \alpha \end{cases} \qquad (6-7)$$

根据三角形相似关系,解出 α 的值,并代入式(6-7)可以得出

$$\begin{cases} t_{off} = \dfrac{T_s}{4}(1 - M\sin\omega t_1) \\ t_{on} = \dfrac{T_s}{4}(1 + M\sin\omega t_1) \end{cases} \qquad (6-8)$$

其中 t_1 为采样点(这里为顶点采样)的时刻。脉冲宽度为

$$\begin{aligned} t_{pw} &= \dfrac{T_s}{2}(1 + M\sin\omega t_1) \\ &= \dfrac{T_t}{2}(1 + M\sin\omega t_1) \end{aligned} \qquad (6-9)$$

采样点时刻 t_1 只与载波比 N 有关系,而与调幅比 M 没有关系。对于图 6-13(a) 的情况有

$$t_1 = kT_t \qquad (6-10)$$

其中 $k = 0、1、2、\cdots、N-1$。

由式(6-8)、式(6-9)可知,在对称规则采样的情况下,只要知道一个采样点 t_1 就可以确定出这个采样周期内的时间间隔 t_{off} 与脉冲宽度 t_{pw} 的值。

2. 不对称规则采样法

如果既在三角波的顶点位置又在底点位置对正弦波进行采样,由采样值形成阶梯波,则此阶梯波与三角波的交点所确定的脉宽,在一个三角波的周期内的位置是不对称的,如图 6-13(b)所示,因此,这样的采样方法称为不对称规则采样法。值得注意的是,在这里,采样周期 T_s 是三角波周期 T_t 的 1/2,即 $T_s = T_t/2$。

当在三角波的顶点采样时,由图 6-13(b)可以得出

$$\begin{cases} t_{off} = \dfrac{T_s}{2} - \alpha \\ t_{on} = \dfrac{T_s}{2} + \alpha \end{cases} \qquad (6-11)$$

而当在三角波的底点采样时,由图 6-13(b)可以得出

$$\begin{cases} t'_{off} = \dfrac{T_s}{2} - b \\ t'_{on} = \dfrac{T_s}{2} + b \end{cases} \qquad (6-12)$$

利用三角形的相似关系,可以解出式(6-11)中的 α 和式(6-12)中的 b,代入之后可以得到

$$\begin{cases} t_{off} = \dfrac{T_s}{2}(1 - M\sin\omega t_1) \\ t_{on} = \dfrac{T_s}{2}(1 + M\sin\omega t_1) \\ t'_{off} = \dfrac{T_s}{2}(1 - M\sin\omega t_2) \\ t'_{on} = \dfrac{T_s}{2}(1 + M\sin\omega t_2) \end{cases} \tag{6-13}$$

脉冲宽度为

$$\begin{aligned} t_{pw} &= t_{on} + t'_{on} \\ &= \dfrac{T_t}{2}\left[1 + \dfrac{M}{2}(\sin\omega t_1 + \sin\omega t_2)\right] \end{aligned} \tag{6-14}$$

式(6-14)与式(6-6)在形式上一样,但实际上已有区别,式(6-14)中,t_1、t_2 均与调幅比 M 没有关系。对于图 6-13(b)所示的情况有

$$\begin{cases} t_1 = \dfrac{T_t}{2}k\,(k = 0、2、4、6、\ldots) \\ t_2 = \dfrac{T_t}{2}k\,(k = 1、3、5、7、\ldots) \end{cases} \tag{6-15}$$

其中:$k = 0、1、2、3、4、5、6、\cdots$,k 为偶数时候是顶点采样。k 为奇数时是底点采样。

不对称规则采样所形成的阶梯波比对称规则采样时更接近于正弦波。分析表明,用不对称规则采样法在载波比 N 等于 3 或 3 的倍数时,逆变器输出电压中不存在偶次谐波分量,其他高次谐波分量的幅值也是非常地小。

(三)指定谐波消除法

指定谐波消除法是 SPWM 控制模式研究中一种比较有意义的开关点确定法。在这种方法中,脉冲开关时间不是由三角载波与正弦控制波的交点确定的,而是从消除某些指定次谐波的目的出发,通过解方程组解出来的,简单说明如下。

如图 6-14 所示是半个周期内只有三个脉冲的单极式 SPWM 波形。

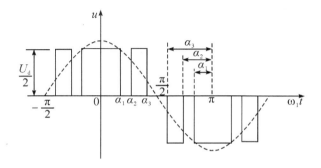

图 6-14　三个脉冲波的单极式 SPWM 波形

在图示的坐标系中,PWM 电压波形展开成付氏级数后为

$$u(\omega t) = \frac{2U_d}{\pi} \sum_{k=1}^{\infty} \frac{1}{k}(\sin k\alpha_1 - \sin k\alpha_2 + \sin k\alpha_3)\cos k\omega_1 t \quad (6-16)$$

式中 k 为奇数，由于 SPWM 波形的对称性，展开式中不存在偶数次谐波。

设控制要求逆变器输出的基波电压幅值为 U_{1m}，并要求消除五次、七次谐波（三相异步电动机在无中线情况下不存在三及三的倍数次谐波），按上述要求，可列出下列方程组

$$\begin{cases} U_{1m} = \dfrac{2U_d}{\pi}(\sin\alpha_1 - \sin\alpha_2 + \sin\alpha_3) \\ U_{5m} = \dfrac{2U_d}{5\pi}(\sin5\alpha_1 - \sin5\alpha_2 + \sin5\alpha_3) = 0 \\ U_{7m} = \dfrac{2U_d}{7\pi}(\sin7\alpha_1 - \sin7\alpha_2 + \sin7\alpha_3) = 0 \end{cases} \quad (6-17)$$

求解方程组(6-17)即可得到合适的开关时刻 α_1、α_2 与 α_3 数值。当然，要消除更高次谐波，则需要用更多的方程来求解更多的开关时刻，也就是说要在一个周期内有更多的脉冲才能更好地抑制与消除输出电压中的谐波成分。

当然，利用指定谐波消除法来确定一系列脉冲波的开关时刻是能够有效地消除谐波的，但是指定次数以外的谐波却不一定能减少，有时甚至还会增大。不过它们已属于高次谐波，对电机的工作影响不大。

在控制方式上，这种方法并不依赖于三角载波与正弦调制波的比较，因此实际上已经离开了脉宽调制概念，只是由于其效果和脉宽调制一样，才列为 SPWM 控制模式的一类。另外，这种方法在不同的输出频率下有不同的 α_1、α_2 与 α_3 开关时刻配合，因此，求解工作量相当大，难以进行实时控制，一般采用离线方法求解后将结果存入单片机内存，以备查表取用。

五、感性负载下三相桥式逆变器的电流波形和能量反馈

当逆变器的负载为感性时，逆变器必须设置滞后电流的续流回路，为此设有 $D_1 \sim D_6$ 的续流（反馈）二极管（见图 6-4）。在这种情况下逆变器电流波形是基波电压和各次谐波电压除以基波阻抗各次谐波阻抗所得出的基波电流和各次谐波电流的总和。其波形可根据电压波形的阶跃变化，由相应升降的指数曲线定性地绘出。电压和电流波形如图 6-15(a)、6-15(b)、6-15(c)所示。图中 i_A 为 A 相电流波形，它包括基波和各次谐波，并由逆变管和反馈二极管供给。i_A 中的 i_{V1} 和 i_{V4} 分别为逆变管 V_1 和 V_4 中流过的电流。阴影部分则为反馈二极管 D_1 和 D_4 中流过的电流 i_{D1} 和 i_{D4}。

如表 6-1 所示，在 $\omega t = 60°$ 瞬间 V_1 关断，V_4 触发，由于负载电路中的电感作用，i_{V1} 虽变为零，但感性负载电流 i_A 仍继续流通，故在 $\omega t = 60°$ 后的一段时间里，A 相电压虽已随 V_4 的触发导通而反向，但 i_A 仍按原来方向经过 Z_A、O、Z_C、已经导通的 V_2、电源的负线及二极管 D_4 形成环流。D_4 的电流 i_{D4} 的波形如图 6-15(d)所示。i_{V1} 和 i_{D4} 之和组成 i_A 的正向电流，如图 6-15(b)所示。只有当续流电流 i_{D4} 降为零时，A 相的负载电流才开始经 V_4

形成反向电流。同理在 V_4 关断后有续流电流经过 D_1、已导通的 V_5、负载 Z_C、O 点向 Z_A 续流,故 i_A 的反向电流由 i_{V4} 和 i_{D4} 组成。B 相和 C 相的电流 i_B 和 i_C 较 i_A 分别滞后 120° 和 240°,各由 i_{V3}、i_{V6}、i_{D3}、i_{D6} 以及 i_{V5}、i_{V2}、i_{D5}、i_{D2} 组成。

直流输入电流波形如图 6-15(e) 所示,它由直流分量 I_d 和周期为 60° 的交流分量所组成。每段电流波形可由正极或负极上仅有一个管子导通时的管子电流所决定。以 300°~360° 阶段为例,这时导通的管为 V_6、V_1、V_2,即电源正极上仅有 V_1 与负载接通,故此阶段中的直流输入电流 i_d 即为该阶段中的 i_{V1},波形如图 6-15(b)、(e) 中的阴影部分所示。

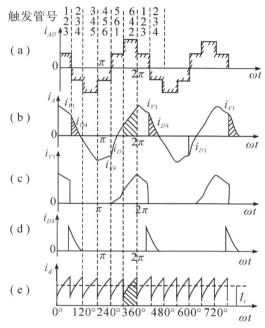

图 6-15 感性负载下三相桥式逆变器的电压、电流波形

(a)A 相电压波形 (b)A 相电流波形 (c)V_1 电流波形 (d)D_4 的电流波形 (e)直流输入电流波形

如果负载电流滞后角超过 60°,电流波形如图 6-16 所示,图的上方为各晶闸管的触发情况,而图中电流曲线旁所注的是各管的实际导通情况。现以图 6-4 的三相逆变电路来说明其工作过程:如以 A 相为例,在图 6-16 中 $\omega t = 60°$ 时,V_1 关断,电压 U_{AO} 反向,即电流 i_A 的滞后角由此算起,在电流滞后 0°~60° 区域内(相应的是 $\omega t = 60°~120°$),如前所述,i_A 由 D_4 续流,续流电流沿着 Z_A、O、Z_C 和 V_2 构成回路。在电流 i_A 滞后超过 60° 但还未反向之前的区域内,由于此时 V_2 已经关断而 i_A 尚未反向,于是 i_A 的续流回路改由 Z_A、O、Z_C、D_5、直流电源的正极与负极,最后经 D_4 构成反馈回路,使负载的无功能量反馈到中间环节的直流电源中去,使直流输入电流 i_d 下降。由此可见,在这种直流环节电压极性不变的电压型逆变器中,在感性负载下,反馈二极管是必不可少的。它既能提供感性负载电流的通道,避免过电压的出现,又可减小输入电流,改善逆变器的效率。

当负载为感应电动机时,不仅存在着对各次谐波不同的阻抗,而且还有反电动势,它对各次谐波电流的作用是不同的,结果负载电流(即逆变器输出电流)的波形和图 6-15

的电流波形有较大的差别,其主要原因是负载电流中谐波分量所占的比例加大。在一定的条件下,交流电机可以作为发电机,把负载的机械能量变换为电能,通过逆变电路反馈给电网。当外力(机械负载)驱动电动机运转,使转速超过电机的同步转速时,或通过降低逆变器的输出频率使电机的转速超过新的同步转速时,电动机都会进入发电机状态。逆变器反馈能量的途径由反馈二极管 $D_1 \sim D_6$ 构成的整流桥到达直流中间环节,然后送回直流电网。

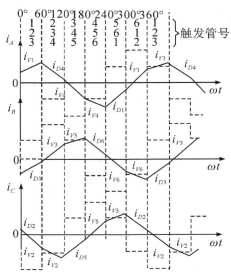

图 6-16　感性负载电流滞后角超过 60°时的三相桥式逆变器输出电流波形

第三节　三电平逆变电路

一、二电平逆变电路与三电平逆变电路

在电压型变流器中,较为流行的是二电平逆变电路。在二电平逆变器中,通过轮流导通的电力电子器件,在输出端把交—直—交逆变器中的中间直流环节的正、负端电压接到交流电动机定子各相绕组上,这样每个功率管承受的电压即为直流母线电压。随着变流器容量和电压的提高,人们提出了新的多点式电路的概念,并成功地研制出三电平电路,包括三电平的脉冲整流器和三电平逆变器。利用二电平逆变器,可以把中间直流回路的正极电位或负极电位接到电动机上去。而在三电平逆变器的情况下,除了把中间直流回路的正极或负极电位送到电动机上去以外,还可以把中间直流回路的中点电位送到电动机上去。三电平逆变器有时也被称为中点钳位逆变器。采用三电平逆变器的主要好处包括以下几点。第一,二电平逆变器的输出端电位在 $+U_d/2 \sim -U_d/2$ 之间变化,而三电平逆变器在 $+U_d/2 \sim 0$ 之间或者在 $0 \sim -U_d/2$ 之间变化。这样,半导体器件的阻断电压被限制为输入端直流电压的一半。对于当前在牵引领域广泛采用的 4.5 kV 的

GTO 晶闸管,中间直流电压可提高到 3.0~3.5kV。第二,三电平逆变器的输出端电压波形比二电平逆变器包含较小的谐波分量。在一个周期内,二电平逆变器电路只有 8 种状态,而三电平逆变器电路中有 27 种状态。因此,这将有利于减少相邻两种电路状态间转换时引起的电压和电流冲击,从而有利于降低损耗、提高系统功率、减少转矩脉动。

对于三电平逆变器,除了有着与二电平逆变器类似的优点外,由于它只对 50% 的中间回路直流电压进行斩波,与二电平电路比较,损耗较小,并可进一步减少接触网中电流的谐波含量,利用多电平逆变器给电动机供电可以大大改善电动机运行特性,多电平逆变器能产生多个阶梯形输出电压波形,减少了加在电动机上的电压变化率 du/dt,从而有效减小了电动机故障。

从所查文献可知,直接转矩控制系统中多采用多电平逆变器主要解决如下问题:①解决中高电动机系统中要求高电压功率管与现实中低的高压等级功率管的矛盾;②减小电力电子电路中过高的 du/dt 值,降低电动机端电压 du/dt 值,从而解决功率电子电路的电磁兼容性(EMC)问题和避免绕组绝缘击穿的危险;③提供更多的电压矢量,改善系统的运行性能,例如转矩脉动的减小、定子端电压和定子电流中谐波分量的减小。

本节以三电平逆变器为例讲述多电平逆变器的原理。由于它具有一些优异性能,很多企业相继推出了三电平中压变频器。

二、三电平逆变电路的工作原理

一般的三相逆变电路其输出电压只有两种电平,以图 6-4 的 A 相为例,以电源中点($U_d/2$ 处)为基准,当 V_1 导通时输出为正,当 V_4 导通时输出为负,即 $\pm U_d/2$。若负载为三相电动机,并以电机中点 O 为基准,则电机的相电压 u_{AO} 为六阶梯波,如图 6-5 所示。

三电平逆变器的输出电压有三种电平,以图 6-17 的三电平逆变器原理图为例。

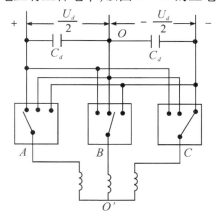

图 6-17 三电平逆变电路示意图

当 A 相开关处于三种不同位置时,相对电源中点 O 的输出电压为 $U_d/2$、0、$-U_d/2$,因此被称为三电平逆变器。在向三相电动机供电时,电机的相电压有 12 个阶梯,是一种准 12 阶梯波,可使电动机的谐波分量减少,脉动转矩降低。

德国的 Holtz 于 1977 年首先提出三电平逆变器,其中的 A 相电路如图 6-18(a)所示。它的特点是除了一对主逆变管 V_1 和 V_4 外,在电源的中点零又引出另一对反并联的逆变管 V_2 和 V_3,因此无论负载电流流入电机的 A 相,还是从 A 相流出,逆变器 A 相的输出电压都有三种状态:$U_d/2$、0、$-U_d/2$。

图 6-18(b)是日本的 Nabae 在 20 世纪 80 年代提出的另一种三电平逆变器电路,这里也画出逆变器的 A 相电路,其特点是主逆变管 V_1 和 V_4 已分别由串联的 V_{11}、V_{12} 和 V_{41}、V_{42} 四只管子所取代,电源的中点零由两只二极管 D_1 和 D_4 引出,分别接到上下桥臂的中间,这样,每个电力电子功率器件的耐压值可以降低一半。该方案更加适合于中压大功率交流传动控制,也是目前广泛应用的拓扑结构。

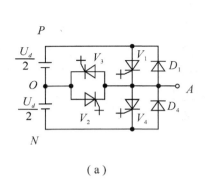
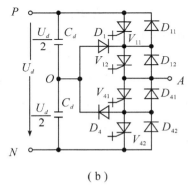

(a) (b)

图 6-18 三电平逆变器的 A 相电路

(a) Holtz 电路 (b) Nabae 电路

由图 6-18(b)可以看出,在三电平逆变器中,每一相需要 4 个主功率器件、4 个续流二极管、2 个钳位二极管,平均每个主开关所承受的正向阻断电压为 $U_d/2$。该逆变器的稳态工作情况可以分为 3 种工作模式,分析如下。

(1) 工作模式 1——其工作原理是 V_{11}、V_{12} 都导通时,V_{41} 和 V_{42} 关断

若电流方向为流入负载,即电流从 P 点流过 V_{11}、V_{12} 到达输出端 A 点。在忽略功率器件的正向导通管压降,则输出端电位与 P 点电位相同。

若电流从负载流出,此时电流从输出端 A 点流过续流二极管 D_{11}、D_{12} 注入 P 点,输出端 A 点电位仍与 P 点电位相等。此时以直流电压中心点 O 为零电位,则输出电压为 $U_d/2$,并用状态代号"P"表示该工作模式,又称为"2"态。

(2) 工作模式 2——其工作原理是 V_{41}、V_{12} 都导通时,V_{11} 和 V_{42} 关断

若电流流入负载,则电流从中性点 O 通过钳位二极管 D_1、主功率器件 V_{12} 到达输出端,输出端点位与 O 点电位相等。

若电流从负载流出,电流从输出端流过 V_{41}、D_4 注入中性点,输出端电位仍与 O 点电位相等。这种情况下,D_1、D_4 与 V_{12}、V_{41} 一起将输出端电位钳制于中性点 O 电位。此时以直流电压中性点 O 为零电位,则输出电压为 0,并用状态代号"O"表示该工作模式,又称为"1"态。

(3) 工作模式 3——其工作原理是 V_{41}、V_{42} 都导通时,V_{11} 和 V_{12} 关断

若电流方向为流入负载,即电流从 N 点流过续流二极管 D_{42}、D_{41} 到达输出端 A 点。在忽略功率器件的正向导通管压降,则输出端电位与 N 点电位相同。

若电流从负载流出,此时电流从输出端 A 点流过主功率器件 V_{41}、V_{42} 注入 N 点,输出端 A 点电位仍与 N 点电位相等。此时以直流电压中心点 O 为零电位,则输出电压为 $-U_d/2$,并用状态代号"N"表示该工作模式,又称为"0"态。

由以上分析可知,在中性点钳位型逆变器中,主开关管 V_{11} 和 V_{42} 不同时导通,而 V_{11} 和 V_{41}、V_{12} 和 V_{42} 的工作状态是互补的,这是三电平逆变器的基本控制规则。

由于图 6-18(b) 方案中主逆变管采用串联方式,在一定的 U_d 下,主逆变管 $V_{11} \sim V_{42}$ 的耐压可以降低一半,这对目前耐压水平还较低的 IGBT 等新型场控器件在逆变器中的应用是十分有利的,国外电力牵引已开始应用三电平 IGBT 逆变电路,如日本新干线新型高速动车的主传动电路。图 6-18 的电路中采用的是 GTO,它可以使逆变器的中间直流环节的电压升到 6000V 左右,从而使逆变器的单机容量达到 10000kVA。

三、逆变器工作模式的切换

三电平 NPC 型逆变器的稳态工作有 P、O、N 三种工作模式,从一种工作模式转换到另一种工作模式必然需要换相,那么能否从一种工作模式换到任意的另一种工作模式?显然,从三电平逆变器的性质来看,是不允许 P 和 N 两种工作模式间的直接互相转换的,只允许 $P \rightarrow O \rightarrow N$ 或 $N \rightarrow O \rightarrow P$ 的转换,这在控制中必须给予保证。

下面以一个桥臂电路为例,分析 NPC 型逆变器从 P 状态切换至 O 状态的过程。

(1)若电流从逆变器流向负载端

以图 6-18(b) 为例,假设初始状态为主功率器件 V_{11}、V_{12} 导通,电流流通路径为 P 端 $\rightarrow V_{11} \rightarrow V_{12} \rightarrow A$ 端。为了实现逆变器从 P 状态切换至 O 状态,先给 V_{11} 施加关断信号,由于 V_{11} 关断存在关断延时,所以电流仍可继续流通。当 V_{11} 可靠关断后,变形成 O 端 $\rightarrow D_1 \rightarrow V_{12} \rightarrow A$ 端的电流流通路径,使得钳位二极管 D_1 承担全部负载电流,这样由 V_{11} 到 D_1 的换相过程结束后,电流流通路径变成 O 端 $\rightarrow D_1 \rightarrow V_{12} \rightarrow A$ 端。此时负载端 A 点电位为 0,逆变器进入 O 状态工作模式。但值得注意的是在这种状态下,器件 V_{41} 即使导通,对电路的工作也没有影响。

(2)若电流从负载端流向逆变器

仍然以图 6-18(b) 为例,电流流通路径为 A 端 $\rightarrow D_{12} \rightarrow D_{11} \rightarrow P$ 端,此时负载端电位就是 P 电位。为了实现逆变器从 P 状态切换至 O 状态,V_{12}、V_{41} 应该施加导通信号,而 V_{11}、V_{42} 则应该施加关断信号,V_{11} 的关断对电路的工作没有影响,而 V_{41} 的导通则提供了从 A 端 $\rightarrow V_{41} \rightarrow D_4 \rightarrow O$ 电位的电流流通路径。由于 O 比 P 的电位低,所以从负载来的电流大量流向该路径,并使流经 $D_{12} \rightarrow D_{11}$ 的电流不断减小,直至为零。这样就完成了从 P 状态切换到 O 状态的换相过程。

同理可以分析其他工作模式之间的切换过程。

四、三电平逆变器的输出电压波形

(一) 逆变器的相电压波形

三电平逆变器和普通二电平逆变器一样,可以按方波(阶梯形波)方式工作,也可以按 PWM 方式工作。若按方波方式工作时,相电压波形如图 6-19(a)所示,电压有 $U_d/2$、0、$-U_d/2$ 三种。

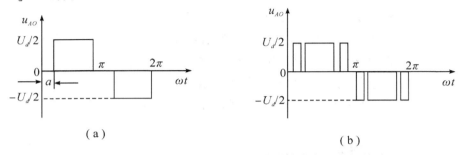

图 6-19　三电平逆变电路的两种输出电压波形
(a) 方波输出　　(b) PWM 方式输出

这里的起始角 α 即为图 6-18Nabae 电路中 A 相 V_{11}、V_{12} 的控制角,改变 α 的大小,可以控制方波的宽度,从而改变三相电动机的相电压。若按脉宽调制方式工作,可以得到不同数量和不同宽度的一系列正、负脉冲,脉冲幅值为 $\pm U_d/2$,如图 6-19(b)所示。在图 6-19(a)、6-19(b)中相电压的参考点均为电源中点。

(二) 电动机或其他三相负载的相电压波形

改变图 6-19(a)中的控制角 α,可以改变逆变器输出相电压(如 U_{AO})的波形,因此也可改变三相负载上的相电压波形。图 6-17 中负载是电动机的三相绕组,中点是相电压参考点(图中的 O' 点)。若 α=0°,逆变器的相电压 u_{AO} 是幅值为 $\pm U_d/2$ 的方波,这里的负载相电压就和普通二电平逆变器那样没有电压为零阶段,负载电动机的相电压必然和普通二电平逆变器供电的情况相同,是六阶梯波(如图 6-5 所示),各阶段的电压值也相同。但当 α≠0°时,三电平逆变器输出的相电压中出现电压为零的阶段,因此以 O' 为参考点的负载上,相电压的波形也随着改变。在图 6-20 中画出 α 为 0°、15°、30°、45°、60°等情况下的负载相电压 $u_{AO'}$ 的波形,由图可见,当 α 加大时,$u_{AO'}$ 的有效值下降。当 α=15°时 $u_{AO'}$ 的波形最接近正弦,它由 12 个阶梯组成。

由于逆变器输出的相电压 u_{AO} 基准点为电源的中点,而负载电动机相电压 $u_{AO'}$ 的基准点为三相绕组中心点 O',因此从 u_{AO}、u_{BO}、u_{CO} 归算到 $u_{AO'}$、$u_{BO'}$、$u_{CO'}$ 时还需要进行等效电路的运算,其方法与表 6-1 所示相同。现以波形最好 α=15°时波形为例说明计算方法。

在 0°≤ωt≤15°阶段 $u_{AO}=0$、$u_{BO}=-U_d/2$、$u_{AO}=U_d/2$,电动机的三相绕组等效电路如图 6-21 所示。

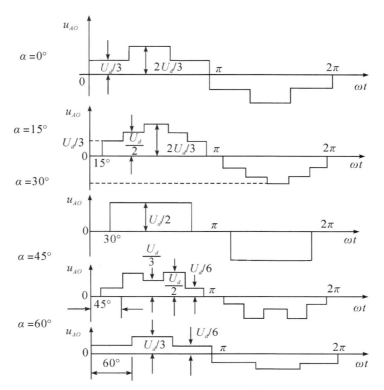

图6-20 三电平逆变电路在不同控制角时负载相电压 $u_{AO'}$ 的波形

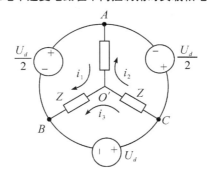

图6-21 在 $\alpha=15°$ 时 $0°\leqslant\omega t\leqslant 15°$ 阶段的负载等效电路

A、B、C 三点间电压为 $u_{AB}=U_d/2$、$u_{BC}=-U_d$、$u_{CA}=U_d/2$。
所以有下列关系式

$$\begin{cases} U_d/2 = (i_1-i_2)Z+(i_1+i_3)Z \\ U_d/2 = (i_3+i_2)Z+(i_2-i_1)Z \\ U_d = (i_2+i_3)Z+(i_1+i_3)Z \end{cases} \tag{6-18}$$

解得 $i_1=i_2$,故 $u_{AO'}=(i_1-i_2)Z=0$。

同理对不同的 ωt 各阶段,列出逆变器各相电压值,画出等效电路,可解出不同阶段的 $u_{AO'}$ 波形。$u_{BO'}$、$u_{CO'}$ 各后移 120°。

在 $\alpha=15°$ 时,$u_{AO'}$ 中的谐波分量总的有效值与基波分量有效值之比为

$$\lambda = \frac{\sqrt{\sum U_n^2}}{U_1} \approx 0.16 \qquad (6-19)$$

第四节　IGBT 与 GTO 在逆变电路中的应用

一、IGBT 三相逆变电路

IGBT 三相桥式逆变电路的实用电路如图 6-22 所示。图 6-22 附带给出了直流中间回路的过电压泄放电路及图右侧的缓冲(吸收)电路。

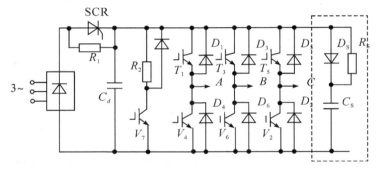

图 6-22　IGBT 三相逆变电路图

图中 $V_1 \sim V_6$ 为 6 只 IGBT，构成电压型三相桥式逆变器，向感应电动机供给三相变频电源，如图中 A、B、C 所示。当逆变器按 180°导通的阶梯波输出工作时，各 IGBT 依次每隔换流一次，每管导通次序为 V_1、V_2、V_3；V_2、V_3、V_4；V_3、V_4、V_5；……；V_6、V_1、V_2。相电压和线电压波形如图 6-5 所示。感应电动机的滞后电流仍由反馈二极管 $D_1 \sim D_6$ 续流，IGBT 中的电流和反馈二极管中的电流如图 6-15(c)、6-15(d)所示，其直流输入环节的电流波形也与图 6-15(e)所示的 i_d 波形相同。由于感应电动机负载不仅具有电感，而且又具有对各次谐波电流作用不同的反电势，所以实际电流与图 6-15 所示的波形略有不同，特别是在感应电动机空载或轻载下，电机的磁化电流占有相当大的比例时，电流的畸变较大，如图 6-23(a)所示。

由图 6-22 和图 6-23(a)可见，逆变器 A 相输出电流，即进入电机 A 相的电流 $+i_A$，由 V_1 和 D_4 轮流供给，$i_A = i_{V1} + i_{D4}$。其中逆变器 A 相输出电压 U_A 为正时，V_1 导通，U_A 为负时，D_4 导通。逆变器 A 相的负方向电流 $-i_A$，经过 V_4 和 D_1 流出，即 $-i_A = i_{V4} + i_{D1}$。各管的工作情况与输出电压、电流的波形与图 6-23(b)相同，只是实际波形略有一些畸变。

不能对直流环节调压即 U_d 恒定的逆变电路，只能通过正弦脉宽调制(SPWM)才能对电机提供调压、调频的电源。在 SPWM 控制时，A 相中的 V_1 和 V_4 按一定规律轮流切换，使输出为一系列不等宽的正、负电压脉冲，如图 6-23(b)所示为 A 相电压波形。当 A

相电流为 i_A 正时 $i_A = i_{V1} + i_{D4}$ 其中 T_1 导通时 $i_A = i_{V1}$，正电压加于 A 相，i_A 上升；V_1 关断时，D_4 续流，A 相接负线，i_A 下降。同理，i_A 为负时，$-i_A = i_{V4} + i_{D1}$，其波形近似正弦。

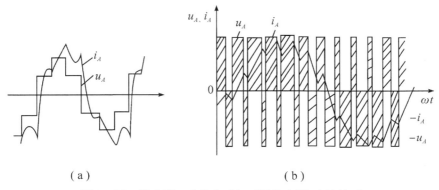

图 6-23　逆变器—交流电动机系统的电压、电流波形
(a)六阶梯波时的电压、电流波形　(b)PWM 时的电压、电流波形

图 6-22 中以虚线框出的是附属于电力电路的 IGBT 缓冲电路，这是一种并联在 IGBT 上，主要由 R_s、C_s 及快速二极管 D_s 构成的过电压吸收电路，将在下一节中阐述。

二、IGBT 的选择

在设计或选用 IGBT 逆变电路时，必须正确选择或核对所采用的 IGBT 容量。从原理上说，必须考虑到在最大负载和可能出现的过电压、过电流下，元件仍能可靠地工作，它既不超出 IGBT 的正向安全工作区，又不超出反向安全工作区。这种安全工作区是由 IGBT 的生产工厂提供的。在实际应用时，还可按生产工厂所提供的计算公式选用元件，下面是三菱公司推荐的公式。

（一）电压定额的决定方法

元件的电压定额由中间直流环节可能出现的最大直流电压的峰值 U_{dmax} 决定，故有

元件额定电压 = 最大直流电压的峰值 U_{dmax} + 再生电压增加值 + 浪涌电压

(6-20)

式中 U_{dmax} 是直流中间环节在正常情况下空载时所能达到的最大峰值电压，而不是中间环节的直流平均电压。

再生电压增加值是指直流中间环节在有反馈电流时，由于储能电容 C_d 的过充电而引起的电压升高部分。浪涌电压情况比较复杂，它可能由瞬时出现的 IGBT 开关过程中的 Ldi/dt 引起，也可能是电网的瞬时波动。

（二）电流定额的决定方法

元件的电流定额是由 IGBT 逆变电路的容量计算出最大电流值来确定的。现以负载是电动机为例，计算其电流定额。设电动机的轴功率（输出功率）为 P_M，则电流定额为

$$I_C = \frac{10^3 P_M}{\cos\phi \sqrt{3} U} \sqrt{2} K_4 K_5 \qquad (6-21)$$

式中：$\cos\phi$——电动机的功率因数；

U——相电压有效值；

K_4——逆变器的过载倍数或过载能力，即电流的安全系数，取 $K_4 = 2$；

K_5——考虑电网电压等因素引起的电流脉动率，取 $K_5 = 1.2$。

上列计算式的分子是根据电动机输出的轴功率，折算出逆变电路所需的容量，除以分母得出逆变电路相电流的有效值，再折算成峰值，然后由相电流峰值乘以必要的系数 K_4 和 K_5，得到 IGBT 的电流定额。IGBT 模块中已包含了反并联的快速二极管，因此不必再外接续流(反馈)二极管。

三、GTO 和续流二极管的选择

(一) GTO 的定额选择

在逆变器中，GTO 承受的电压为最大的直流中间环节电压 U_{dmax}，是逆变器输入的交流电源电压的峰值和可能出现的电压波动之和。参照这一计算方法可写出 GTO 用于逆变器中的电压定额。

$$U = \sqrt{2} U_s K_1 K_2 K_3 \qquad (6-22)$$

式中：U_s——交流电源的电压有效值；

K_1——电网电压波动系数，$K_1 \approx 1.5$；

K_2——直流中间回路的反馈升压，$K_2 \approx 1.2$；

K_3——电压安全系数，$K_3 \approx 1.2 \sim 1.5$。

通常 GTO 的电流定额是指元件在规定的条件下可以关断的最大峰值电流，因此可参照上述 IGBT 元件电流定额的计算方法，来确定 GTO 的电流定额，因为两者都是按负载电流的峰值，再考虑一定的裕量和电流的脉动因素，得出应选用的元件电流定额，故 GTO 的电流定额为

$$I = \sqrt{2} I_L K_4 K_5 \qquad (6-23)$$

式中：I_L——负载电流的有效值；

K_4、K_5——考虑安全裕量和电流脉动。

通常选用范围为 $I = (3 \sim 5) I_L$。

(二) 续流二极管(反馈二极管) 的定额和特性选择

在方波输出的逆变器中，续流二极管(反馈二极管)每一个周期中只流过感性负载电流一次，电流的有效值较少，因此按电流有效值来表示电流容量的二极管，其电流定额在方波输出的逆变器中约为主逆变管容量的 20%。在 SPWM 逆变器中，续流二极管与主逆变管是轮流导通，其电流有效值与主管接近，但二极管电流定额的定义是正弦半波电流的平均值，较正弦电流峰值小 π 倍，因此续流管的电流定额是主管 GTO 电流定额的 1/3 左右。

续流二极管的特性对逆变器中主管工作可靠性影响很大，应该选用反向恢复电荷

小、恢复特性软和导通快的快速二极管作为续流二极管。图 6-24(a)是二极管的典型反向恢复波形。

定义相对软恢复度为 σ，反向恢复电荷为 Q_r，则

$$\sigma = t_b/t_a \quad (6-24)$$

式中：t_a——反向恢复电流 i_r 从零开始到峰值的时间；

t_b——反向恢复电流 i_r 从峰值降到接近零的时间。

图 6-24(a)中由反向恢复电流所包围的面积代表反向恢复电荷，即

$$Q_r = \int_0^{t_a+t_b} i_r(t)\mathrm{d}t \approx \frac{1}{2}(t_a + t_b)I_{rm} = \frac{1}{2}t_r I_{rm} \quad (6-25)$$

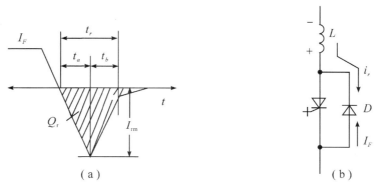

图 6-24 二极管的反向恢复特性及其 Ldi_r/dt
(a)反向恢复特性 (b)i_r 下降期间形成的 Ldi_r/dt

具有良好软恢复特性的二极管 $\sigma \approx 1$，如果 Q_r 大，σ 又很小（$t_a \gg t_b$），表示反向恢复特性不好，因为在反向电流下降的 t_b 时间里，i_r（反向恢复电流）急剧下降，理想的二极管在承受反向电压时截止，不会有反向电流通过，而实际二极管正向导通时，PN 结内的电荷被积累，当二极管承受反向电压，PN 结内积累的电荷将释放并形成一个反向恢复电流。在线路杂散电感上引起相当大的 Ldi_r/dt（见图 6-24(b)），此电感电势与电源电压串联后叠加于主管上，可能造成该主管的损坏，Q_r 越大这种危险就越大。所以应该选用 Q_r 小，σ 接近 1 的恢复特性软的二极管。此外减小 Q_r 和反向恢复时间 $t_a + t_b$，可以减少器件的开关损耗，在选用续流二极管时也应加以注意。

第五节 缓冲电路

一、缓冲电路的作用与基本类型

电力电子器件的缓冲电路（Snubber Circuit）又称吸收电路，它是电力电子器件的一种重要的保护电路，不仅用于半控型器件的保护，而且在全控型器件（如 GTR、GTO、MOSFET 和 IGBT 等）的应用技术中，起着更重要的作用。

GTO 等全控型自关断器件运行中都必须配用开通和关断缓冲电路,但其作用与晶闸管的缓冲电路有所不同,电路结构也有差别。主要原因是全控型器件的工作频率要比晶闸管高得多,因此开通与关断损耗是影响这种开关器件正常运行的重要因素。

GTO 的开通缓冲电路用来限制导通时电流的变化率,以免发生元件内的过热点,而且它在 GTO 逆变器中还起着抑制故障时贯穿短路电流的峰值及其 di/dt 的作用。GTO 的关断缓冲电路不仅为限制 GTO 关断时重加电压的变化率及过电压,而且对降低 GTO 的关断损耗、使 GTO 发挥应有的关断能力、充分发挥它的负荷能力起重要作用。

IGBT 的缓冲电路功能更侧重于开关过程中过电压的吸收与抑制,过电压产生的原因分析如下。对于逆变器的开关元件两端,产生过电压的原因主要有以下两点:第一,由于电路中引线电感的存在,当器件开通时,母线电流经由器件流过负载,当器件截止关断时,引线电感电流在器件关断时突变产生过压的 Ldi/dt;第二,由于续流二极管反向恢复电流 i_r 引起过电压 Ldi_r/dt。因此,为了减少开关元件所承受的过电压,除了选取合适的元件,如选用反相恢复电流小的二极管和进行电路板的合理布局,即减小引线电感,以及改进驱动方式,采用软关断技术外,在电路中设计必要的缓冲保护电路是不可缺少的。图 6-22 中虚框内所给出的一种缓冲保护电路一般可用于 5kW 内逆变器系统开关元件的保护。由于 IGBT 的工作频率可以高达 30~50kHz,因此很小的电路电感就可能引起颇大的 Ldi/dt,从而产生过电压而危及 IGBT 的安全。

图 6-25(a)和(b)是 PWM 逆变器中 IGBT 在关断和开通中的 v_{CE} 和 i_C 波形。

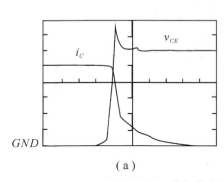
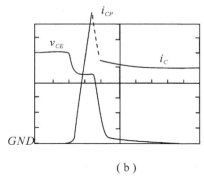

(a) (b)

图 6-25 逆变器中 IGBT 关断和开通时的波形

(a)关断时的 v_{CE} 和 i_C (b)开通时的 v_{CE} 和 i_C

由图 6-25(a)可见,在 i_C 下降过程中 IGBT 上出现了过电压,其值为电源电压 v_{CC} 和 Ldi_C/dt 两者的叠加。图 6-25(b)为开通时的 v_{CE} 和 i_C 波形,图中增加极快的 i_C 出现了过电流尖峰 i_{CP},当 i_{CP} 回落到稳定值时,过大的电流下降率同样会引起元件上的过电压而需加以吸收。逆变器中的 IGBT 开通时出现尖峰电流,其原因是刚导通的 IGBT 负载电流上又叠加了桥臂中互补管上反并联的续流二极管的反向恢复电流,所以在此二极管恢复阻断前,刚导通的 IGBT 上形成逆变桥臂的瞬时贯穿短路,使 i_C 出现尖峰,为此需串入抑流电感即串联缓冲电路,或放大 IGBT 容量。

缓冲电路工作过程可以简单分析如下。当开关管 V 截止时,原来流过引线电感 L 的

电流通过 C_s、D_s 旁路,从而将 L 上的储能转移到 C_s,避免在器件关断时由于电流突变,引起在器件两端产生很高的电压尖峰,因而大大降低了在开关管截止瞬间在其两端所产生的过电压;当开关管 V 导通时,C_s 的储能通过开关管 V 和缓冲电阻 R_s 释放,从而使其两端的电压下降到母线电源电压,为下次的缓冲吸收做好准备。

综上所述,缓冲电路对于工作频率高的自关断器件,通过限压、限流、抑制 di/dt、dv/dt,把开关损耗从器件内部转移到缓冲电路中去,然后再消耗到缓冲电路的电阻上,或者由缓冲电路设法再反馈到电源中去。由此缓冲电路可分为两大类,前一种是能耗型缓冲电路,后一种是反馈型缓冲电路。能耗型电路简单,在电力电子器件的容量不太大、工作频率也不太高的场合下,这种电路应用很广泛。

二、缓冲电路的基本结构

缓冲电路的功能有抑制和吸收两个方面,因此图 6-26(a)是这种电路的基本结构,串联的 L_s,用于抑制的 di/dt 过量,并联的 C_s 用于吸收器件上的过电压,即器件在关断时 C_s 通过快速二极管 D_s 充电,吸收器件上出现的过电压能量,由于电容电压不会跃变,限制了重加 dv/dt。当器件开通时。C_s 上的能量经 R_s 泄放。对于工作频率较高、容量较小的装置,为了减少损耗,图 6-26(a)的串并联 RLCD 缓冲电路,可简化为图 6-26(b)的形式。这种由 RCD 网络构成的缓冲电路普遍用于 GTR、GTO、电力 MOSFET 及 IGBT 等电力电子器件的保护。

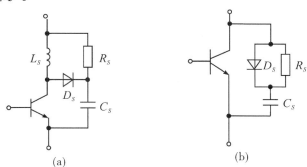

图 6-26 电力电子器件的基本缓冲电路
(a)串并联 RLCD 缓冲电路 (b)并联 RCD 缓冲电路

图 6-27(a)、(b)、(c)、(d)、(e)所示的几种缓冲电路是上述基本 RCD 缓冲电路的简化或演变。如图所示,它们既可用于逆变器中 IGBT 模块的保护,也适用于其他电力电子器件的缓冲保护,但其性能有所不同。

图 6-27(a)是最简单的单电容电路,适用于小容量的 IGBT 模块(10~50A)或其他容量较小的器件,但由于电路中无阻尼元件,容易产生振荡,为此可以在 C_s 上串入 R_s 加以抑制,这种 RC 缓冲电路在晶闸管的保护中已用得很普遍。

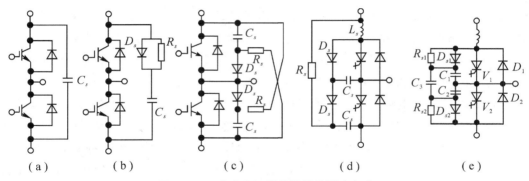

图 6-27 电力电子器件的其他缓冲电路

(a) IGBT 桥臂模块的单电容电路 (b) 桥臂模块公用的 RCD 电路 (c) 有反馈功能的 RCD 电路
(d) 不对称有反馈功能的 RCD 电路 (e) Δ形吸收电路

图 6-27(b) 是把 RCD 缓冲电路用于由两只 IGBT 组成桥臂的模块上,此电路比较简单,但吸收功能较单独使用 RCD 时略差,多用于小容量元件的逆变器桥臂上。有时还可以把 6-27(a)、6-27(b) 两种缓冲电路并联使用,以增强缓冲吸收的功能。

图 6-27(c) 是 R_s 交叉连结的缓冲电路,当器件关断时,C_s 经 D_s 充电,抑制 dv/dt。当器件开通前,C_s 经电源和 R_s 释放电荷,同时有部分能量得到反馈,这种电路对大容量的器件,例如 400A 以上的 IGBT 模块比较适合。

图 6-27(d) 是大功率 GTO 逆变桥臂上的非对称 RLCD 缓冲电路。图中限流电感 L_s 经过 Cs 和 R_s 释放磁场能量。GTO 关断时,C_s 经 Rs 吸收能量并经 R_s 把部分能量反馈到电网上去,因此损耗较小,适用于大容量的 GTO 逆变器。与图 6-27(c) 的功能类似,其 C_s 具有吸收电能和电压箝位双重功能且效率较高。

图 6-27(e) 是三角形吸收电路。吸收电容 $C_1 \sim C_3$ 为三角形联结,在 V_1 关断时,并联在 V_1 两端的总吸收电容量由 C_2 和 C_3 串联与 C_1 并联后组成,即总电容量是 $C_\Sigma = C_1 // (C_2 + C_3)$。

这种电路的特点主要有以下几点:①三只电容器之间几乎不需要连结线,所以寄生电感极小;②在电力电子器件工作过程中每只电容器都参与工作,电容器利用率高;③电路的损耗较小。日立公司曾在一定的条件下进行试验比较,这种电路的损耗约为 RCD 电路损耗的 40%。

缓冲电路引线中的杂散电感 L'_s 必须限制到最小,以防止电力电子器件在关断时出现电压尖峰,并消除杂散电感与缓冲电路中 C_s 构成谐振回路所产生的振荡。图 6-28 以电感性负载中 GTO 的缓冲电路为例,说明杂散电感 L'_s 对关断过程中阳极电压产生尖峰电压 V_P 的影响。

在阳极电流迅速下降时,随着 C_s 快速充电,L'_s 上所产生的 $L'_s di_s/dt$ 电势加在 GTO 上,故 L'_s 越大、V_P 也越大,管耗 p_{off} 也越严重。此外,在感性负载下阳极电流下降率 di_A/dt 与缓冲电路中的电流上升率 di_s/dt 相等,故负载电流越大,下降越快,$L'_s di_s/dt$ 也越大,同样会产生严重后果。所以缓冲电路中的 R_s、C_s 和 D_s 等元件也应采用无感元件。

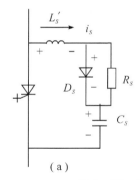 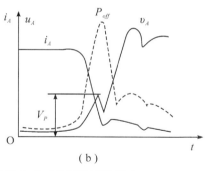

图 6-28 缓冲电路中的杂散电感对关断波形的影响

(a)缓冲电路中的 L'_s (b)L'_s 使阳极电压产生尖峰

三、缓冲电路中 C_s 和 R_s 值的确定

(一)吸收电容 C_s 值的确定

IGBT 制造公司(三菱)所推荐的 C_s 参数计算方法是避开不易确定的下降时间 t_f,认为主电路关断时不能续流释放的那部分磁场能量都转换成 C_s 的电场能量,这时,C_s 的最高电压 V_{CSP} 不应该超过设计允许值。这样,C_s 在电子器件关断时其充电电压就由两部分组成,一部分是由电源输入的充电电压 U_d,另一部分则是由没有释放的磁场能量转换过来的充电电压。故

$$\frac{1}{2}L_M I_L^2 = \frac{1}{2}C_s(V_{CSP} - U_d)^2 \qquad (6-26)$$

式中:L_M——主电路电感,主要是没有续流的杂散(寄生)电感;

V_{CSP}——C_s 上的最大充电电压。

由此可得

$$C_s = \frac{L_M I_L^2}{(V_{CSP} - U_d)^2} \qquad (6-27)$$

由图 6-29 可见,V_{CSf} 和 V_{CSP} 是在不同时间里出现的电容电压,V_{CSP} 远大于 V_{CSf}。在电力电子器件允许的耐压下,V_{CSP} 值为已知,例如是电源电压 U_d 的 1.5 倍,即可求得 C_s 值。

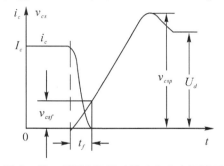

图 6-29 IGBT 关断时缓冲电容电压波形

GTO 的耐压性能高,它的缓冲电路作用如上面所述,L_s 和 C_s 的作用是限制过大的 di/dt 和 dv/dt,故有下列计算式:

$$L_s \geq \frac{U_d}{(di/dt)_{max}} \quad (6-28)$$

$$C_s \geq \frac{I_{TGQM}}{(di/dt)_{max}} \quad (6-29)$$

式中:$(di/dt)_{max}$——GTO 开通时的允许最大电流上升率;

$(dv/dt)_{max}$——GTO 关断时的允许最大电压上升率;

I_{TGQM}——GTO 阳极最大可关断峰值电流。

不同的 GTO 允许值也不同,如 4500V/3000A 的 GTO,其值为 $di/dt < 500 \text{A}/\mu s$,$dv/dt < 1000 \text{V}/\mu s$。

(二) 阻值 R_s 的确定

缓冲电路中 R_s 阻值如果过大,C_s 的放电时间过慢,在下一次开关过程中 C_s 就不能充分发挥吸收能量的作用。但 R_s 过小,在器件导通时,$R_s C_s$ 放电电流过大、过快,可能危及器件的安全也可能引起振荡。为此可取开关器件的工作周期 T 约等于 $(3 \sim 6) R_s C_s$。在功率较大的 GTO 缓冲电路中,一般取 R_s 为 $5 \sim 10\Omega$。

复习思考题

6-1 无源逆变电路和有源逆变电路有何不同?

6-2 性能良好的逆变电路包括哪三部分以及各自的作用?

6-3 什么是电压型逆变电路?什么是电流型逆变电路?二者各有什么特点?

6-4 名词解释:脉宽调制;载波比;相对软恢复度。

6-5 分析图 6-4,120°和 180°导通型三相逆变器在各阶段的等值电路及相电压和线电压值。

6-6 分析正弦脉宽调制原理,并说出单极正弦脉宽调制和双极正弦脉宽调制的不同。

6-7 采用三电平逆变器相对于二电平逆变器的主要好处体现在哪几方面?

6-8 SPWM 逆变器的调制方法有哪几种?各自有哪些优缺点?

6-9 简述自然采样法 SPWM 的基本原理。

6-10 简述规则采样法、不规则采样法 SPWM 的基本原理。

6-11 简述指定谐波消除法 SPWM 的基本原理。

6-12 分析三电平逆变电路的工作原理。

6-13 直接转矩控制系统中采用多电平逆变器可以解决哪些问题?

6-14 分析 Holtz 电路的工作原理。

6-15 分析 Nabae 电路的工作原理。

6-16　分析IGBT三相逆变电路的开关管在开关过程中产生过电压的原因。

6-17　缓冲电路的功能有哪几个方面?

6-18　GTO的缓冲电路和IGBT的缓冲电路在各自的逆变电路中的作用有什么不同?

6-19　分析图6-22中缓冲电路的工作过程。

6-20　画出电力电子器件的两种基本缓冲电路。

6-21　画出三角形缓冲电路,并分析这种电路的特点。

6-22　如何确定缓冲电路中的C_s和R_s值?

第七章

城市轨道交通车辆的主传动控制

城市轨道车辆牵引电传动系统的基本任务是通过机电能量转换,达到速度、位置和转矩控制的目的。其本质是电机和变流系统的性能。城市轨道车辆牵引系统采用直—交电传动形式。牵引设备主要有高压电器(主变压器)、牵引变流器和牵引电机及相关控制系统等。

牵引电机工作在电动机状态时,产生驱动列车前进的牵引力,工作在发电机状态时则产生阻止列车前进的制动力,主传动系统及其控制的性能决定了车辆的主要性能。在交通运输中采用电机驱动来满足车辆牵引的电气传动部分,称为电力牵引控制系统。它以牵引电机为控制对象,通过开环或闭环控制系统对电机的牵引力和速度进行调节,以满足车辆牵引和制动特性的要求。比如干线集中动力的电力机车、电力传动内燃机车,分散动力的干线客运电动车组、城市地铁和轻轨列车等。磁悬浮列车和电动汽车同样采用电力牵引传动控制系统。

根据所采用传动电机是直流牵引电机还是交流牵引电机的不同,城市轨道交通车辆主传动可分为直流传动和交流传动两种。交流电机与直流电机相比,结构简单、易于制造、价格便宜、无触点导流、维护工作量少,从而得到了广泛应用。但交流电机要满足车辆牵引特性要求的调速手段非常复杂。由于受当时技术条件限制,交流电机一直没能在牵引领域得到实际应用。而直流电机很容易满足牵引特性要求,所以交通领域的电力牵引传动系统长期以来一直采用直流传动控制系统。到了20世纪90年代初期,在电力电子器件和交流电机调速理论等相关技术充分发展的前提下,以交流电机作为牵引电机的交流传动系统开始取代直流传动系统。1995年前后,欧洲和日本等工业化国家已经停止生产直流传动控制系统。1997年,第一台国产交流传动电力机车研究成功。铁道部于1998年底宣布,电力牵引传动控制系统要用10年左右时间完成从直流传动到交流传动的转换。

根据模块化、平台化与结构化思想,列车牵引控制功能可以划分为3个层次,即列车控制级、车辆控制级和传动控制级,如牵引控制系统的列车控制级负责整列车的上层控制、状态监测与故障诊断等,主要功能包括操作端选择与确定逻辑、运行方向及左右侧、牵引和制动指令以及列车速度特性控制,牵引和制动力协同,列车级故障诊断与安全导向,辅助系统控制及记录和信息交互等;车辆级控制实现动力单元内控制、状态监测与故障诊断等;传动控制级实现四象限脉冲整流器、逆变器和异步牵引电动机控制等,主要功能包括牵引变流系统和电机控制、空转与滑行保护控制(或粘着控制)等。

现代列车控制和诊断系统都采用车载网络系统。列车网络系统基本特性主要体现为实时性、确定性、可靠性和安全性(包括安全完整性与信息安全)等。其应用特性主要包括实现列车动态解编的通信网络初运行,监视数据、过程数据、消息数据、流数据的实现等。

故障诊断与网络系统以及传感技术的结合,使得列车级诊断—车辆级诊断—设备诊断分级诊断综合系统的建立成为现实,并扩展到车地一体化的远程综合系统。

车辆直流牵引电动机的调速有两种基本形式:变阻控制和斩波调压控制。车辆交流牵引电动机变频调速则多采用转差频率控制或磁场定向式矢量控制,近年来也已开始采取直接转矩控制。在第四章已经详细地介绍了矢量控制和直接转矩控制技术,本章主要介绍车辆的直流传动控制和交流传动控制。

第一节　车辆直流传动控制

对于直流供电的城市轨道电动车组,为了调速,直流电传动系统的电机端电压调节也随着电力电子技术的发展经历了3个阶段:机械开关调节电阻调压;斩波调节电阻调压;可控硅等调节导通时间比(占空比)来斩波调压。其中机械开关调节电阻调压和斩波调节电阻调压属于变阻控制。

一、变阻控制

变阻控制通过调节串入电机回路的电阻以改变直流牵引电动机端电压来达到调速目的,主要有凸轮变阻控制和斩波调阻控制两种方式。

(一)凸轮变阻控制

凸轮控制装置通过转动凸轮,使有关接触器接入或切除起动电阻来改变电阻值,以达到调节牵引电动机端电压的目的。北京地铁运行较早的BJ-4型电动车组就采用了变阻控制器LK逐级切换主回路中的起动电阻,以实现牵引电动机的调速。BJ-4型的每节车有两个全动轴的二轴转向架,牵引电动机的额定功率为76kW,额定电压为375V,额定电流为230A,每一节动车的4台牵引电动机,两台固定串联成一个机组,两个机组再根据牵引工况接成串联或并联,由串联到并联采取一次性桥路转换。制动时两机组交叉励磁,保证电气稳定性。

在电传动机车上普遍采用了对牵引电动机进行磁场削弱的方法来提高机车的恒功率速度。一般采用的是磁场分路的有级磁场削弱方法,即在牵引电动机励磁绕组的两端并联一级或数级分路电阻,当分别接通各级分路电阻时,部分电流从分路电阻流过,使励磁电流减少,从而达到磁场削弱的目的。当机车速度较低时,各牵引电动机的磁场削弱接触器的触头均断开,此时称为全磁场;随着机车速度的提高,牵引电动机的端电压也升高,当接近限压区时,进行一级磁场削弱,各电机的磁场削弱触头闭合,分流电阻分别与各电机的励磁绕组并联,使励磁电流分流,并引起电枢电流增大,端电压下降;随着机车速度的继续提高,牵引电动机的端电压又升高,当再次接近限压区时,进行二级磁场削弱,各电机的磁场削弱触头再闭合,同时并入分流电阻,使励磁电流进一步分流,磁场削弱程度加深,并引起电枢电流增大,端电压下降;若机车速度继续提高,当电压达到恒功率最高电压后,就会进入限压区运行。可见,二级磁场削弱后,再次回降电压,使恒功率调速范围得以扩大,扩大的范围与牵引电动机磁场削弱深度有关。常用磁场削弱系数 β 来表示磁场削弱的深度,它表示为削弱后的励磁电流 I_{DL} 与全磁场励磁电流(对于串励电动机等于电枢电流 I_D)的比值,即 $\beta = I_{DL}/I_D$。在机车上,磁场削弱是由控制电路自动进行的,磁场削弱正向过渡点和磁场恢复的反向过渡点通常以机车速度点来整定,为避免过渡过程的不稳定现象,反向过渡点速度比正向过渡点的速度要低些,并已纳入了出厂机车的技术标准。当磁场削弱自动控制电路故障时,机车上备有手动操作开关。牵引电动机有级磁场削弱方法虽然简单,但是磁场削弱瞬间会引起电流冲击,因此,级数越多,越有利于减小这种冲击,但电路则相对复杂。有的机车是先降低牵引发电机功率输出,再进行磁场削弱,以避免电流冲击引起柴油机短时过载。防止电流冲击的最佳方式是无级磁场削弱。另外值得注意的是,磁场削弱不利于电机换向,因此,为了保证电机换向的磁场稳定性,磁场削弱的深度受到限制。BJ–4 型(DKl6 型)电动车组的主电路原理电路图如图 7–1 所示。

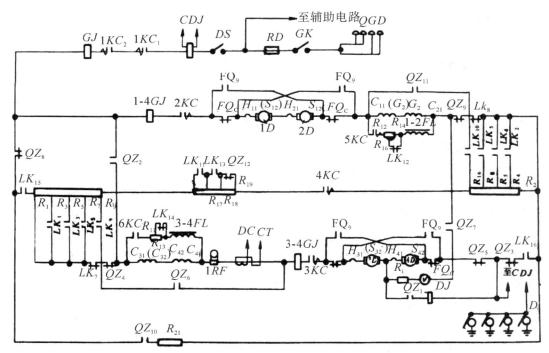

图 7–1 BJ–4 型电动车组主电路原理图

1D~4D—直流串励牵引电动机;LK—变阻控制器;KC—电空接触器;QGD—第三轨受流器;RD—主回路的熔断器;DS—快速短路器;GJ—过载继电器;FQ—前进后退转换开关;QZ—牵引制动转换开关;RF—直流电流表分流器;C_{11}、C_{22}、C_{21}、C_{31}、C_{32}、C_{42}、C_{41}—电动机串励主极绕组;1FL~4FL—电感分流器;R—起制动限流电阻;CDJ—牵引工况接地保护用差动继电器;DJ–制动工况接地保护继电器;DCCT—主回路直流电流检测互感器;D_1—接地装置;R_1—电压表量程倍率器。

BJ-4型电动车组的牵引工况及电阻制动工况都有3个工作位。

牵引1位为起动或调车位,持续时间不得超过1min。在牵引1位的时候,4台牵引电动机1D~4D全部串联;起制动电阻也全部串联在主回路中,以此来限制起动电流过大;同时为了降低起动转矩,使起动平稳而不发生冲动或引起空转而进行了最深的磁场削弱,β_{min}为45%,在这一工作位,列车速度最高可达8~13km/h,电流整定值为250A。

牵引2位,变阻控制器LK通过电阻切换来完成1~11级的晋级过程。12级时磁场削弱$\beta_1 = 65\%$,到13级时磁场削弱$\beta_2 = 45\%$(即达到β_{min})。牵引2位4台牵引电动机仍全部保持串联,列车速度可达40~50km/h,电流整定值为350A左右。

牵引3位,牵引电动机改为二串二并接法,并在两并联支路中逐级切换电阻,最后晋级实行二级磁场削弱,最深的磁场削弱系数β_{min}也为45%,列车速度可达65~80km/h,电流整定值为350A左右。

制动1位,通过牵引制动转换开关的切换,电动机作发电机运行,制动电阻全部接入;并形成两组牵引电动机的交叉励磁,以保证两个电阻制动主回路中的负载平衡。

制动2位,从2级开始晋级到19级,依次轮流切除起制动电阻,以实现对制动电流的恒流控制。制动2位的制动电流整定值和制动力都大于制动1位,制动效果明显。

制动3位又称快速制动位,工作过程和晋级过程都与制动2位相似,不同的只是制动电流整定值加大,使制动过程加快,制动力更大,使列车很快停下。

(二)斩波调阻控制

北京地铁BJ-6型主电路的结构与BJ-4型主电路结构基本相同,但采用了可控硅斩波器调阻代替有级切换电阻,实现无级平滑调速,列车运行平稳性较好。BJ-6型电动车组主回路原理电路图如图7-2所示。

BJ-6型的主回路也同样具有3个牵引位和3个制动位,每个工作位都有自己的电流整定值,并使用斩波器调节电阻。

由于斩波器的容量有限,所以在电路中只能调节一段电阻,通过接触器的切换,可以有效地调节全部的起制动电阻,达到平滑调节速度的目的,其调节电路原理如图7-3所示。

若斩波器工作周期为T,则$T = T_{on} + T_{off}$,当T_{on}(导通时间)等于整个工作周期时,R_0被短路,即$R_0 = 0$;当$t = T_{off}$时,CH断开,R_0被接入主回路。在T时间内R_0的平均值为

$$(T_{off}/T)R_0 = (1 - \alpha)R_0 \qquad (7-1)$$

式中:α——斩波器中主可控硅导通角。

改变α即可改变R_0的平均值,对电阻的调节也如同对电压的调节一样,可以采取定频调宽或定宽调频的方法。在BJ-6型电动车组的主回路中采用了工作周期T不变,而改变导通时间的定频调宽法。

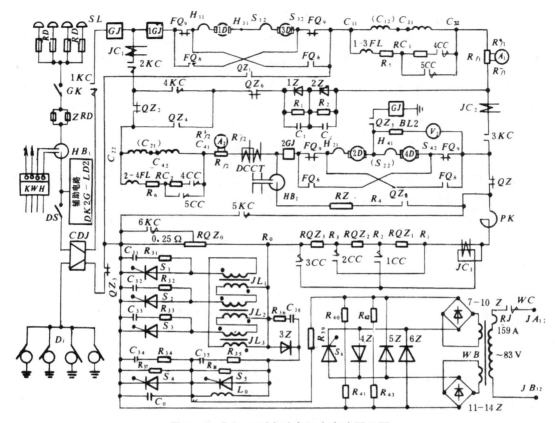

图 7-2 BJ-6 型电动车组主电路原理图

SL—受流器;RD—熔断器;GK—主隔离开关;ZRD—主回路总熔断器;HB_1—主电路霍尔传感器;DS—直流快速短路器;CDJ—牵引工况下的接地保护差动继电器;KC—电空接触器;GJ—总过载保护继电器;FQ—电动车组运行方向前进后退转换开关;H—牵引电动机换向极绕组;1D~4D—电动机,1D、3D 为一组,2D、4D 是另一组;CC—电动机的主极绕组;A_1、A_2、R_{f1}、R_{f2}—电流表及分流器;FL—电感应分流器;1Z、2Z—电机串并联转换二极管;QZ—牵引制动转换开关;DCCT—主回路直流电流互感器;DJ—制动工况下主回路接地保护继电器;V_2、BL_2—电压表、扩展电压量程倍率器;$JC_{1,2,3}$—主电流变化监测磁环;PK—平波电抗器;HB_2—制动电流信号霍尔传感器;$RQZ_{0,1,2,3}$—起动电阻;D_i—接地装置;CH—电阻调节斩波器。

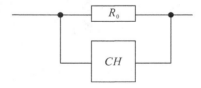

图 7-3 斩波器调阻原理电路图

BJ-6 型调阻斩波器的原理电路图如图 7-4 所示。

其工作原理如下。

在主副可控硅关断的状态下,C_0 上充电,极性左负右正,大小约为 600~1120V(1200V),使主副可控硅皆处于正向偏置状态。当触发主可控硅导通时,电阻 RQZ_0 被短接,主回路的电流电路是 R_0—主可控硅 S_1~S_3—QZ_3—地。

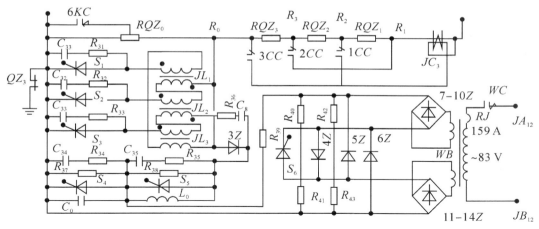

图 7-4 BJ-6 型调阻斩波器原理图

经过一定的时间后,触发副可控硅使其导通,电容器 C_0 经换流电感 L_0 及副可控硅 S_4、S_5 开始放电,并在 L_0、C_0 串联谐振作用下反向充上左正右负的电压。当电容器 C_0 上的反向电压达到一定值时,它将直接加于主副可控硅的两端,造成反向偏压,使主副可控硅关断。电阻 RQZ_0 重新接入回路,这时 C_0 的放电及反向充电回路是 C_0—RQZ_0—$3Z$—L_0—C_0。

由 RQZ_0、C_0 及 L_0 组成的串联谐振电路,经过谐振的半周期 T_1 时间,电容器 C_0 经放电及反向充电后,又被充上左负右正且数值一定的电压。此电压重新加于主、副可控硅两端,使它们重新承受正向电压,准备下一周期的工作。

变阻控制属于能耗型,不能实现再生制动,相当部分的电能消耗在电阻上。由于城市轨道交通车辆的起动和制动特别频繁,采用这种控制方式的缺点更为明显。电能的浪费提高了运营成本,产生的大量热量还会引起地铁隧道内温度升高。

二、斩波调压控制

斩波调压控制可以实现无触点、无级调速,使车辆运行平稳,可靠性也大大提高;无需起动电阻,并可实现再生制动,大大节约了电能,降低了运营成本。采用直流斩波控制方式可比变阻控制方式节省电能约为 20%～30%,国外城市轨道交通车辆从 20 世纪 70 年代起普遍采用了斩波调压技术。上海地铁一号线电动车组也采用了斩波调压控制方式。

(一)直流牵引系统主电路及其工作原理

作为直流电动机降压 PWM 斩波和升压 PWM 斩波调速控制综合应用的实例,这里介绍上海地铁 1 号线车辆牵引系统中采用的 PWM 斩波调速直流传动系统。每一动轴由一台架承式悬挂的直流串励牵引电动机通过传动比为 5.95 的传动齿轮驱动,电机输出端与齿轮箱小齿轮间采用弹性联轴节联结。动轮直径 DL 为 840mm。牵引电动机为 CUS5668B 型直流串励电动机,在牵引工况下,其额定功率为 207kW,额定电流 302A,额定电压为 750V(电网电压为 1500V,一节车中 4 台牵引电动机固定为两串两并联接),额定转速为1470r/min。在电阻制动工况下,最大制动电流为360A。

上海地铁1号线车辆分A、B、C三种车型,由三种车编组成一列。两动一拖(2M1T)为一个单元。每辆车的走行部分由两台二轴转向架组成。A车为驾驶车带拖车,B车、C车为动车,B车有受电弓,受电弓从1500V接触网上获得电能,再经列车导线、高速断路器、斩波器向牵引电动机供电。B车的受电弓受流后供B车与C车用电。动车的直流牵引系统主电路由当时的AEG公司设计和制造,控制系统则由西门子公司设计和制造,采用西门子公司的SIBAS-16铁路车辆专用控制系统。这一牵引系统自1993年在上海地铁1号线投入使用以来,运行稳定、故障率低、调速性能平稳,乘客的乘坐舒适度极佳。

直流牵引系统主电路由"线路输入滤波回路"和"牵引制动回路"两大部分组成。直流1500V网压经B车的受电弓1Q1和高速断路器1Q3进入B车和C车的"线路输入滤波回路"以及"牵引制动回路"。

"线路输入滤波电路"的主要作用是克服网压的波动和浪涌电压、抑制牵引制动回路中PWM斩波器产生的谐波,避免它对牵引系统中其他电子设备的电磁干扰。

"牵引制动回路"的作用是用接触器切换直流牵引电动机电枢端电压的极性,以改变直流牵引电动机的转向,从而改变动车的运行方向;用降压PWM斩波器调节电动机电枢端电压值的大小,以调节电动机的转速,从而调节动车的运行速度;用磁场削弱的方法提高电动机的转速,以扩展动车的调速范围;用改变电动机励磁方式的方法(由串励改为交叉式他励)使电动机由电动机工况改为发电机工况,从而使电动机进入再生制动或能耗制动状态,使动车由牵引工况进入制动工况,并通过升压PWM斩波的方法调节制动力的大小。

1. 线路输入滤波回路

线路输入滤波回路如图7-5所示。

直流1500V网压经单臂受电弓1Q1、高速断路器1Q3进入B车和C车后,经线路滤波器1L1、差动电流传感器1U1、接触器1K15,再经充电限流电阻1R1、二极管1V1,向滤波电容器1C1充电。滤波电容器的正极与负极两端接向"牵引制动回路"。电流由牵引制动回路经滤波电容器负极流出后,再经差动电流传感器1U1、接地排1Q2和接地装置1Q4~1Q11,经轨道回到变电站。线路滤波回路吸收浪涌电压和滤波的作用由线路滤波电感器1L1和滤波电容器1C1承担。

在图7-5中,1F1为避雷器,用以释放雷击过电压。充电限流电阻1R1、二极管1V1及熔断器1F2上并联有接触器1K16,当电容器充电到一定电压后,1K16闭合,将充电限流电阻1R1短路。滤波电容器两端并联有检测牵引制动回路端电压的电压传感器1U2。差动电流传感器1U1的作用是检测牵引制动回路有无接地。如发生接地,则主电路输入与接地端之间的电流值就会有差异,当此电流差值超过50A时,线路接触器1K15断开。1C1上除并联有电阻R1外,还通过继电器1K17串联有放电电阻1R2。1K17闭合,加速放电。接地装置由接地电刷、车轴和轮轨构成,以保证负极回流。

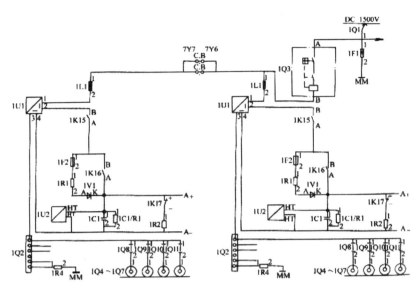

图 7-5 主回路——"线路输入滤波回路"图

1Q1—受电弓;1F1—避雷器;1Q3—高速断路器;1L1—线路滤波电感;1C1—滤波电容;1R1—限流电阻;
1R2—放电电阻;1U1—差动电流传感器;1Q4~1Q11—接地装置

2. 牵引制动回路

牵引制动回路如图 7-6 所示。画出图 7-6 的简化原理图,则如图 7-7 所示。

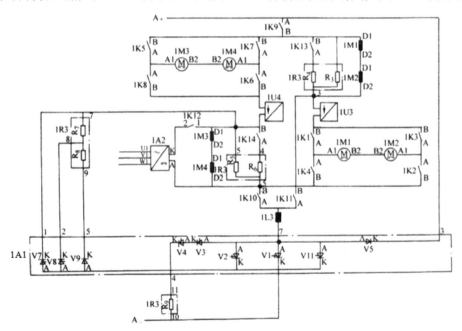

图 7-6 主回路——"牵引制动回路"图

1K1~1K14—接触器;1U3、1U4—电流互感器;1A1—斩波器;1A2—预励磁装置;1M1~1M4—牵引电动机;
1R3(R3~R6)—磁场削弱电阻;1L3—平波电抗器;1R3(R7~R9)—制动电阻;V1、V2—GTO 晶闸管(主斩波管);
V3、V4—制动晶闸管;V7、V8—调节制动电阻阻值的晶闸管;V5—续流二极管;V9—制动二极管;V11—保护用晶闸管

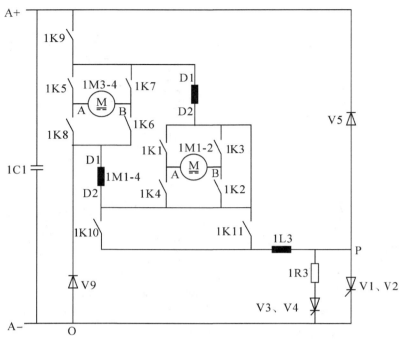

图 7-7 牵引制动回路简化原理图

(1)牵引工况

牵引工况下,简化原理图如图 7-8 所示。

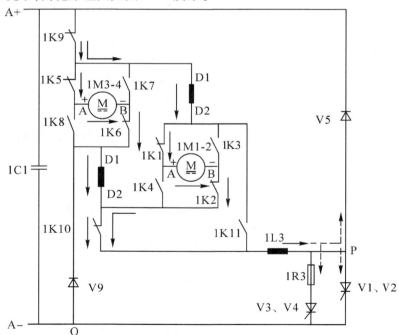

图 7-8 向前牵引工况简化原理图

牵引接触器 1K9、1K10 闭合,制动接触器 1K11 打开,直流牵引电动机 1M1、1M2 和 1M3、1M4 的励磁方式均为串励。此时,若 1K1、1K2 闭合而 1K3、1K4 打开;1K5、1K6 闭合而

1K7、1K8 打开,设电动机为正转,电流与电枢反电动势方向相反,则为向前牵引工况。

若将 1K1、1K2 打开,而将 1K3、1K4 闭合,将 1K5、1K6 打开,而将 1K7、1K8 闭合,则直流牵引电动机电枢端电压极性改变,电动机反转,电枢反电动势方向也反向,电枢电流与电枢反电动势方向仍相反,因而,动车由向前牵引变为向后运转,为反向牵引工况。

牵引工况下,无论牵引电动机是正转还是反转,均可调节降压 PWM 斩波器主管 V1、V2 的占空比来改变电动机的电枢端电压的大小,以调节电动机的转速,从而控制动车的运行速度。当电动机的电枢端电压调节到最高值,若再想提高动车的速度,可将 1R3 支路中 1K13、1K14 闭合见图 7-6 进行磁场削弱,此时磁场削弱系数为 50%。

至于 1R3 中的 R3 和 R5,为固定磁场分路电阻,磁场固定削弱系数为 93%,其作用是将电流中的谐波分量从电动机的励磁绕组中分流掉,以改善直流牵引电动机的换向火花,并改善换向器上的电位分布特性,从而可提高牵引电动机的抗环火能力。

斩波器的工作方式为定频调宽,斩波器的两个 GTO 晶闸管(图 7-6 中的 V1、V2 主管)轮流工作,斩波器输出为两相一重,每相频率为 250Hz,则斩波器输出频率为 500Hz。PWM 降压斩波器输出电压波形如图 5-2 所示。在这里,实际使用的占空比 α 调节范围为 $0.05 \leqslant \alpha \leqslant 0.95$。

图 7-9 为牵引工况下,满磁场(即只有固定 93% 磁场削弱)时的牵引特性曲线。

图 7-9(a) 为牵引电动机端电压 U_M、电动机电流 I_M(即电枢电流 I_A、磁场电流 I_F)、输出功率 P_M 与牵引电动机转速 n 之间的关系曲线。

图 7-9(b) 为不同转速 n 时牵引电动机端电压 U_M 与电枢电流 $I_A (\approx I_F)$ 之间的关系曲线。

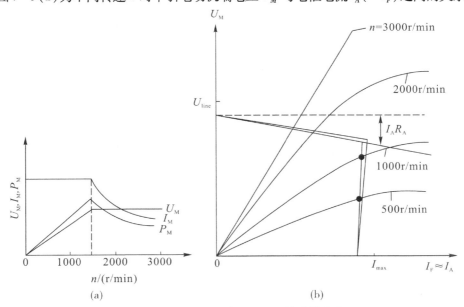

图 7-9 满磁场时牵引工况下的特性曲线
(a) U_M、I_A、$P_M = f(n)$ 曲线 (b) $U_M = f(I_A)$ 曲线

图 7-10 为 50% 磁场削弱时牵引工况下的特性曲线。其中图 7-10(a) 为 U_M、I_M、P_M 与 n 之间的关系曲线,图 7-10(b) 为不同转速 n 时,U_M 与 $I_A (\approx I_F)$ 之间的关系曲线。

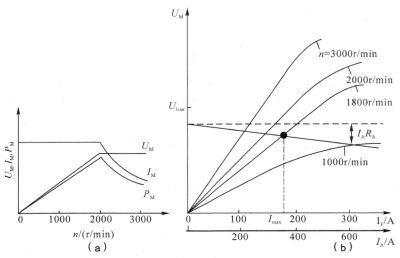

图 7-10 磁场削弱 50% 时牵引工况下特性曲线

(a) U_M、I_A、$P_M = f(n)$ 曲线 (b) $U_M = f(I_A)$ 曲线

(2) 制动工况

制动工况下,将原理图进行简化,则如图 7-11 所示。此时,将牵引接触器 1K9、1K10 打开,将制动接触器 1K11 闭合。若 1K1、1K2 闭合,1K5、1K6 闭合,而 1K3、1K4 打开,1K7、1K8 打开,则为向前运行中的制动工况。

在向前牵引工况时,直流牵引电动机电枢反电动势的方向如图 7-8 中 +、- 号所示。当转换为向前运动中的制动工况时,电路被改接成如图 7-11 所示。

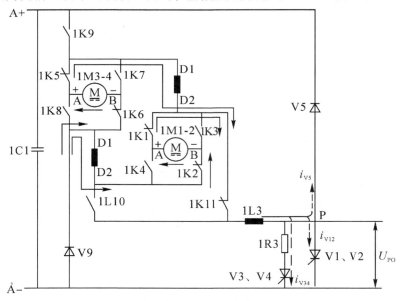

图 7-11 向前运行中的制动工况简化原理图

U_{pO}—电动机主电路电压(含 1L3 上产生的感应电势);U_1—电网电压,即 1C1 两端(A+、A-)间电压;i_{V5}—经续流二极管 V5 反馈至电网的再生电流;i_{V12}—斩波器主管 V1、V2 斩波工作时,流经 V1、V2 的电流;i_{V34}—当制动晶闸管 V3、V4 导通时,流经制动电阻 1R3 的电流;R_{1R3}—制动电阻 1R3 的阻值

因为电动机的转向未变,励磁方式由串励被改成为交叉式他励,励磁电流方向也未变,因而直流牵引电动机的电枢反电动势方向仍不变。所形成的电流回路如图7-11中箭头方向所示,电流方向与电枢电动势方向一致了,因而直流牵引电动机转换为发电机工况,从而产生电制动力。

电制动时,当动车速度足够高时,则电动机电枢电动势足够高,电流经续流二极管V5反馈到电网,则为再生制动。再生制动时,为了调节电动机主电路的电压值,可控制主管V1、V2进行升压斩波。当V1、V2导通时,电流i_{V12}将电动机的电能储存于1L3中;当V1、V2关断时,1L3中的储能转换为感应电动势,此感应电动势与电动机电枢电动势相加,提高了主电路的总电压值U_{p0},从而将电能反馈到电网。控制主斩波管V1、V2的占空比α,就可以调节电压U_{p0}的大小,即控制i_{V5}的大小,从而控制再生制动力的大小。

在电制动工况下,如果接触网电压过高(变电站本身网压过高,或因邻近供电区段内无其他车辆处于牵引工况下可吸收再生反馈的能量),则可调节制动晶闸管V3、V4的导通角α_1,使电路逐渐由再生制动转为电阻制动,即转换为能耗制动。电阻制动工况下,也可由主斩波管V1、V2进行升压斩波工作,以调节制动力的大小。

图7-12为制动工况下,再生制动和电阻制动同时作用时,主斩波管V1、V2与制动晶闸管V3、V4的导通时序图。图中,α为GTO晶闸管V1、V2(主管)的导通角,α_1为制动晶闸管V3、V4的导通角。当$\alpha_1=0$时,为纯再生制动,此时,列车制动的动能全部转换为电能反馈给电网。调大制动晶闸管V3、V4的导通角α_1,则增加了电阻制动的份额,至$\alpha_1=1-\alpha$,转换为纯电阻制动。

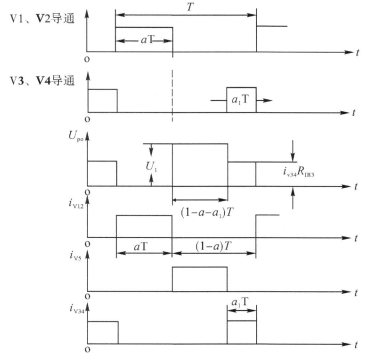

图7-12 制动工况下,再生制动和电阻制动同时作用时的时序及电压、电流波形图

(二)牵引控制系统

上海地铁 1 号线列车牵引控制系统是德国西门子公司设计制造的 SIBAS – 16 系统。

该系统采用模块式结构,根据各种指令、给定信号、反馈信号、监控信号,对列车进行开环和闭环控制。牵引控制系统的硬件采用模块式插件设计,安装在动车客室中的专用设备柜内,其电路结构图如图 7 – 13 所示。

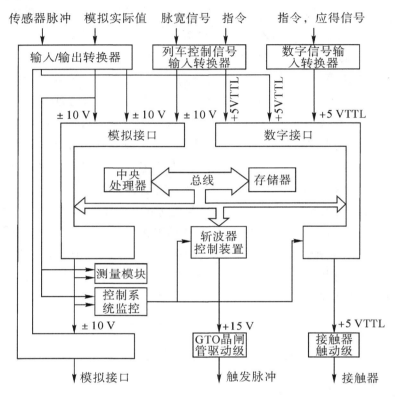

图 7 – 13 牵引控制系统硬件模块电路结构图

牵引控制系统的软件也是模块式设计,SIBAS – 16 控制系统软件包括以下 3 个部分:功能模块——执行所有的开环、闭环控制和监控;处理控制模块——处理计算机内部事务,如硬件的触发、参数装载等;计算模块——执行计算功能,如 PI 控制器等。

图 7 – 14 为动车组控制系统的程序结构图。

从程序结构图可知,最先启动的是起动程序,其功能是对系统的软硬件模块和接口进行初始化、调用参数、触发硬件元件等,之后,经一个规定的短延时后,执行功能模块。功能模块每毫秒中断执行一次,所以又称为毫秒中断功能模块。毫秒中断功能模块执行所有的开环、闭环控制和监控,包括:触发制动电阻分路晶闸管;对"全闭锁"信号进行处理;监控制动时的网压;监控牵引时的网压;监控应答信号;控制制动工况时的 GTO 晶闸管触发;控制牵引工况时的 GTO 晶闸管触发;控制电动机电枢电流;控制再生制动;控制牵引工况下的斩波频率;调用牵引控制功能模块并对处理时间进行监控。

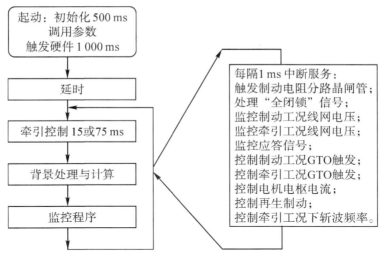

图 7-14 动车组控制系统程序结构图

执行中断服务程序的时间是相当短的。每一循环周期在执行完毫秒中断程序后所剩下的时间内执行"牵引控制"处理控制模块。"牵引控制"处理控制模块的循环时间各不相同，有的 15ms，有的为 75ms。执行完"牵引控制"处理控制模块，随即调用"背景"处理控制模块与计算处理模块。所有这些模块执行一次的时间为 495ms。

毫秒中断功能模块，执行前 10 项功能的时间很短，余下的时间执行调用牵引控制功能模块并对处理时间进行监控功能，即执行"牵引控制"处理控制模块。处理控制模块含牵引控制处理控制模块、背景处理控制模块与处理计算模块、监控处理控制模块等。计算模块执行计算功能，如 PI 控制器等。

以上，简单介绍了地铁车辆直流牵引电动机斩波调速系统。由此可见，升压、降压 PWM 斩波调速的原理虽很简单，但在具体应用中还需要许多配套措施，才能构成一个实用的系统。

(三) 直流斩波器以及牵引与电制动控制

斩波器如图 7-6 中虚线框内部分所示，由两只 GTO 元件与两串两并的 4 台牵引电动机组成斩波调压主电路。两个工作频率为 250Hz 的 GTO 元件相差 180°交替工作，所以斩波器的工作频率为 500Hz，斩波器及平波电抗器工作频率的提高，使 LC 的数值明显降低，也使电机电流的脉动幅值为单相斩波器的一半，这对于电机的运行是极为有利的。

导通比控制分为脉冲宽度控制(定频调宽)、频率控制(定宽调频)及脉宽和频率综合控制 3 种方式。第一种方式易于设计滤波器消除高次谐波，第二种方式控制简单但滤波较难，第三种方式通常只用于要求在很大范围内调节的负载。目前多数采用定频调宽的控制方式。

2M1T 单元动车组控制系统的原理框图如图 7-15 所示。

每一动车有一个牵引控制单元(TCU)，每一节车均有一空气制动控制单元(BCU)，和一个数据采集处理的智能分站(KLIP)。B 车设有一个中央故障存储单元(CFSU)，司机手柄的指令值由参考值发生器以脉宽调制信号传递给 TCU 及 BCU，计算机依据指令参考值计算出牵引电流(或制动电流)参考值,然后产生各种控制信号,通过控制系统一系列开环和闭环控制,使动车组实现前进、后退、牵引、制动、惰行等各种运行方式。控制系统采用 6S902 模块式结构,安装在动车客室控制屏柜内。为了抗干扰,整个系统设有一套完整的电磁屏蔽系统。

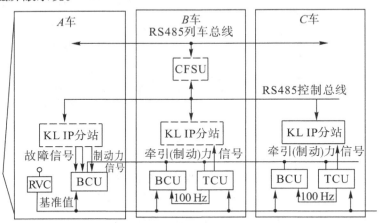

图 7-15 牵引与电制动控制系统原理框图

(四)接口信号

控制系统与主电路的各种设备以及车辆上的其他各种系统有许多接口信号,通过多种信号的交换,实现各种控制功能。

1. 数字输入信号

(1)牵引指令:车辆的空气制动由 BCU 接收到牵引指令后缓解,TCU 的监控环节在接到缓解信号后,建立牵引指令。

(2)应急牵引指令:由司机室的开关设定,在参考值转换器故障时,牵引工况以最大参考值的一半牵引,制动工况以最大参考值制动,最高速度限制在 40km/h。

(3)制动指令:制动指令存在时,主控制器所设定的参考值就作为制动参考值。如存在紧急制动指令,则制动指令无效。

(4)紧急制动指令:紧急制动完全为空气制动,无电制动。

(5)列车编组信号:高电平为 8 节车编组,低电平为 6 节车编组。信号来自 ATC 信号系统。TCU 凭此信号决定加速度的限制值。

(6)制动电阻风扇高速运转信号:车辆速度大于零时,有此信号为正常状态,如果车辆速度大于零而无此信号,则必须在 5s 内断开牵引电路,在 15s 内断开制动电路。

(7)线路接触器应答信号:对主电路线路接触器的监控应答信号。

(8)斩波器控制电压监控信号:一旦监控到此信号,立即断开牵引电路(或制动电路)及线路接触器,TCU 再次进行初始化。

(9)线路电流限制信号:对主电路电容放电接触器的功能监控,TCU 只有得到此放电接触器已失电的应答信号后,才能让线路接触器失电。

(10)后退信号:信号来自主控制器手柄,TCU 接收到此信号后,对后退进行限速。

(11)限速信号:当 TCU 监控到不允许有电制动的故障或制动控制单元监控到 A 类或 B 类故障时,就会有此限速信号,TCU 接收到此信号后将速度限制在 60km/h。

(12)洗车信号:信号来自司机室的开关设定,TCU 接收到此信号,即进行限速,并对电阻风扇进行监控。

(13)过速信号:对电机速度的监控信号,TCU 接收到此信号即断开牵引电路。

(14)脉宽信号:主控制器的参考值经参考值转换器调制成脉宽信号。

(15)速度传感器信号(4 个):代表每一车的四对轮子的速度。

(16)其他数字信号:牵引应答信号、制动应答信号、磁场削弱接触器应答信号(2个)、电力电子器件过热信号、斩波器箱温升过热信号、主电路电容放电接触器应答信号、制动电阻风扇高速运转信号、线路接触器应答信号、线路电容接触器应答信号、电制动取消信号、摩擦制动应答信号、制动电阻箱风扇速度监控信号等数字信号。

2. 模拟输入信号

(1)电机电流信号:取自主电路的电流互感器。

(2)线路电容电压信号:取自主电路的电容电压互感器。

(3)差动电流信号:取自主电路的差动电流互感器。

(4)速度信号:取自制动控制单元。

(5)负载信号:取自制动控制单元。

3. 输出信号

输出信号包括牵引接触器控制信号(2 个)、制动接触器控制信号、磁场削弱接触器控制信号(2 个)、线路电容接触器控制信号、线路接触器控制信号、预励磁接触器控制信号、保压制动控制信号、100Hz 信号、故障信号、静止信号、限速信号、线路电容放电接触器控制信号等数字信号以及两个 GTO 主管触发脉冲、两个串联制动晶闸管触发脉冲。

(五)牵引与电制动控制系统硬件模块

牵引与电制动控制系统(TCU)的硬件模块结构如图 7 – 13 所示。

(1)起动模块:根据外部指令起动或关闭整个 TCU 系统。

(2)电源模块:将 110V 直流输入电压转换成 +5V、±15V、±24V 的稳压直流电源。

(3)输入输出转换模块:用于模拟信号的输入输出。

(4)数字信号输入转换器模块:将 110V 的指令、应答信号转换成 +5V 的 TTL 电平信号。

(5)列车控制信号输入转换器模块:将脉冲宽度调制信号转换成线性电压信号,将数字信号转换成 TTL 电平信号。

(6)斩波器触发模块:共有两块触发模块,输出 6 路触发脉冲,包括 GTO 主管的触发和关断脉冲以及斩波器内其他晶闸管的触发脉冲。

(7)接触器驱动模块:输出接触器驱动信号并使控制电路与功放电路进行电气隔离。

(8)测量模块:可测量 14 个模拟量。

(9)总线模块:包括地址线、数据线、控制线。

(10)中央处理器模块:包括80186微处理器、时钟发生器、可编程中断控制器、可编程串行接口和可编程计时器。

(11)存储器模块:包括EPROM、RAM。

(12)数字接口模块:处理所有的数字信号。

(13)模拟接口模块:处理模拟信号,进行模/数转换及数/模转换。

(14)控制系统监控模块:对系统进行快速保护,当该模块产生"全锁闭"信号时,将对牵引电路实行一系列保护动作。

(15)斩波器控制装置模块:斩波器触发级模块的前级控制模块。

(六)中央数据区

牵引控制系统在执行程序的过程中,会产生各种暂时的中间变量。这些中间变量存放在数据区内,各子程序之间通过中央数据区进行信息交换。中央数据区分为3个部分:状态字、控制字和逻辑字。各种数据之间有一定的关系。

数据的形成和流向如图7-16所示。

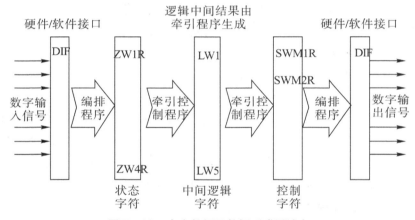

图7-16 中央数据区数据形成及流向

由图7-16可见,数字输入信号通过接口读入CPU,编排程序功能模块对这些信号进行编排,形成状态字ZW;接着由牵引控制程序处理产生逻辑中间结果,形成逻辑字LW;再通过某些牵引控制程序处理,形成控制字SWM;最后由编排程序模块通过编排送入输出接口。

(七)牵引曲线

牵引曲线是牵引系统控制的最后结果。图7-17为某地下铁道列车在调试过程中得到的牵引曲线实例。其中,1为速度曲线,2和3为两组电机上的电流曲线,4为网压曲线。所有的曲线来自牵引控制系统的测量模块,由记录仪绘出曲线。

从牵引曲线看出,列车采用恒电流加速和恒电流制动的方式。在加速阶段,电机首先达到93%磁场的自然特性,然后进行50%的磁场削弱。

在整个制动阶段,都采用50%的磁场削弱。当车辆速度减小到10km/h时,牵引控制系统切断电制动,由气制动代替电制动。从电流曲线上可以看到,当速度低于10km/h时制动电流减小。

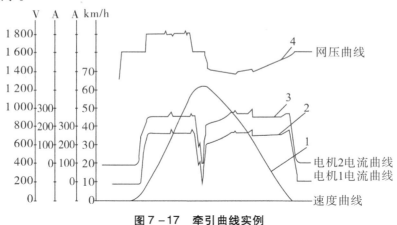

图 7-17 牵引曲线实例

第二节　车辆交流传动控制

随着电力电子器件和计算机技术的发展,牵引传动系统大致经历了 20 世纪 80 年代前的凸轮变阻调压直流传动系统,80 年代的斩波调压直流传动系统和 90 年代的调压调频的交流传动系统 3 个阶段。交流传动系统和直流传动系统相比无论是电气牵引特性还是电气制动特性都有很大的优越性,主要体现在以下几点:网侧采用四象限脉冲变流器,大大减少了供电网的电流谐波分量,可使供电网功率因数近似于 1,实现再生制动时品质良好的电能反馈;主电路无触点化,电机无换向器和电刷,提高了运行可靠性,减少了维修量,与直流牵引电机相比,相同功率时异步电机重量较轻,体积小,动力转向架簧下部分重量相应减少,可以简化转向架结构;通过机车控制电路就能实现异步电机的正、反转及牵引、制动状态的转换,电路简单可靠,再生制动可以从高速持续到 5km/h 以下,安全平稳、节省电能;交流电机结构简单、寿命长,可以延长检修周期等,具有优异的牵引性能和制动特性,有自然防空转和防滑行性能,粘着利用好。

目前在发达国家中,交流传动系统的交流装置已普遍采用场效应管(IGBT)组件,将电力电子器件与驱动电路、保护电路、检测电路等集成在一个芯片或模块内的智能功率模块(IPM)也已经开始使用。

城市轨道车辆交流异步牵引电机 YPQ-200 型相数:三相;额定功率:200kW;额定电压:1100V AC;极数:4 极;额定频率:86Hz;工作制:S1;定子绕组连接方式:Y;绝缘等级:200 级;防护等级:IP44;冷却方式:自扇空冷;安装方式:独立悬挂。

城市轨道车辆的传动系统要求在一个相当宽的范围内,对每个速度点都能提供适当的力矩值。但是,由调频电源进行交流电机开环控制的传动系统不能满意地保证在突然加速或减速等定子频率突变时不超过颠覆点,所以,必须采用当电压和负载波动时具有快速动态响应能力和精确的稳态运行性能的反馈闭环控制系统,速度和力矩值是系统的被调量,并取为反馈控制信号。

一个具有力矩和速度双闭环控制的交流传动系统框图如图 7-18 所示。

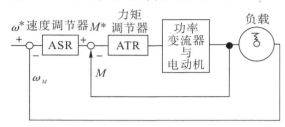

图 7-18　力矩和速度双闭环控制的交流传动系统框图

在牵引传动中,力矩环是一个必不可少的基本单元。如图 7-18 中内环所示,指令力矩 M^* 由一个直流参考电压表示,实际力矩信号 M 由测定的电流和磁通等确定,二者比较后所产生的偏差 $\Delta M = M^* - M$ 送到力矩调节器,以获得满意的力矩控制性能。

图 7-18 中外环是速度控制环,其参考信号 ω^* 以模拟电压的大小和极性表示电动机转速与转向的指令值。这个指令速度与负载的实际转速 ω_M 相比较,所得的速度偏差 $\Delta \omega = \omega^* - \omega_M$ 提供给速度调节器。从速度外环得到的补偿误差信号作为力矩内环的力矩指令信号,从而获得双闭环的速度控制系统。

与直流电机相比较,感应电动机是一个复杂的、非线性、多变量控制对象,而且无法检测鼠笼结构中的转子电流。异步电机的励磁电流隐含在电机定子绕组之中,定子电流中的励磁电流分量检测与控制要比直流电机控制励磁困难得多。为了像在直流电机中利用电枢电流环那样,既可以有效地控制力矩,又可以在快速暂态过载和稳态过载时保护功率变流器和电动机,人们开发了各种交流传动系统的控制方法。

城市轨道交通车辆要求高性能的异步电动机传动系统,为了建立一个有效的力矩控制环,根据异步电动机的基本性能方程组,可以有两种方法:一种是利用直接测定或估算的力矩值作为反馈信号,与给定力矩进行比较,产生力矩调节器的输入偏差信号;另一种是间接地由给定力矩信号产生相关联的其他物理量,如气隙磁通、滑差频率或定子电流作为给定信号,并测定这些物理量的实际值作为反馈信号,也可以有效地控制电动机力矩。当然,无论控制结构如何复杂,或采取什么样的反馈环和反馈量,功率变流器只有两个控制变量,即电压和频率。

目前,城市轨道车辆交流异步牵引电动机较多采用转差控制,这种控制方式力求保持恒气隙磁通,易于实现,技术也比较成熟。电机产生的转矩和流过的电流大致与滑差率成比例。在不同给定供电频率之下,控制滑差,即可控制异步电机的转速和转矩,以及相应的功率。但其主要问题是,在暂态条件下无法精确地控制转子磁通向量与定子电流向量之间的相位角。

为了使异步牵引电机具有像直流电机同样优良的动态性能,人们提出了两种控制方案:矢量控制和直接转矩控制。本书的第四章,已经详细介绍了矢量控制和直接转矩控制的原理。这里主要介绍新型牵引传动系统的工作原理,以及矢量控制和直接转矩控制的应用实例。

一、城市轨道车辆牵引传动系统的主要设备和工作原理

对于采用1C4M方式(车控方式)的城市轨道车辆,每辆动车都有一套电力牵引系统,牵引传动系统的设备主要包括受电弓(仅 M_P 车)、主熔断器、主开关、高速断路器、线路滤波器、VVVF逆变器(包括制动斩波器)、制动电阻、交流牵引电机和控制装置等设备,各电器箱均采用箱体式车下悬挂结构。牵引电机采用架承式全悬挂结构,通过联轴节与齿轮装置连接,传递牵引力矩或电制动力矩,驱动列车前进或使列车制动。电气牵引系统构成如图7-19所示。

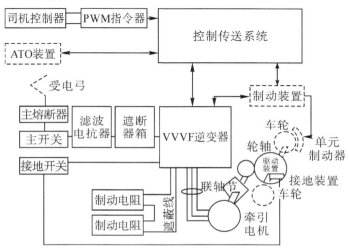

图7-19 电气牵引系统构成图

城市轨道车辆牵引传动系统采用VVVF逆变器—异步鼠笼电动机构成的交流电传动系统。列车牵引系统主电路采用二电平电压型逆变电路,经受电弓接触受流输入1500V直流电由牵引逆变器变换成频率、电压均可调的三相交流电,向异步牵引电动机供电,并最终通过接地装置经由车体、转向架形成电流回路。牵引逆变器由两个逆变模块单元组成。每个逆变器模块驱动两台牵引电动机,电阻制动斩波单元与逆变模块单元集成。

在牵引控制过程中,如图7-19所示,牵引逆变器接收由司机控制器或ATO装置发出的牵引指令及给定值,并根据从制动控制装置接收的列车空重车信号,对列车进行牵引及其输出转矩控制。系统设有速度限制功能,列车速度超过限定值时,系统进行牵引封锁,将牵引力变为0,直至速度恢复。

列车所需制动力大小,由空气制动电子控制单元(BECU)根据制动指令和列车载荷进行演算,然后换成电制动力指令向牵引逆变器发送。空气制动电子控制单元能随时根据车辆载荷及由牵引逆变器反馈回的实际电制动力等价信号对空气制动力进行修正,以满足不同制动指令对制动力的要求。电制动力与空气制动随时自动配合、平滑相互转换,列车无冲动。当电网电压在1000~1800V之间变化时,主电路能正常工作,方便实现

牵引—制动的无接点转换。

二、城市轨道车辆交流调速原理

交流异步电机取代直流电机,可弥补原直流调速系统的许多弊端。特别是近年来由于大功率半导体器件及其控制技术的进步,由 VVVF 逆变器控制异步电机的传动方式已达到了完全工程化的程度。牵引电机是城市轨道车辆的动力来源,它的工作状态直接影响车辆的运行。与传统变频调速异步电机相比,交流异步电机在性能上具有转矩倍数大、过载能力强、加速和制动响应快、调速范围宽等特点。在城市轨道车辆运行时,由于两站间的距离较短,需要电机适应车辆周期性加速、减速的要求。若以车辆在两站之间运行作为一个周期,则一周期一般包括牵引、惰行、制动三个阶段。

(一) VVVF 控制下的城市轨道车辆牵引性能

车辆开始起步即进入牵引阶段。由于城市轨道车辆运行速度范围宽,牵引电机既要保证低速时的大转矩,又要满足最高时速所需的功率。我们要根据整车的牵引特性及控制系统容量设计出最优的电机牵引参数曲线,以满足车辆恒转矩、恒功率、自然特性 3 个区域的牵引要求。

交流传动城市轨道车辆的控制应满足牵引力—速度特性(即牵引特性)的要求,使城市轨道车辆的传动和控制系统具有最佳的动态性能,保证其运行的安全和舒适,充分利用设备能力、降低能耗。为此,在城市轨道车辆传动系统中,我们通过对逆变器的适当控制,使异步电机在速度 V_0 到规定速度(如额定速度 V_N)的范围内,以接近恒定的磁通工作,而在规定速度以上的速度范围内,以恒定的端电压工作。在高速运行区段,如速度 V_H 以上,因设备能力所限,电机需降低功率运行。

通常将城市轨道车辆牵引力—速度特性分成 3 种工作状态,牵引力—速度特性(牵引特性)如图 7-20 所示。

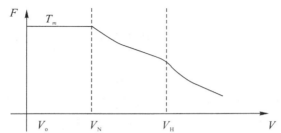

图 7-20 牵引力—速度特性曲线图

F—牵引力;T_m—异步电机转矩;V—地铁车辆运行速度

速度从 V_0 到 V_N 的低速区段称为恒转矩起动运行工况;速度从 V_N 到 V_H 的中速区段称为恒功率运行工况;速度在 V_H 以上的高速区段称为降低功率运行工况。

(1) V_0 至 V_N 区段:恒牵引力运行的低速区段。车辆开始起步至快速加速段,电机运行在恒转矩区,通过变压变频控制使电机内部磁场始终保持在饱和状态,最大程度利用电机铁磁导电材料,使牵引电机充分并持续地输出大转矩,保证车辆所需的瞬间起动和低速段强劲的加速能力。这一阶段的控制特点为基频以下的 VVVF 调速过程,异步电机恒转矩运行,此时,异步电机主磁通应保持恒定。

(2) V_N 至 V_H 区段:恒功率运行的中速区段。随着车辆速度的提升,其对加速能力的需求有所降低,电机进入恒功率区。这时电机功率维持恒定,电机的内部磁场和输出转矩随着车速的提升,逐渐减弱和下降。车辆仍处于加速过程中,但加速趋势减缓。这一阶段的控制特点为基频以上的 CVVF 调速过程,异步电机恒功率运行。

(3) V_H 以上区段:降功率运行的高速区段。车速持续提升,车辆达到最大允许车速,电机进入自然特性区。此时由于电机已处于弱磁段的尾部,内部磁场较弱,可维持车辆额定运行,无法提供更大的加速能力。最后,控制系统根据线路设定会择机进行牵引和惰性状态的切换,至此电机牵引过程结束。这一阶段的控制特点为基频以上的 CVVF 调速过程,异步电机降低功率运行。

(二)城市轨道车辆变频调速过程的分析

1. 参数说明

r_1, x_1:定子绕组的电阻和漏抗;

r'_2:归算后的转子绕组的电阻;

x'_{2N}:归算后额定频率时转子的漏抗;

x_{1N}:额定频率时定子的漏抗;

U_1:定子绕组电压;

f_1:异步电机定子频率;

n_1:异步电机同步转速;

p:异步电机磁极对数;

n:异步电机转速;

Δn:异步电机转差,$\Delta n = n_1 - n$;

s:异步电机转差率;

f_2:异步电机转子频率(转子绕组切割主磁通,感应电动势及电流的频率),$f_2 = sf_1$,并且 $\Delta n f_1 = n_1 f_1$;

f_{1N}, f_{1x}:异步电机定子额定频率和实际频率;

n_{1N}, n_{1x}:异步电机额定同步转速和实际同步转速;

n_N, n_x:异步电机额定转速和实际转速;

$\Delta n_N, \Delta n_x$:异步电机额定转差和实际转差,$\Delta n_N = n_{1N} - n_N$,$\Delta n_x = n_{1x} - n_x$;

s_N, s_x:异步电机额定转差率和实际转差率;

f_{2N}, f_{2x}:异步电机额定转子频率和实际转子频率。

2. 城市轨道车辆变频调速过程的分析

随着异步电机定子电压 U_{1x}、定子频率 f_{1x} 不断上升,车辆速度不断上升。U_{1x} 提升到 U_{1N} 之前,f_{1x} 上升到 f_{1N} 之前,定子电压与定子频率同步上升调节,称为基频以下的 VVVF

调速。定子电压恒定在 U_{1N}，f_{1x} 继续上升 $(f_{1x} > f_{1N})$，称为基频以上的 CVVF 调速。

根据前述，牵引特性可分为 3 个区段进行讨论分析。

定义 k_u 为电压比，有 $k_u = \dfrac{U_{1x}}{U_{1N}}$，$k_f$ 为频率比，有 $k_f = \dfrac{f_{1x}}{f_{1N}}$。

（1）基频以下的 VVVF 控制，异步电机恒转矩运行工况的调速过程。在恒转差控制方式下，实施异步电机转矩控制有

$$\Delta n_x = \Delta n_N = const \quad (7-2)$$

$$f_{2x} = f_{2N} = const \quad (7-3)$$

$$s_x = \dfrac{s_N}{k_f} \quad (7-4)$$

根据电机学理论分析，异步电机转矩 T_{mx} 表达式如下

$$T_{mx} = \dfrac{3pr'_2 s_N U_{1N}^2}{2\pi f_{1N}\left[\left(\dfrac{s_N}{k_f}r_1 + r'_2\right)^2 + s_N^2(x_{1N} + x'_{2N})^2\right]}\left(\dfrac{k_u}{k_f}\right)^2 \quad (7-5)$$

从表达式（7-5）可以看出，在 VVVF 条件下，保持 $\dfrac{k_u}{k_f} = const$，就可以基本满足异步电机恒转矩运行的要求。并且有

$$\dfrac{U_{1x}}{f_{1x}} = \dfrac{k_u U_{1N}}{k_f f_{1N}} = const \quad (7-6)$$

异步电机在恒转矩控制阶段，异步电机的定子电压 U_{1x} 和定子频率 f_{1x} 比保持恒定。逆变器的输出频率按速度要求逐渐增大，对逆变器输出电压实行 PWM 控制，可以保持牵引力恒定，电机电流基本不变。在城市轨道车辆牵引特性的低速区段能实现恒牵引力运行特性。

另外，根据电机学理论，三相异步电机定子每相电动势的有效值为

$$E = 4.44 f_1 N_1 k_{N1} \Phi_m \quad (7-7)$$

式中：E——气隙磁通在定子每相绕组中感应电动势的有效值；

f_1——定子频率；

N_1——定子每相绕组系数；

k_{N1}——基波绕组系数；

Φ_m——每极气隙磁通量。

当认为 $U_1 \approx E$ 时，有

$$U_1 \approx 4.44 f_1 N_1 k_{N1} \Phi_m \quad (7-8)$$

即如果有

$$\dfrac{U_1}{f_1} = const \quad (7-9)$$

则有

$$\Phi_m = const \quad (7-10)$$

异步电机处于恒磁通运行工况。

(2) 基频以上的 CVVF 控制,异步电机恒功率运行工况的调速过程。在 CVVF 控制方式下,有 $U_1 = U_{1N}$,同时有 $k_f = \dfrac{f_{1x}}{f_{1N}}$。

在恒转差率控制方式下,实施异步电机转矩控制有

$$s_x = s_N = const \tag{7-11}$$

$$\Delta n_x = k_f \Delta n_N \tag{7-12}$$

$$f_{2x} = k_f f_{2N} \tag{7-13}$$

根据电机学理论分析,异步电机转矩 T_{mx} 表达式如下

$$T_{mx} = \frac{3pr'_2 s_N U_{1N}^2}{2\pi f_{1N} k_f [(s_N r_1 + r'_2)^2 + k_f^2 s_N^2 (x_{1N} + x'_{2N})^2]} \tag{7-14}$$

设 Ω_x 为异步电机的角速度,并有

$$\Omega_{1x} = \frac{2\pi n_{1x}}{60} = \frac{2\pi k_f f_{1N}}{p} \tag{7-15}$$

则异步电机功率 P_{mx} 的表达式如下

$$P_{mx} = T_{mx} \Omega_{1x} \tag{7-16}$$

即

$$P_{mx} = \frac{3r'_2 s_N U_{1N}^2}{(s_N r_1 + r'_2)^2 + k_f^2 s_N^2 (x_{1N} + x'_{2N})^2} \tag{7-17}$$

在 CVVF 控制方式下,在 $k_f > 1$ 的小范围内(异步电机额定同步转速以上的小范围内),以恒转差率方式控制,异步电机的功率将基本保持恒定。在城市轨道车辆牵引特性的中速区段可以实现恒功率运行特性。异步电机转矩随着速度的上升呈反比关系下降。

异步电机在恒功率控制阶段,逆变器输出电压达到最大值后保持不变,使电机的转差频率随逆变器频率增加维持电机电流不变,从而得到恒功率控制。该阶段电机牵引力随逆变器输出频率的上升成反比例减少,相当于直流电机的弱磁控制。该阶段从电机基速一直持续到转差频率达到所给定的最大值。

(3) 基频以上的 CVVF 控制,异步电机降低功率运行工况的调速过程。

在 CVVF 控制方式下,$k_f \geq 1$ 时,城市轨道车辆高速运行,异步电机需降低功率运行。

在恒转差控制方式下,实施异步电机转矩控制有

$$\Delta n = const \tag{7-18}$$

$$f_2 = const \tag{7-19}$$

$$s_x = \frac{s_N}{k_f} \tag{7-20}$$

则异步电机功率 P_{mx} 的表达式如下

即

$$p_{mx} = \frac{3r'_2 s_N U_{1N}^2}{k_f \left[\left(\dfrac{s_N}{k_f} r_1 + r'_2 \right)^2 + s_N^2 (x_{1N} + x'_{2N})^2 \right]} \tag{7-21}$$

当忽略 $\left(\dfrac{s_N}{k_f}r_1\right)$ 时

有

$$P_{mx} = \dfrac{3r'_2 s_N U_{1N}^2}{k_f[(r'_2)^2 + s_N^2(x_{1N}+x'_{2N})^2]} \qquad (7-22)$$

即 P_{mx} 将随着 k_f 的上升呈反比关系下降。异步电机功率随着速度的上升呈反比关系下降。

在恒转差控制方式下,根据电机学理论分析,异步电机转矩 T_{mx} 表达式如下

$$T_{mx} = \dfrac{3pr'_2 s_N U_{1N}^2}{2\pi f_{1N}(k_f)^2\left[\left(\dfrac{s_N}{k_f}r_1 + r'_2\right)^2 + s_N^2(x_{1N}+x'_{2N})^2\right]} \qquad (7-23)$$

异步电机转矩 T_{mx} 与 $(k_f)^2$ 呈反比关系下降。在城市轨道车辆牵引特性的高速区段可以实现降低功率运行特性。异步电机转矩随着速度的上升呈平方反比的关系下降。

异步电机的降低功率控制阶段,通常也称为自然特性牵引控制阶段。该阶段逆变器输出电压保持最大值不变,转差频率也保持最大值不变,逆变器输出频率随速度要求逐渐增大,电机电流与频率成比例逐渐减少,直到最高运行速度,该阶段电机牵引力与逆变器频率的平方成反比减少,相当于串励直流电机在最弱磁场下的自然特性。

三、采用磁场定向式矢量控制系统的应用实例

从图 7-21 可见,城市轨道交通车辆传动系统从 1500V 或 750V 供电电网上获得直流电能,经过由主断路器 L、直流高速真空断路器 VHB 及充电电容电阻器 CHRe 组成的高压装置,向由滤波电抗器 FL、滤波电容器 FC 和逆变器 INV 组成的逆变器单元提供稳定的直流电。

电压源逆变器 INV 不仅能把直流电逆变成三相交流电,同时在逆变过程中,根据调节指令还可以改变输出电能的频率 f_1 及其相电压有效值 U_1,为三相异步电动机提供调压变频(VVVF)控制,以满足牵引电动机调速要求。目前城市轨道车辆转向架多采用两轴转向架,一辆动车共 4 台牵引电动机。图 7-21 显示出的是每一组逆变器向一台三相异步牵引电动机供电的电路,属于轴控。当然也有用一台逆变器向多台牵引电动机集中供电的电路,也就是通常所说的架控或车控。

(一) 牵引控制单元

一个牵引控制单元基本上由中央微机配上一个或几个较低级的信号处理模块组成。每一个逆变器配有一个信号处理器模块。信号处理器用来处理交互变流、临界点控制、线电流转换器控制。中央微机则执行车辆高层次牵引控制所特有的功能,这些功能随车辆类型的不同而改变。

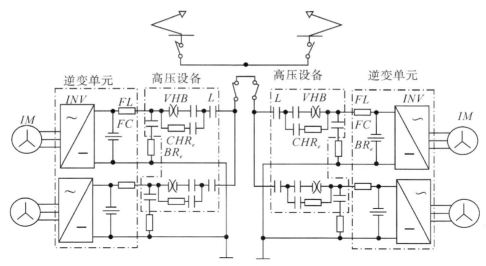

图 7-21 交流传动主电路原理电路图

BR_e—制动电阻;L—主断路器;VHB—直流高速真空断路器;FL—滤波电抗器;FC—滤波电容器;
CHR_e—充电电容电阻器;INV—三相逆变器;IM—三相鼠笼式异步电动机

电机电流及转矩的给定值,通过中央微机与信号处理器间的接口进行传输。在牵引控制单元采用的信号处理器中,模拟量到数字量的转换不同于一般的采样/保持电路——A/D 转换方式,而选择了 V/F 转换方式,模拟信号在测量模块中被转化成脉冲群(正信号对应于高频,负信号对应于低频)。变换后的信号送入信号处理器模块的两个逻辑单元阵列(LCAs)中的一个,并对脉冲计数和确定频率。鉴于高实时性的要求,所有功能软件都用汇编语言编程,程序和数据存储在 E^2PROM 和 Flash PROM 中。不必更换 EPROM 就可以改变程序。当进行三相交流驱动的复杂控制时,输出控制命令的时间要求小于 $1\mu s$,用逻辑单元阵列可以及时开启转换和获得所测数据。

(二)测量数据的获得

为了实现闭环驱动控制,必需获得的描述过程变化的模拟变量包括电机的三相电流、两相对地电压、PWM 逆变器的输入直流端电压和电机的转速,速度传感器提供了两个频率与速度成正比的方波信号,可以由此计算出速度的绝对值;这两个信号相位相差 90°,根据两个方波信号在时间上的顺序可以决定电机的转向。

如果一个逆变器给两个并联牵引电机供电,则两个电机的转速都要被测出并用来控制算术平均值。例如,当经过道岔交叉点时,由于轮缘对轨道不同的压力,使电机转速也不同时,可以控制两个电机获得更加一致的力矩分布。因为转子电流的幅值与相角不能直接测量,所以我们采用数学模型来模拟异步电机的内部结构。

根据实际测得的电压、电流及速度值用计算机进行计算来决定转子的电流。电压模块将电压和电流作为输入值处理,构建电机定子电压方程式,电压和电流联合形成复杂的空间矢量。电流模块用了电流和电机转速这两个变量,通过对速度的积分而获得转子的角位移,根据转子角位移,电流被转换到与转子一起旋转的坐标系中。电流被一个具有恒定转子时间常数($T_r = L_r / R_r$)的一阶延时元件控制。其中,考虑到磁饱和性,应采用与电机磁特性相应的磁感应系数 L_h。电压模块被用来计算转子电流。

另外,电压和电流模块的转子电流的差值和因素 $1/T$ 作为校正项被反馈。当这两部分结构的所有参数匹配时,校正项消失。基于理想电压模块中使完全开环积分稳定的原则,反馈不会引起任何误差。在低速时,电流模块的影响起主导作用;而高速时,则是电压模块起主导作用。定子频率不需要任何中间步骤就可以根据 $1/T$ 决定。这样的结构结合了两个模块的优点,并可认为是电流模块控制电压模块。

电流模块要求适当的转子时间常数 T_r。在运行过程中,转子阻抗将随着转子温度的变化而明显改变,因此必须精确地得出工作时的当前转子阻抗。比较电压和电流模块的两个电流间相角可以检测出转子电阻的变化。

(三) 闭环控制结构

图 7-22 说明了一个闭环控制的结构。

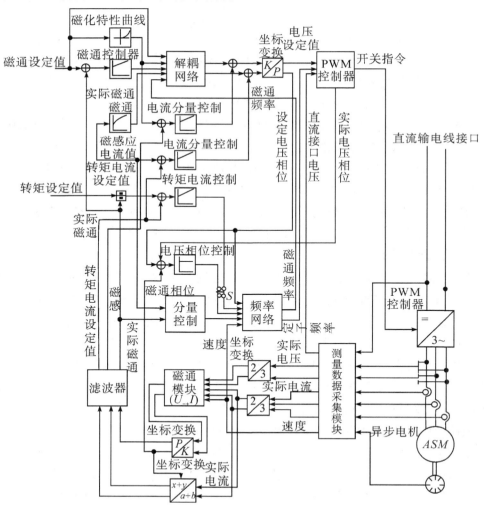

图 7-22 闭环控制结构

电机的转矩和电流值由中心微机设定,信号处理器的主要功能是启动 PWM 逆变器,保证牵引电机遵循设定值。测量数据模块和 LCA 编程电路确定了闭环控制规定的设定值。在三相/两相变换器中,三相电压和电流被转换成正交分量,它们与速度都是电压模块的输入量;根据直角坐标到极坐标的转换,得到实际电流的幅值与相角。电流相角用于将两个正交电流分量从有关定子的坐标系统转换到与转子电流空间矢量一起旋转的坐标系中,也就确定了电流矢量的象限。滤波后可以得到励磁电流分量和转矩电流分量,也就是静态工作点的直流量,因此,它们更适合在控制器中处理。

为了根据给定电流值和给定力矩控制的变量确定闭环控制输出变量,在一个解耦电路中模仿了异步电机的反演结构如图 7-23 所示。它根据电流给定值,励磁电流给定值,力矩电流给定值以及转子磁通的角速度的要求来计算电压分量。其中励磁电流设定值根据磁化特性而得。解耦电路的参数中包括漏感和由电机定子电阻和逆变器的等效电阻组成的附加电阻 R_G。

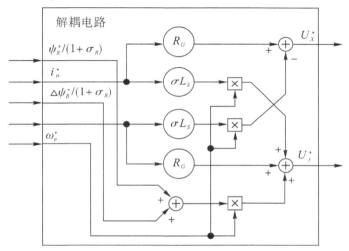

图 7-23 异步电机解耦电路

为了保持稳定,在解耦电路的输出端加了两个电流控制器控制励磁电流分量和转矩电流分量。用一个坐标转换器可将电压成分转换成幅值与相角形式,其中幅值作为 PWM 控制器的一个输入信号。必需给出转矩下的稳态转差频率,在变频控制中,这是根据力矩电流给定值和实际电流计算而得出的。

在校正转差频率的同时,用电流控制器校正力矩电流分量与给定值之间的偏差。电流分量控制器与去耦电路一起提供电压幅值与相角的设定值。在运转中,通过转换软件开关 S 实现结构的转换。电压相位控制器根据理想相角与 PWM 控制器的实际电压相角之间的比较结果做转差频率的校正处理。

频率确定模块综合各个频率成分,并提供去耦电路的电流频率和 PWM 控制器的定子频率。把闭环控制应用于实际直流线电压是在控制装置中完成的。根据电机电压的设定值与直流端电压的实际值可计算出脉冲宽度调制器的调制深度,完成可实时调节的磁场定向闭环控制的基本操作。

(四)PWM 控制器

PWM 控制器将闭环控制的输出变量——电压给定值和定子频率转换成逆变器的启动信号。在 PWM 逆变器输出端提供基波幅值与频率可变的三相电压,每个输出端都可接到中间电路的正极或负极。

PWM 控制器的主要功能就是产生所需的基波电压,控制与电机相连的逆变器支路上的三对开关,从而改变电压基波的幅值及频率。开关时间需要实时决定,所以采用一个硬件计数器对源电路发出命令,并设置一个具有缓冲区功能的 FIFO(First In First Out)存储器。FIFO 存储器简单地说就是先进先出,是系统的缓冲环节。FIFO 存储器的空间足以存入闭环控制的一个扫描周期内所有的开关命令,以便在处理器重新装载计数器电路时,也能保证输出。三对逆变器支路的电路状态被装入 FIFO 存储器,并通过计数器联到接下来的触发脉冲放大级,保证工作的同步。根据操作范围,开关次数可以通过同步或异步两种不同的调制方法计算。在低频时,采用异步调制,在一个基频周期内发生多次转换,电路状态与相关的开关角度由处理器进行联机决定。开关次数计算采用的方式通常是输出电压为 1.5 倍操作频率的正弦给定值。操作频率一般要保持恒定,但在允许范围内可根据需要调节。调制深度在调制时受限制,根据源电路所标定的最小脉冲宽度,这个比值可达到 90%。若该比值介于操作频率与基频之间,脉冲数量可达到 8~10 之间,逆变器就同步于基频。当基频增加时,由于逆变器限定操作频率,脉冲数量就要慢慢减少,脉冲数量和开关角度由脱机优化程序预先计算好并存入信号处理模块的快速 PROM 中。

(五)优化程序

优化程序实际上就是一个通过搜索确定幂函数最小值的搜索过程。这个幂函数作为在给定调制深度时开关角的一个函数,与反映谐波电流影响的各种优化标准有关,其中最主要的标准是谐波电流的均方根值。优化可以抑制特定谐波的峰值电流,减小电机附加损耗。

对于每一种脉冲数的优化计算都可产生一个局部最小值,并且在不同的调制范围内产生总的最佳值,所以优化的第一步是存储与每个局部最小值相对应的每种脉冲数的若干脉冲模式。

优化的第二步是选择脉冲模式,在这个过程中,为了给处理器选择合适的脉冲模式而设置了一个字符区。基于基频和调节度的离散值写入该字符区。合适的脉冲模式既要能满足临界条件的最大运行频率,又能符合最小脉宽和最大峰值电流。基频是在最大调制深度时选择的。脉冲模式之间的转换是滞后的,以防止过于频繁的转换。

脉冲模式选择平台和针对每种脉冲模式及每种调制深度的离线优化的脉冲数以表格的形式存放在信号处理器中。闭环控制的工作点所要求的调制深度或脉冲模式,首先由 PWM 控制程序模块中的选择平台决定,然后建立一个三相结构的计算软件。在下一个扫描时间间隔将要输出的门极开关次数在异步调制时直接在线决定。在优化模式的范围中,根据当前定子频率,用优化函数计算出该调制深度时的开关角度。开关次数和电路状态都被装入输出电路FIFO存储器中。脉冲系统的切换点必须选择恰当,以防产生暂态反应和不必要的电流峰值。

四、采用直接转矩控制原理的应用实例

应用直接转矩控制原理的地铁车辆控制系统结构图如图7-24所示。

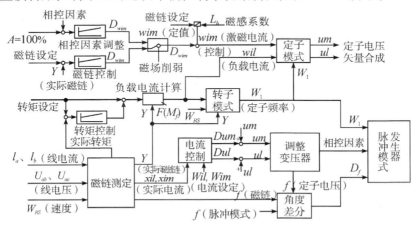

图7-24 直接转矩控制系统结构图

控制系统设置了转矩设定输入和磁链设定输入,转矩设定值由控制系统根据驱动/制动的要求和其他各种因素(负载、线电流、速度、牵引限制、空转/滑行保护)综合后决定。磁链设定值由电机参数计算得出,在整个基本速度范围内有效。磁链测定单元,根据电机的电流、电压、速度,计算在定子坐标系中磁链矢量的大小和角度。根据磁链矢量的信息也可以定义旋转坐标系。将定子电流矢量变换到旋转坐标系后,可得到它在旋转坐标系中的分量(xil,wil)。

磁链测定单元根据电机的数据,通过一系列采样步骤,得到实际转矩的分量xmd,判断系统的状态。实际转矩和设定转矩的差值送入转矩PI控制单元,产生一个动态的控制变量加到原先的转矩设定值上,再和实际磁链一起送入负载电流计算单元,决定负载电流(wil)。实际磁链和设定磁链的差值送入磁链PI控制单元,也产生一个动态的控制变量(Δwim)加到原先的磁链设定值上,得到激磁电流(wim)。这种综合考虑设定常数和动态变量的方法有利于提高控制系统的动态性能。

负载电流(wil)和激磁电流(wim)送入电机的定子模式,得到定子电压的两个分量(um,ul),负载电流(wil)和激磁电流(wim)的设定值与实际值之差分别通过比例调节器进行控制,将定子电压的动态分量加到静态分量上。这样决定的定子电压从磁场定向系统转换到定子定向系统,磁场定向系统中的电压矢量的大小和角度已经决定。为了保持逆变器的控制量,电压矢量的绝对值与直流线电压抵消,相控因素送入脉冲模式发生器。

在转子模式中,根据负载电流和实际磁链计算出转差频率。转差频率与实际速度相加后得到定子频率,定子频率也送到脉冲模式发生器。脉冲模式发生器根据频率和相控

因素计算得到适当的脉冲模式,同时决定下一步的电压矢量的角度,并将这个值送到控制器。

磁链矢量的角度与磁场定向系统中电压矢量的角度一样,必须与脉冲模式产生的电压矢量的角度相符合,任何角度差都将作为一个动态控制修正量送到脉冲模式发生器,以保证定子电压曲线相位投入的一致。当速度较高时,电机达到控制的极限($A\ max$ = 100%),此时为整块脉冲;其他脉冲模式下,控制极限较低。为了进一步提高速度,转入磁场削弱,此时电机被脉冲模式发生器的控制因素所限制,而与转矩设定值无关。因此,实际相控因素与控制极限值比较,送入一个PI调节器,产生一个动态控制变量加到控制初始值上。

第三节　空电联合制动中空气制动的指令传输与控制

制动是城市轨道交通车辆安全运行的生命线。空电联合制动中,空气制动仍是不可缺少的,其作用在于在电制动失效时,空气制动可独立实施,确保车辆的减速和停车;自动补充电制动力的不足,保证车辆制动减速度达到司机手柄的指令值;列车速度降到一定值以下,再生制动和电阻制动等电制动力很小时,做到准确停车。

根据列车运行减速、停车等制动要求,制动系统的制动功能一般分为常用制动和紧急制动两种。常用制动使用电制动或空电联合制动,而紧急制动通常只采用空气制动。城市轨道交通车辆对空气制动的可靠性、反应性、舒适性、协调性要求很高。其中的关键问题是空气制动的指令传输与控制策略。

一、空气制动的指令传输方式

干线铁路广泛应用的利用空气压力传输制动指令的方法,因为难以实现电气制动与空气制动的自动协调,在现代化的城市轨道交通车辆中已不再使用。电气指令制动大大削减了空气管路,有利于制动系统的小型轻量化和降低成本;制动装置操纵灵活,反应迅速;在整个速度范围内,适应空电联合制动的控制要求和协调配合,可以获得最佳的制动性能。

制动指令一般是司机由制动控制器送出的,通过列车信息控制网络传输给各车的制动控制装置。除了司机制动控制器,制动指令还可能来自列车运行监控记录装置、列车自动控制系统车载设备、司机安全装置等,制动指令经由传输系统送到制动控制装置,最终在基础制动装置上产生制动力。

城市轨道交通车辆中空气制动使用的电气指令传输方式可分为模拟指令式、数字指令式和计算机局域网,以往的数字式空气制动通过制动控制器发出开关信号,控制三个电磁阀不同的开闭组合,输出七级不同的制动控制压力作为空气制动指令。其优点是电气原理简单,易于掌握和维修。缺点是封闭阀型和气压运算型数字式空气制动都需要将车辆负载、再生制动等电信号再变换成空气信号,与电气制动的协调、引入故障记录和防滑系统都比较困难;封闭阀型数字式空气制动只能对电阻制动和空气制动两者封闭其一;气压运算型数字式空气制动需要对各个气压信号在控制阀(多挡中继阀)中进行综合运算。

改进的数字式空气制动采用电气运算,除了采用数字式指令传输方式和开关型 EP 阀外,其结构和功能已与模拟式空气制动没有太大的不同。二者都是通过 EP 阀将电信号转换成空气信号去控制空气制动缸;其他控制环节采用电子电路或微处理机子系统,控制精度高,可以纳入列车微机系统或者与之接口,减少了控制设备数量,不必另设单独的防滑系统;易于实现空气制动系统的自动检测、故障诊断、存储、指导司机运用和检修人员对故障的处理;适用列车采用自动驾驶(ATO)运行;盘式制动和闸瓦制动等各种机械执行机构都可适用。

(一)模拟指令式

模拟指令式采用连续变化的模拟量作为常用制动的电气指令。用模拟电量反映司机制动控制器的级位信息,模拟电量可采用电压、脉宽等信号来传递制动指令,以这些模拟量的大小来表示制动要求的大小。其优点是可以取多挡制动指令(理论上可以取无限挡),有利于制动力的细微调节。但纯粹的无级操作不方便找到合适的位置,应用不多,因而往往在司机制动控制器的手柄上再加上参考定位机构。

1. 直流电压方式

用直流电压作为电气指令是最直接的传输方式,但为确保指令的可靠传输,需要增加复杂的滤波等抗干扰措施。

2. PWM 方式

定频调宽的 PWM 方式在欧洲国家应用较广泛,这种方式抗干扰性较直流电压方式好,但调制解调电路增加了系统的复杂程度,对可靠性不利。上海地铁一号线的制动指令传输采用了这种方式。PWM 信号的输入电压为 DC60V±30%,输入电流为 2.0mA;信号脉宽为 11% 时对应减速度为 $0m/s^2$,即制动力为 0;最大制动力时信号脉宽为 45%,对应减速度为 $1.15m/s^2$。

采用模拟指令对指令传输设备的性能要求很高,一旦设备性能不能满足要求,可能造成制动指令精度下降,进而影响制动效果。

(二)数字指令式

所谓数字指令是由 0 和 1 组成的 2 进制,用 3 位数字组合时,可以形成 8 种不同的组合,在制动控制上,0 和 1 对应制动控制线的通断电,可以产生 7 级制动级位。根据国外城市轨道交通和高速铁路的实践经验,常用制动指令达到 6~7 级,已有足够的操作自在性。

1. 依次加压方式

日本新干线高速动车组为了提高可靠性,采用了 7 根指令线传递 7 级常用制动指令(见表 7-1),得电指令线数递增、制动级位递升的依次加压方式。这种方式编码冗余量大,误码可能小,抗干扰性强;即使断掉一根线也不至于造成很大混乱。

表 7-1 7 根指令线对应的 7 级制动级

指令线＼级位	缓解	1	2	3	4	5	6	7
SB1		○	○	○	○	○	○	○
SB2			○	○	○	○	○	○
SB3				○	○	○	○	○
SB4					○	○	○	○
SB5						○	○	○
SB6							○	○
SB7								○

2. 纯 2 进制 3 位数编码方式

城市轨道交通车辆常用的数字指令式是通过 3 根指令线组合编码得到 7 级常用制动指令,纯 2 进制 3 位数和交替 2 进制 3 位数两种编码方式都有应用。纯 2 进制 3 位数编码方式如表 7-2 所示。

表 7-2 纯 2 进制 3 位数编码方式

指令线＼级位	缓解	1	2	3	4	5	6	7
SB1		○		○		○		○
SB2			○	○			○	○
SB3					○	○	○	○

3. 交替 2 进制 3 位数编码方式

交替 2 进制编码方式如表 7-3 所示。它的优点是容错能力强,即使有指令线出现强干扰,出现严重错误的几率也大大降低。当然,使用交替 2 进制编码还需要有与纯 2 进制编码方式转换的逻辑电路。

表 7-3 交替 2 进制编码方式

指令线＼级位	缓解	1	2	3	4	5	6	7
KSB1		○	○				○	○
KSB2				○	○			○
KSB3					○	○	○	○

(三) 计算机局域网

随着计算机通信技术的飞速发展,城市轨道交通领域中各大跨国公司都竞相利用计算机局域网的列车指令总线。采用 Lon Works 现场总线技术的城市轨道交通车辆制动系统已成功地在多个城市中得到应用。与一般的计算机高速数据通信网不同,作为控制设备级的基础通信网络,特点是网络负载稳定、信息交换频繁、多为短帧传送;对可靠性要求很高,并要求协议简单、容错能力强、实时性强、有一定的时间确定性、安全性好、成本低、可以沟通与更高控制管理层次之间的联系。

在城市轨道交通车辆制动控制系统使用的计算机局域网中,头尾控制单元(HEU)和各车厢的制动控制单元(BCU)均由以微处理机为核心构成的工作节点组成。制动指令总线采用双绞线或光缆作为双向传输通信介质,将各节点连接。各车厢要求的制动控制功能由各制动控制单元(BCU)独立完成。以微处理机为核心的工作节点不仅可以输出制动级位指令,还可以输入传感器状态、执行控制算法;又可用充分可靠的通讯标准与其他节点进行互操作,并且可以连续监视系统的完整性和各节点状态,确保制动系统的可靠性,即使在非常情况或列车总线失效时,也能可靠地独立保证电动车组在尽可能合理的条件下快速停车。

二、制动控制策略

(一)恒制动率控制

城市轨道交通车辆载客情况变化很大,无论空载、满载或超员,都应保证列车的减速度与司机制动手柄的角度相对应。因而必须检测各节车辆的负荷重量,相应于各动车和拖车的负荷重量变化,自动调整各级制动缸压力,在运行过程中,各制动级位都可保持恒定制动率,得到恒定减速度。每节车空气弹簧的压力信号由半导体压力传感器变换为电压信号后,取平均值;按照满载和空载的极限值设置上下限界,作为车辆负荷重量信号电压输出。车辆负荷重量信号与制动指令(级位)相乘得到对应于各车负荷的制动力指令曲线,将一个驱动单元中的各 M 车和 T 车制动力指令曲线相加、放大后作为需求制动力指令曲线送入电机控制装置。

(二)空气制动滞后控制

为了实现目标减速度,列车编组内的各车厢有多种分担制动力的方法。一般的控制方法就是各车厢各自承担自己需要的制动力,即均匀制动方式。采用这种控制方式,T 车所需的制动力将全部由自己的空气制动力承担,T 车的闸瓦磨耗要比有电气制动的 M 车多。

由于三相感应电动机优良的自身再粘着特性,可以提高期望粘着系数,最大限度地产生电制动力,而不会增加滑行的危险。近些年来采用 VVVF(变压变频)逆变控制的三相感应电动机驱动系统较为普遍。为了使整个列车编组实现目标减速度,各车厢分担制动力时,在其利用粘着不超过限制的范围内,提高某一车厢的制动力而减少其他车厢的制动力,也可以取得同样的目标减速度。

由于 VVVF 控制或斩波控制的 M 车可以取较高的期望粘着系数,所以在不超过粘着限制的范围内充分利用 M 车的电气制动,不足部分再由空气制动力补充,这样可以节约能源、降低机械制动的磨耗,这种控制方式称为空气制动滞后控制。

1. M车空气制动优先补足控制

这种控制思想十分自然：T车所需制动力由M车的再生制动力承担，根据空电联合制动运算，不足部分也由M车的空气制动力补充，再不够才由T车的空气制动力补足。这样，M车的空气制动力和再生制动力都承担了一部分T车所需的制动力，但再生制动力的设定不能超过空气制动力的粘着限制，由于存在着这一制约，再生制动力的设定不能过高。2M1T为单元的T车的空气制动滞后控制方式如图7-25所示。M车不足以承担的T车所需的制动力仍由T车的空气制动力承担。

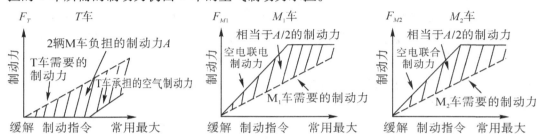

图7-25　2M1T编组的T车空气制动滞后控制方式

2. T车空气制动优先补足控制

这种控制方式也是T车所需制动力首先由M车的电气制动力承担，但当再生制动不足时，首先由T车的空气制动力补充，再不够才由M车的空气制动力补足。当再生制动失效时，M车、T车空气制动均匀作用。在这种控制方式下，M车的空气制动力不会超过本车厢自己所需的制动力，也就是说，空气制动力的粘着利用不会超过粘着限制，单纯再生制动力的设定可以比较高。所以在T车空气制动优先补足控制方式下，M车的再生制动力可以承担的T车制动力比M车空气制动优先补足控制方式更高，节能效果更好。直流斩波调速和交流变频调速的城市轨道交通车辆都可以采用T车空气制动优先补足控制方式。

采用T车空气制动优先补足控制方式的1M1T车组特性如图7-26所示。

1M1T车组制动力控制状态如图7-27所示。

1M1T车组制动作用如图7-28所示。

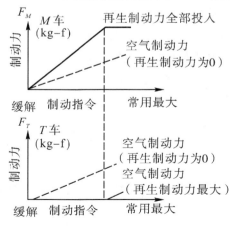

图7-26　1M1T车组特性图

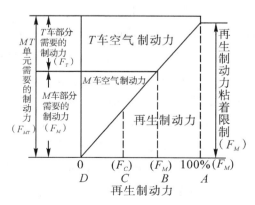

图7-27　1M1T车组制动力控制状态图

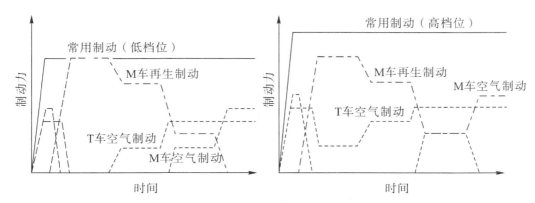

图 7-28　1M1T 车组制动作用

M 车、T 车在各个再生点处所承受的制动力如表 7-4 所示。

表 7-4　M 车、T 车在各个再生点所承受的制动力

再生点	M 车制动力		T 车制动力（空气制动力）	备注
	再生制动力	空气制动力		
A	F_E	0	$F_{MT} - F_E$	利用再生高粘着
B	F_M	0	F_T	
C	F_C	$F_M - F_C$	F_T	
D	0	F_M	F_T	M、T 车均匀空气制动

T 车和 M 车所需制动力首先由 M 车的电气制动力承担，但当再生制动不足时，在 A 点，再生制动力的大小为 F_E，T 车和 M 车所需制动力先由 T 车的空气制动力补充，大小为 $F_{MT} - F_E$，其中 F_{MT} 为 T 车和 M 车所需要的制动力，F_E 为再生制动力粘着限制；随着再生制动力的下降，在 B 点，再生制动力的大小为 F_M，T 车的空气制动已经全部投入，仍不能满足制动力的要求，这时 M 车的空气制动力投入；在 C 点处，再生制动力的大小为 F_C，T 车的空气制动力全部投入，而 M 车的空气制动力为 $F_M - F_C$，其中 F_M 为 M 车需要的制动力；在 D 点处，再生制动力的大小为 0，T 车的空气制动力全部投入，同时 M 车的空气制动力也全部投入。M 车、T 车空气制动均匀作用。

3. M、T 转向架空气制动均匀补足控制

新交通体系等轻型车辆系统，在同一节车厢既有动力转向架，又有非动力转向架。动力转向架的制动控制装置应具有电空运算功能，非动力转向架的制动控制装置则不必具有电空运算功能，这样一辆车就会有两种制动控制装置。

应用 M、T 转向架空气制动均匀补足控制，T 转向架的制动力首先由 M 转向架的再生制动力承担，不足部分由 M、T 转向架的空气制动均匀补足。这种方式的优点是一个制动控制装置就可以既控制动力转向架，又控制非动力转向架，并且电功率回收率提高，T 转向架闸瓦的磨耗减小。

三、空电联合制动中空气制动的指令传输与控制实例

1M1T 编组的制动指令传输和控制实例如图 7-29 所示。应用 DC100V、交替二进制编码做长距离的制动级位指令传输,抗干扰性和可靠性都很高。图中 BPM、BPT 分别为 M 车、T 车的制动特性曲线;RBT 为电制动特性曲线;F_M、F_T 分别为 M 车、T 车的空气制动力。

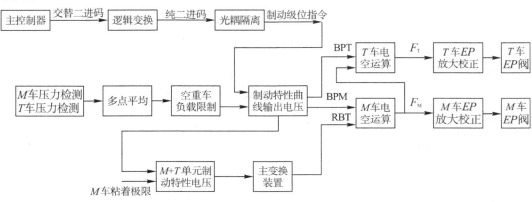

图 7-29　1M1T 编组的制动指令传输和控制框图

图 7-30 为 T 车空气制动优先补足控制方式空电制动运算图。

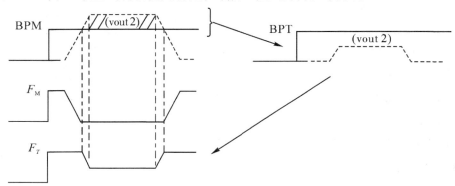

图 7-30　T 车空气制动优先补足控制方式的空电制动运算图

根据"最简单的最可靠"原则和我国工业技术发展的实际水平,一般建议在城市轨道交通车辆国产化研制时,采用 DC100V、交替 2 进制编码作为制动级位指令的长距离传输和 T 车空气制动优先补足控制方式的空电联合制动方案,以保证制动的可靠性和舒适性。

复习思考题

7-1　简述车辆直流牵引电动机的调速有两种基本形式,并说明各自的优缺点。

7-2　上海地铁 1 号线直流牵引系统主电路由哪两大部分组成?说明两个组成部

分的作用。

7-3 变阻控制主要有哪两种控制方式?

7-4 名词解释:磁场削弱系数。

7-5 简述地铁车辆交流调速的原理。

7-6 城市轨道交通车辆中空气制动使用的电气指令传输方式有哪几种?

7-7 简述恒制动率制动控制策略。

7-8 简述空气制动滞后控制策略。

7-9 说明什么是M车空气制动优先补足和T车空气制动优先补足控制策略,它们之间有什么不同?

7-10 空电联合制动中,空气制动仍是不可缺少的,说明其作用。

7-11 制动指令一般可以由哪些设备发出?

第八章 城市轨道供电系统与车辆电气设备

城市轨道供电系统是指为城市轨道车辆运营提供所需电能的重要系统。城市轨道车辆是靠电力牵引的电动列车,其动力是电能;此外,为城市轨道车辆运营服务的辅助设施包括照明、通风、空调、排水、通信、信号、防灾报警、自动扶梯等,也都依赖并消耗电能。城市轨道车辆的电气部分主要是按功能和系统以屏、柜及箱体的形式安装在车厢内及悬挂固定在车体底部车架上。为了使车厢用于载客部分的空间尽量多,电气箱柜绝大部分安装在车体底下的空间。

第一节　城市轨道供电系统

地铁供电电源一般取自城市供电网,通过城市电网一次电力系统和地铁供电系统实现输送或变换,然后以适当的电压等级供给地铁各类用电设备,如图 8-1 所示。

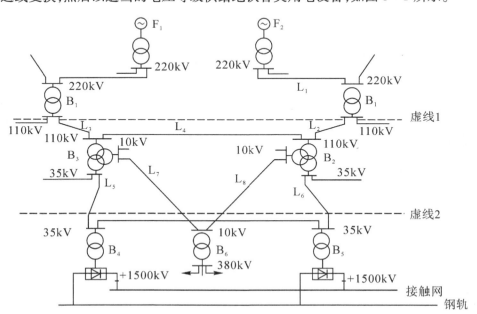

图 8-1　城市电网一次电力系统和地铁供电系统

F_1、F_2—城市电网发电厂;B_1—城市电网区域变电所;B_2、B_3—城市电网区域变电所(或地铁主变电所);
B_4、B_5—地铁牵引变电所;B_6—地铁降压变电所

地铁供电不同于一般工业和民用的供电,根据其重要性应规定为一级负荷,一级负荷规定应由两路独立的电源供电,当任何一路电源发生故障中断供电时,另一路能保证地铁一级重要负荷的全部用电需要,地铁变电所的电源进线应来自城市电网的两个区域变电所,当一路电源失电时,另一路电源自动投入,使地铁变电所仍然能不间断地获得三相交流电,满足地铁正常运营的用电要求。在地铁供电系统中,根据用电性质的不同可分为两部分,即以牵引变电所为主组成的牵引供电系统和以降压变电所为主组成的动力照明供电系统。在地铁供电系统中,根据实际需要,可以专设地铁高压主变电所,发电厂或区域变电所对地铁变电所供电,经主变电所降压后,分别以不同的变压等级对牵引和降压变电所供电,这种供电方式被称为集中式供电方式,上海地铁就是采用此种供电方式。在地铁供电系统中,也可以不设地铁主变电所,由城市电网中的区域变电所直接对地铁牵引变电所和降压变电所供电,这种供电方式称为分散式供电方式,北京、天津地铁就是采用这种方式。

一、牵引供电系统

城市轨道交通电力牵引(Electric Traction of Urban Rail Transit)以电力系统城市电网的电力为动力源,在车辆上将电能转换为机械能,从而牵引列车组在轨道上运行的一种城市交通牵引动力形式。由于它具有准时、快捷、安全、舒适、运量大、编组灵活及节能、无污染等优点,已经成为世界许多国家大中城市公共交通的骨干。城市轨道交通电力牵引主要由牵引供电系统和电动车组构成(图8-2)。

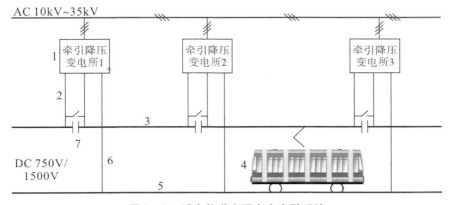

图8-2 城市轨道交通电力牵引系统

1—牵引变电所;2—馈电线;3—接触网;4—电动车组;5—钢轨;6—回流线;7—电分段

牵引供电系统主要由牵引变电所和牵引网组成,牵引变电所的作用是将城市电网的交流电压(一般为110kV、35kV或10kV)降压并整流成为直流电压。世界各国城市轨道交通的电压制均为直流,电压等级有600V到3000V各种不同等级。国际电工委员会(IEC)推荐的直流供电电压为DC750V和DC1500V。牵引变电所主结线如图8-3所示。

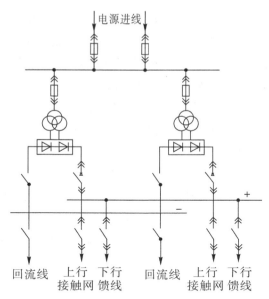

图8-3 牵引变电所主结线

牵引网由馈电线、接触网、轨道和回流线组成。接触网是牵引网中最主要的组成部分，车上的受电器通过与它可靠地直接滑动接触，不断取得电能，以保持电动车组的正常运行。接触网按其结构可分为接触轨式和架空式两种。接触轨式是沿走行轨道一侧平行铺设第三轨，电动车组从侧面伸出的受电器——集电靴与其滑动接触而取得电能。接触轨又分上磨式、侧磨式和下磨式几种形式。上磨式接触轨安装在专用绝缘子上，工字形轨底朝下，优点是固定方便，缺点是集电靴在其上面滑行，无法加防护罩；下磨式接触轨底朝上，由绝缘体紧固在弓形肩架上，优点是可以加防护罩，对工作人员较为安全。在城市轨道交通中，地下铁道一般宜用DC750V接触轨受流方式，这样隧道净空高度低，接触网结构简单、造价低、便于维修。架空式接触网是架设在走行轨道上部的接触导线、承力索系统。电动车组通过伸出的受电器(受电弓)与接触导线滑动接触取得电能。

架空式接触网是架设在轨道上部的接触网，电动列车上部伸出的受电弓与之接触取得电能。架空式接触网在地面上与地下隧道内的架设方式是不同的，它又可分为地面架空式和隧道架空式。

(一) 地面架空式

地面架空式接触网由以下几个部分组成：接触悬挂、支持装置、定位装置、支柱与基础。接触悬挂包括承力索、吊弦、接触线，与电动列车受电弓直接接触的是接触线，接触悬挂方式很多；支持装置用以支持接触悬挂并将其负荷传给支持或其他建筑物的结构，包括腕臂、拉杆和绝缘子；定位装置包括定位器和定位管，其作用是保证接触线与受电弓的相对位置在规定范围内；支柱和基础用以承受接触悬挂和支持装置的负荷并将接触悬挂固定在规定高度。

接触悬挂是由相隔一定距离的悬挂点架空悬挂，接触悬挂分为简单悬挂和链型悬挂两种，简单悬挂是一种直接将接触线固定在支持装置上的悬挂方式，有简单悬挂和弹性简单接触悬挂两种形式。链型悬挂是接触线通过吊弦悬挂到承力索,承力索固定在支持装置上的悬挂方式,有简单链形和弹性链形等多种形式。链型悬挂比简单悬挂的性能要好,但也带来了结构复杂、投资大、施工和维修调整较为困难等问题。链型悬挂中,以全补偿的性能为最好。上海地铁架空接触网按柔性悬挂结构形式,分地面和地下两部分,地面部分采用腕臂与软横跨相结合的悬挂形式,地下部分采用弹性支架悬挂形式。地面主线采用简单全补偿链型悬挂,双接触线和双承力索分别安装在各自电杆上的自动张力装置进行补偿,使承力索、接触网导线在整个工作温度范围内承受固定张力。在多轨区采用软横跨悬挂接触网,并安装由黄铜线构成的上部、中部、下部定位绳,馈电线与正线接触网并联敷设,以得到所需的载流量。接地线采用架空敷设。

(二)隧道架空式

隧道架空式的悬挂与地面架空式有所不同,一方面隧道内不能立支柱,支持装置是直接设置在洞顶或洞壁,另一方面又必须考虑隧道断面、净空高度、带电体对接地体的绝缘距离、导线的弛度等因素的限制。根据隧道断面和净空高度不同,接触悬挂有多种不同的方式。在隧道内,车辆限界、带电体与接地体的绝缘距离、弛度和安装误差等因素对接触悬挂高度有影响。在有限的净空高度内,欲使悬挂高度降低,可通过缩短跨距、减小弛度来调整。在有条件采用简单链型悬挂的隧道内,也可采用简单链型悬挂,以增加弹性,用具有张力补偿作用的装置来实现张力补偿,以减小弛度及其变化。

动车组由牵引供电系统供给电能,驱动车辆上的电动机,产生牵引力牵引在轨道上行驶的列车组。列车组中的车辆主要分两类:有动力装置的动车和无动力装置的拖车。动车和拖车又有司机室和无司机室之分。为保证动车组良好的性能和服务,近年来车体大多采用铝合金或不锈钢材料;走行部采用动力制动(包括再生制动和电阻制动)辅以空气制动;在运行方式上,应用了自动驾驶系统;在服务设施上,增加了客室容量,采用空调、通风等设施。动车组的最高运行速度多数在80km/h,2min时间间隔,也有少数城市在100km/h以上。线路的站间距离市区一般1km左右,郊区多为1.5km~2km。

地铁牵引供电系统各部分的功能主要有以下几个方面。

牵引变电所:供给地铁一定区域内牵引电能的变电所;

接触网(或接触轨):经过电动列车的受电器向电动列车供给电能(北京、天津地铁采用接触轨方式,上海地铁采用架空接触网方式);

馈电线:从牵引变电所向接触网输送牵引电能的导线;

回流线:用以供牵引电流返回牵引变电所的导线;

电分段:为方便检修和缩小事故范围,将接触网分为若干段;

轨道电路:列车行走时,利用走行轨作为牵引电流回流的电路。

接触网(轨)、馈电线、轨道、回流线总称为牵引网。牵引供电系统由牵引变电所和牵引网组成,其中牵引变电所和接触网(轨)是牵引供电系统的主要组成部分。在各种牵引供电系统中,根据电流形式可分为直流制和交流制两种。我国已建成通车的地铁均采用直流制供电。

地铁动力照明供电系统各个部分的功能主要有以下几个方面。降压变电所:将三相电源进线电压变为三相380V交流电,降压变电所供电的主要用电设备有风机、水泵、照明、信号、通信、防灾、报警设备等;配电所(室):配电所(室)仅起到电能分配作用,降压变电所通过配电所(室)将三相380V交流电和单相220V交流电分别供给动力照明设备,各配电所(室)对本车站及其两侧区间动力和照明等设备配电;配电线路:配电所(室)与使用设备之间的导线,起传输电能的作用。

在动力照明系统中,降压变电所一般按每个车站设置一个,有时也可以几个车站合设一个。我们也可以将降压变压器设在某个牵引变电所之中,构成牵引与降压混合变电所。地铁车站及区间照明电源采用380V/220V系统配电,正常时,工作照明、事故照明均由交流供电,当交流电源发生故障时,事故照明自动切换为蓄电池供电,确保事故期间必要的紧急照明。

二、变电所(室)

地铁变电所(室)一般是在地铁沿线设置的,地铁变电所(室)可以建在地下,也可以建在地面,地铁变电所(室)尤其是地下变电所(室)在防火方面都有一定的要求,其防火措施主要应从结构与建筑材料以及变电所的电气设备本身的不燃性等方面来考虑,同时应安装自动消防报警装置、防火门和防火墙等隔离设施和有效的灭火系统。地铁变电所(室)根据不同类型分为3种基本类型:高压主变电所(室)、牵引变电所(室)和降压变电所(室)。地铁变电所(室)是由各种不同用途的电气设备按照一定的电气主结线联结而构成的。现将地铁变电所(室)各种电气主结线和3种基本类型的变电所(室)基本情况介绍如下。

(一)电气主结线

变电所的电气主结线是指由变压器、断路器、隔离开关、母线等及其连接导线所组成的接受和分配电能的电路。电气主结线反映了变电所(室)的基本结构和功能。

(二)主变电所(室)

主变电所(室)是由上一级的城市电网区域变电所获得的高压(如110kV或220kV)电能,经降压后以中压电压等级供给牵引变电所和降压变电所的一种地铁变电所(室)。为保证地铁牵引等一级负荷的用电,应设置两座或两座以上的主变电所(室)。另外,任一主变电所(室)停电并且另一主变电所一路电源进线失压时,可切断地铁供电系统属于二级、三级负荷的用电,以保证全部牵引变电所的不间断供电,使电动列车仍能继续运行。

(三)牵引变电所(室)

牵引变电所(室)从城市电网区域变电站或地铁主变电所(室)获得电能,经过降压和整流变成所需要的直流电。牵引变电所的容量和设置距离是根据牵引供电计算的结果,并做经济技术比较后确定的,一般设置在沿线若干车站及车辆段附近,相邻牵引变电所之间距离在 2~4km,每个牵引变电所按其所需总容量设置两组整流机组并列运行,沿线任何一个牵引变电所出现故障,由两侧的相邻牵引变电所承担共同的全部牵引负荷。

(四)降压变电所(室)

在整个地铁系统的运行中,要保证地铁车站的环境正常和地铁系统控制,需要设置各种用电设备,如通风、给排水泵、自动扶梯等动力设备、照明(包括事故照明)、通信、信号等,这些用电设备大多使用三相380V 或 220V 交流电,降压变电所(室)的作用就是从城市电网区域变电站或主变电站获得电能并降压变成低压交流电,然后再经过下设的配电所(室)分配给各种动力和照明的设备用电。动力和照明等设备大部分集中在车站,也有一部分分散在区间隧道内,所以,一般在车站附近设置降压变电所(室)和配电所(室),由它们对车站和两侧区间隧道进行供电和配电。此外,车辆段和系统控制中心也需要由专设的降压变电所(室)供电。

地铁变电所(室)中除了主要电气设备之外还有各种电气设备的保护装置和电量(电压、电流等)的计量仪表,变电所(室)内还应有蓄电池室,蓄电池作为事故照明的备用电源和变电所(室)开关设备的操作电源,事故照明平时由交流电供电,当交流电源失去时,事故照明自动切换至蓄电池供电,以保证紧急情况下,对车站和变电所(室)提供必需的照明。根据防火的要求,各类变电所(室)内外的连接导线应该尽可能地选用阻燃型电线、电缆。为了对变电所(室)的火灾采取及时而有效的措施,变电所(室)的所有开关(断路器)在火灾情况下,应能自动跳闸。此外,变电所(室)还应设置有效的灭火设备。

三、接触网

在地铁列车运行过程中,电能从牵引变电所经馈电线送到接触网,再从接触网通过地铁列车的受电器送到电动列车,再经过走行轨道、回流线流回到牵引变电所。由接触网、馈电线、轨道和回流线组成的供电网络总称为牵引网,接触网是牵引网中最主要的组成部分,其作用是通过它与受电器直接滑动接触,将电能不断地传送到电动列车,保持电动列车的正常运行。

(一)接触网的结构形式

接触网按其结构可分为接触轨式和架空式两大类型。

1. 接触轨式

接触轨是沿走行轨道一侧平行铺设的附加第三轨,故又称第三轨。电动列车(动车)侧面或底部伸出的受电器与第三轨接触取得电能,这种受电器称为集电靴,根据集电靴和第三轨配合的方式,接触轨可分为上磨式、侧磨式和下磨式等多种形式。

图 8-4 为上磨式接触轨。上磨式接触轨安装在专用绝缘子上,工字形轨底朝下,接触靴自上与之接触受电。设置在车辆的走行轨旁,距走行轨中心距离约为1.4m,距轨面高度约 0.44m,由接触轨、防护板、防护罩支架、接触轨扣板和绝缘子等组成,绝缘子起到支撑作用。与之相配合,车辆采用集电靴受流。在国内,北京地铁、天津地铁和武汉地铁

等均采用这种方式。这种方式一般适用于 DC750V 电压供电,国外有个别城市有采用 DC1000V 电压供电而仍然使用第三轨馈电的报道,并且车辆最高运行速度一般在 90km/h 以下。下磨式接触轨底朝上,由绝缘体紧固在弓形肩架上,肩架固定装在轨枕一侧。

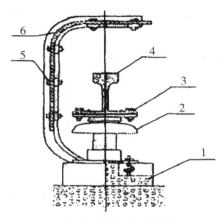

图 8-4 上磨式接触轨

1—接触轨底座;2—地铁用针式绝缘子;3—接触轨扣板;4—接触轨断面;5—防护罩支架;6—防护板(玻璃钢)

2．架空式

城市轨道交通的接触网馈电方式中向车辆馈电的接触网设置在车辆的走行轨上方,沿走行轨中心呈"之"字形走向(正线直线段为 ±200mm,曲线段为 ±150mm),距轨面最小高度约 4.0m(洞外地面为 5.0m),架空式有柔性悬挂、弹性悬挂和刚性悬挂 3 种悬挂方式。

(1)柔性悬挂

柔性悬挂方式的接触网采用全补偿(正线)或半补偿(站场或岔线)简单链型悬挂,由接触导线、承力索、吊弦、导电连接线、辅助馈电线、绝缘子、坠坨和支持装置(在隧道外还包括支柱)等构成,锚段长度不大于 1500m,隧道外的正线导线跨距不大于 25m,这种悬挂形式不受线路位置的影响。在隧道内采用这种悬挂方式约需要 500mm 左右的安装空间,接触网张力约 30kN,全补偿。由于在隧道内接触线的绝缘和支撑装置易影响车辆的限界,需要在设计时校核。在国内,广州 1 号线全线、上海地铁 1 号线地面段、明珠线和广州 2 号线地面段、深圳地铁全线和天津城轨滨海线均采用了这种方式,见图 8-5。地面上的接触网采用柔性悬挂形式。考虑到地面存在大气雷电的侵害,因此随接触网架设有一条接地保护线,并且在站场等重要场所增设避雷器。为了保证受电弓运行的连续性,通常在采用弹性悬挂和刚性悬挂接触网的隧道口设置一定距离的过渡段,然后再与柔性接触网连接,见图 8-6。

(2)弹性悬挂

弹性悬挂则需要采用特制的专用弹性定位器(西门子专利),由接触导线、导电连接线、辅助馈电线、弹性定位器等构成。这种悬挂方式仅适用于隧道,需要采用一种悬挂专用的弹性定位器,接触网张力约 15kN,半补偿。在国内,上海地铁 1 号线就在隧道中采用了弹性悬挂方式。采用这种方式需要约 450mm 左右的安装空间。

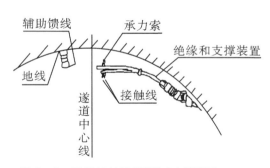
图8-5 柔性接触网(隧道内)示意图

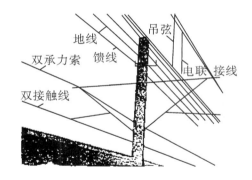
图8-6 地面(隧道外)柔性接触网示意图

(3)刚性悬挂

架空刚性悬挂是城市轨道交通架空接触网受流方式的一种,具有运行可靠性高、结构简单、运营维护方便、安装空间小等优点,适合在城市地铁隧道内应用。在广州地铁2号线建设之前,国内地铁架空接触网只有柔性悬挂一种模式。由于架空柔性悬挂的组成线材——承力索、接触线和辅助馈线均带有张力,一旦断线直接影响地铁的安全运营;如果工程中出现隧道漏水腐蚀线材、有机绝缘材料老化等问题,则架空柔性悬挂存在断线隐患,为提高接触网系统的安全可靠性,1998年广州地铁2号线首次提出了采用架空刚性悬挂技术方案,刚性悬挂实际上就是把第三轨放置在了隧道的顶部(一种由每段长约 8~10m 的铝合金汇流排连接和接触导线组成特殊的"第三轨",又称作"Π"型结构。国外还有直接将第三轨或特制第三轨安装在隧道顶部的报道,即"T"型结构),安装高度约 400mm,但需要借助特殊的安装工具。架空刚性悬挂标准断面由汇流排、接触线、绝缘子和支持结构等组成,典型断面见图8-7。在国内,广州地铁2号线中的地下线路采用这种方式。

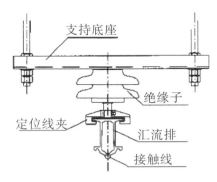
图8-7 架空刚性悬挂典型断面示意图

与之相配合,车辆采用受电弓受流,这种馈电方式适用于电压较高,但电流相对较小的 DC1500V 电压供电,采用这种馈电方式的车辆最高运行速度可超过 120km/h。对于在地面上行驶的小运量轻轨车辆在线路不能完全封闭时也常常采用这种方式,此时供电电压也可以采用 DC750V。

接触轨式和架空式馈电方式在经济、技术综合性能等方面的比较见表8-1。

(二)供电方式和电分段

牵引变电所是通过接触网向电动列车供电的,每个牵引变电所仅对其两侧的区间供电,供电距离过长,牵引电流在牵引网上的电压降也就越大,会使末端电压过低及牵引网上电能损耗过大,供电距离过短,将使牵引变电所数目增多,投资也增加。供电距离以及接触线截面等与接触网供电方式有关,牵引变电所向接触网供电有两种方式:单边供电和双边供电。地铁接触网在每个牵引变电所附近断开,分成两个供电分区,每个供电分区也称为一个供电臂,如电动列车只从所在供电臂上的一个牵引变电所获得电能,这种供电方式称为单边供电,如一个供电臂同时从相邻两个牵引变电所获得电源,则称为双边供电。在越区供电方式下运行,供电末端的接触网电压降低,电能损耗较大,因此视情况要适当减少同时处在该供电区段的电动列车数。另外一旦接触网发生短路故障,其保护动作灵敏度降低,因此,越区供电只是在不得已的情况下短时运行的一种运行方式。接触网的电分段是保证供电可靠性和灵活性的另一种措施。被分段的接触网可以通过联络隔离闸刀连接,当某段发生故障或检修时,只需打开相应段的联络隔离闸刀,就可以使故障或检修停电范围缩小,同时不影响其他各段接触网的正常供电。接触网沿线路方向的分段称为纵向电分段;接触网线路与线路之间的分段称为横向电分段,如上、下行线路之间等。电分段的联络隔离闸刀的设置地点、应考虑操作方便和便于实现集中控制。

表 8-1 接触轨式和架空式馈电方式的比较

项目	接触轨式	架空式
系统构成	简单	复杂
导电部分材质	掺铝钢轨	铜或铜合金线材
单位电阻率(20℃)/(Ωmm^2/m)	0.125	0.0178
实际截面积/mm^2	6400~7000（等效铜截面积约为850）	约850;刚性为1400
所需支撑点	相对多	相对少
允许车辆最高运行速度/(km/h)	≤90	≥120
系统造价	低	相对较高
维护工作量	小	相对较大
在隧道中所需空间	相对较小	相对较大
安全性	线路必须完全封闭	线路可以不完全封闭
在地面上对城市景观的影响	小	有一定影响,需要精心设计

第二节 受流器

城市轨道交通车辆一般通过受流器与沿线路架设的导线滑动接触,从供电电网吸收电能。

城市轨道交通的供电电网包括由高压变电或市电直接供给的城市轨道交通沿线各主变电站构成的高压电源系统;由牵引变电站和接触网组成的牵引供电系统。

城市轨道交通车辆普遍采用了直流牵引馈电方式。应该指出,直流牵引馈电使城市轨道交通车辆省略了降压、整流等环节,但带来了电网谐波、电腐蚀、电磁干扰等公害。

国际电工委员会(IEC)规定的直流牵引馈电电压标准为 600V、750V 和 1500V 三种,我国规定为 750V 和 1500V 两种,通常根据车辆、线路结构、电气设备水平等因素来决定采用何种等级。我国国家标准规定,为了规范我国的轨道交通电力牵引供电电压,国家标准对地铁和城市有轨、无轨电车做了如下规定,分别见表 8-2 和表 8-3。

表 8-2 地铁直流牵引供电系统(GB10411)

最低值/V	标称值/V	最高值/V
500	750	900
1000	1500	1800

表 8-3 城市无轨电车和有轨电车直流供电系统(GB5951)

最低值/V	标称值/V	最高值/V
500(400)	750(600)	900(720)

注:括号内的数值为非推荐值

从经济角度看,选用 1500V 可以增加牵引供电距离、减少牵引变电所数量、压缩变电所建筑面积、减少有色金属用量、减少电能损失、节约投资和运行费用,同时还可以提高牵引供电电压质量、减少杂散电流,但提高了牵引变电所和车辆直流电器、电机设备的电压绝缘水平,增加了电气设备的投资。

我国的城市轨道交通牵引电压制式无论是选用 DC750V,还是选用 DC1500V,均符合国家和国际标准的规定。但是,由于各城市间普遍存在的地理、人文、经济发展和城市规模等方面的影响,在确定采用何种牵引电压制式前了解这两种电压等级间的技术差异是很有意义的。DC750V 和 DC1500V 电压等级时牵引变电所的供电距离见表 8-4。

表 8-4 DC750V 和 DC1500V 等级时牵引变电所的供电距离

电压等级/V	车辆编组形式		备注
	4M2T	2M2T	
750	≤2km	≤3km	受回流轨道电位升高的限制,电压提高后的牵引变电所间距并不是成倍提高。
1500	≤2.5km	≤4.5km	

城市轨道交通车辆的受流器有受电弓、旁弓和第三轨受电器等形式。

我国常用的馈电方式有架空式接触网和第三轨两种形式。通常,城市轨道交通车辆在电网电压为 1500V 时多用架空式接触网形式,由安装在车辆顶部的受电弓集电;当电网电压为 750V 或以下时,较多由第三轨受电。DC750V 和 DC1500V 馈电制式其他技术指标的比较见表 8-5。

表 8-5 DC750V 和 DC1500V 馈电制式其他技术指标的比较

主要经济、技术参数	DC750V	DC1500V
峰值电流(2min 间隔,6 辆编组)/A	7200~10000	3600~5000
电压损耗	大	小
杂散电流(迷流)影响	大	小
可承受的客流量	相对小	大
车辆再生制动对电压的影响	大	相对小
馈电方式	第三轨(小客流时也使用架空式接触网)	架空式接触网
设备国产化率	除了个别设备外,实现了国产化	基本实现了国产化
供电系统的综合造价	基本相当	基本相当

架空式接触网较安全,还可与城市市郊快速铁道直通运转,但运行维护工作量大,运行费用高。第三轨方式维护简便,工作量少,运行费低,能充分利用隧道空间,在地面或高架运行时相对架空接触网而言城市景观比较好;但在隧道内保养、检修或在车库内检修作业时应注意安全。

一、受电弓的结构与工作原理

受电弓的结构可分为单臂弓和双臂弓,如图 8-8 所示。从技术发展的趋势来看,1500V 供电系统中运行的城市轨道交通车辆将会较多地采用单臂受电弓。

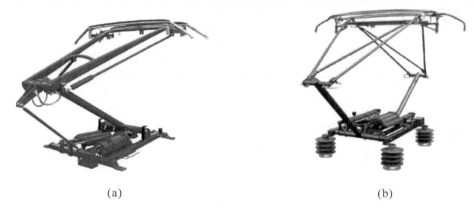

图 8-8 受电弓的结构
(a)单臂弓 (b)双臂弓

单臂弓相对双臂弓的优点有噪音低,故障时不容易扯断电车线;保养成本低。目前大多城市轨道交通车辆均采用单臂弓。单臂弓根据受电弓驱动源分为压缩空气和电力驱动两种,根据受电弓驱动形式分为气缸式受电弓、气囊式受电弓、电动式受电弓3种形式,安装在列车B车车顶上。

比较典型的受电弓有两种:一种为弹簧悬挂,即利用弹簧与凸轮、连杆的系统联接,产生一个固定的抬升力,简化成力学模型时,由一个固定抬升力P和一个阻尼B组成;另一种是风缸悬挂,用一个风缸来产生抬升力,简化成力学模型为一恒抬升力P和一个弹簧K和阻尼B的串联系统,如图8-9所示。

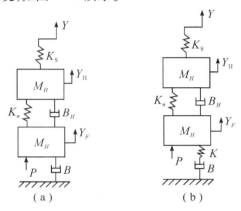

图8-9 受电弓力学模型
(a)弹簧悬挂 (b)风缸悬挂

采用结构简单、重量较轻的"弹簧上升、气压下降"式受电弓的城市轨道交通车辆,传动机构包括升弓弹簧、降弓气缸、锁定装置。升弓时,锁定装置的气缸送入压缩空气后解锁,受电弓依靠弹簧力上升,并使受电滑板以5kg左右的压力紧贴供电网架线。降弓时,压缩空气送入降弓气缸,使受电弓克服弹簧力下降、折叠后锁定。

受电弓的主要技术参数见表8-6。

表8-6 受电弓的主要技术参数表

项目	参数值
额定电压/V	DC1500V
额定运行电流/A	1680
最大短时电流(70s占空因素中为5s)/A	3500
最大起动电流(30s)/A	1600
车辆静止时的最大电流(DC1000V和单弓受电)/A	540
落弓高度(从绝缘子安装面起,包括绝缘子)/mm	≤310
工作高度(落弓位置滑板面起)/mm	150~1950
最大落弓高度(落弓位置滑板面起)/mm	>2550
绝缘子高度/mm	80
弓头长度/mm	1500±5

续表

项目	参数值
滑板长度/mm	800±1
滑板材质	浸金属碳
标称静态接触压力/N	100
额定工作气压/kPa	550
车辆供风气压/kPa	450~950
升弓时间/s	≤8
降弓时间/s	≤8
质量(包括绝缘子)/kg	≤140

目前在用的受电弓也有采用双气囊驱动方式的。下面以成都地铁1号线受电弓为例详细介绍一下受电弓的结构和工作原理。成都地铁1号线车辆受电弓是按照2008年4月与南车集团四方机车车辆股份有限公司签定的17列地铁车辆受电弓采购合同而研制的。该型受电弓的研制与设计充分吸收和借鉴了广州地铁3号线、上海轨道交通3号线"6改8"等项目上受电弓的成功运营经验,具有优良的技术性能。

(一)受电弓结构

成都地铁1号线受电弓的框架采用单臂轻型结构,驱动机构采用双气囊驱动方式;借鉴广州地铁3号线车辆受电弓的运营经验,弓头的结构更适应于刚性接触网下的运用。受电弓的外形及结构见图8-10。

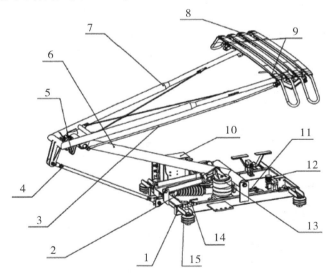

图8-10 成都地铁1号线车辆受电弓的外形及结构图

1—底架组装;2—阻尼器组装;3—平衡杆组装;4—拉杆组装;5—肘接电流连接组装;
6—下臂杆组装;7—上框架组装;8—弓头组装;9—弓头电流连接组装;10—阀箱;11—底架电流连接组装;
12—降弓位置指示器;13—气囊组装;14—气路组装(含ADD自动降弓装置);15—绝缘子组装

1. 底架

底架是由4根矩形无缝钢管组焊而成的口字形钢结构。在受电弓升弓和降弓过程中,底架是不运动的,只是起到一个固定支撑的作用。底架上安装有阻尼器,以缓解在降弓时受电弓运动部分(铰链机构与弓头)对底架及车顶的冲击。电流接线板是受电弓对外的电接口,采用不锈钢材料,支撑架上通孔用于安装支持绝缘子的安装螺栓,支撑板上安装受电弓对外的气路接口,采用不锈钢材料。

2. 铰链系统

铰链系统由下臂杆组装、上框架组装和拉杆组装构成。下臂杆由无缝钢管组焊而成的"工"字形钢结构,下臂杆的两端分别与底架和上框架采用轴承链接,与底架联接的轴承安装在下臂杆的底架轴承管内,与上框架联接的轴承安装在下臂杆的肘接轴承管内。轴承具有良好密封能力,在使用期内免维护。受电弓升降弓运动时,其绕着底架上的固定点做圆周运动。

上框架由铝管组焊而成。上臂杆是由顶管、阶梯铝管和肘接处的联接管组焊而成的铝合金框架结构。上框架上安装有对角线杆,用于增加上框架的刚度。上框架通过轴承分别与拉杆、下臂杆以及弓头联接。上框架的此种设计减轻了受电弓的整体质量,提高了受电弓的弓网跟随性。

拉杆构成四杆机构的闭环。人们可以通过调节拉杆上的螺母和螺杆的相对位置来改变拉杆长度,从而对四杆机构的几何尺寸进行调整以修正偏差。

铰链系统的各关节处采用免维护轴承联接。铰链系统与底架一起构成受电弓的四杆机构。该四杆机构保证了弓头转轴的运动轨迹呈一条近似铅垂的直线。

成都地铁1号线车辆受电弓弓头转轴的运动轨迹如图8-11所示。

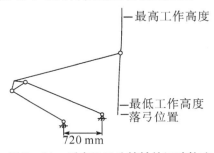

图8-11 受电弓弓头转轴的运动轨迹

3. 气囊升弓装置

气囊升弓装置主要由两组在受电弓横向上对称布置的气囊、蝴蝶座以及钢丝绳构成。其特点是外观美观、结构简单以及质量较轻。压缩空气作用下的气囊与气囊连接并被拉伸的钢丝绳,以及焊接在下臂杆上的扇形调整板,共同产生受电弓升弓时所需的升弓转矩和受电弓升起后与接触线之间的接触压力。

4. 弓头

弓头由滑板、弓角、弓头转轴和弓头悬挂装置等构成。滑板采用长800mm、宽60mm的浸金属碳滑板,可以满足承受短时最大电流4000A的要求;滑板内设置ADD(自动降弓装置)气道,并在国内首次采用硅胶气管。借鉴广州地铁3号线的运行经验,成都地铁1号线对滑板及弓角的结构进行优化设计,可以满足车辆在刚性接触网、最大运行速度下的安全稳定运行要求。弓头悬挂装置采用两组橡胶弹簧元件和导杆组焊并呈V型排列的结构,橡胶弹簧元件在使用期内免维护。弓头悬挂装置使弓头具有一定的自由度。当运行区段上的接触线高度变化较小时,只需通过弓头悬挂装置的补偿来保持接触压力的基本恒定,受电弓铰链系统则保持稳定。

5. 气阀箱与气路

成都地铁1号线车辆受电弓的气路工作原理图见图8-12。

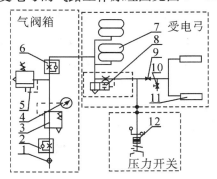

图8-12 成都地铁1号线车辆受电弓的气路工作原理图

1—过滤阀;2—升弓节流阀;3—调压阀;4—压力表;5—安全阀;6—降弓节流阀;
7—气囊;8—快排阀;9—ADD截止阀;10—ADD试验阀;11—滑板;12—压力开关

气阀箱安装在受电弓底架上,是受电弓气路的控制装置,主要集成了过滤阀、精密调压阀、单向节流阀和安全阀,用于对受电弓气路的过滤、压力调整、流量控制及安全保护,可以用来精确调整受电弓的升弓、降弓时间和与接触线之间的接触压力。由车辆进入受电弓的压缩空气在经过气阀箱后被分为两条支路:一条支路通向升弓气囊,用于控制受电弓的升弓、降弓;另一条支路通向ADD,用于监测和反馈滑板运行状态,执行故障情况下的自动保护功能。

过滤阀(序1):将机车压缩空气中的水雾分离出来,保证提供干燥而且纯净的压缩空气。

精密调压阀(序3):用来调节接触压力,气压每变化0.01Mpa就会使接触压力变化10N,为受电弓提供恒定的压缩空气。

单向节流阀(序2和序6):控制压缩空气的流量来调整受电弓升弓、降弓的时间。

安全阀(序5):精密调压阀一旦出现故障,安全阀就会起到保护气路的作用。

6. 电流连接组装

电流连接组装分为弓头电流连接组装、肘接电流连接组装和底架电流连接组装,如图8-13所示。弓头电流连接组装(8-13(a))将网线上的电流由弓头导入上框架,使电流绕过了顶管内的轴承和弓头悬挂装置上的橡胶弹簧元件,以避免轴承和橡胶弹簧元件因温升过大而导致损坏;肘接电流连接组装(8-13(b))保护安装于肘接轴承管内的轴承;底架电流连接组装(8-13(c))保护安装于底架轴承管内的轴承。

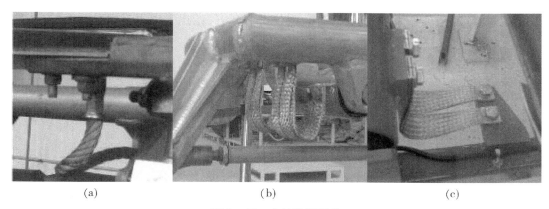

图 8-13 电流连接组装

(a)弓头电流连接组装;(b)肘接电流连接组装;(c)底架电流连接组装。

7. 阻尼器组装

受电弓阻尼器一头安装在底架上,另一头与受电弓下臂杆连接。在受电弓的下降过程中,阻尼器组装起到缓冲的作用,避免受电弓对底架上的部件产生冲击造成损坏。阻尼器在受电弓出厂时已经设定好,禁止非专业人员进行调整。

8. 降弓位置指示器

受电弓降弓位置指示器的主要作用是当受电弓开始升弓或是降弓到位后给车辆系统提供受电弓升、降弓信号,主要应用在地铁车辆受电弓上。受电弓降弓位置指示器外形如图 8-14 所示。

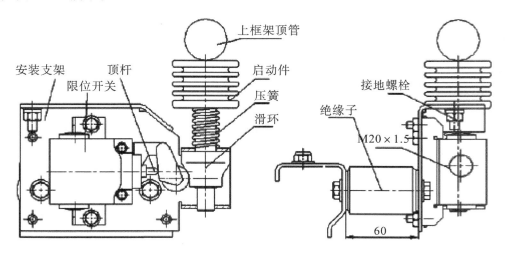

图 8-14 降弓位置指示器示意图

降弓位置指示器安装在受电弓底架上,由两个绝缘子分为左右两部分。在使用过程中,绝缘子左边与受电弓底架相连,带有高压电;右边被绝缘子隔离开,不带电,同时用编织线接地,对限位开关进行接地保护。受电弓处于降弓状态时,上框架顶管压下启动件,启动件上的滑环向下运动,迫使限位开关上的顶杆向内缩,限位开关闭合,给出受电弓降弓信号;当受电弓升起时,上框架顶管施加的压力解除,启动件在压簧的作用下带着滑环向上运动,同时限位开关上的顶杆弹出,限位开关断开,给出受电弓升弓信号,从而起到监控受电弓升弓、降弓状态的作用。

9. 绝缘子组装

绝缘子采用环氧树脂材料,具有很高的绝缘等级以及机械强度。

绝缘子具有两个功能:使受电弓和车顶进行电隔离;使受电弓和车顶进行机械连接。

(二)受电弓工作原理

成都地铁1号线车辆受电弓的升弓、降弓动作主要通过空气回路进行控制。当司机在司机室按下升弓按钮,供风单元内的脉冲电磁阀得电,压缩空气通过受电弓气阀箱进入气囊升弓装置,气囊膨胀抬升,并带动钢丝绳对下臂杆产生升弓转矩;弓头在下臂杆的驱动下向上升起,直到弓头上的滑板与接触线接触并保持在设定的接触压力下。升弓到位指示装置在国内地铁车辆受电弓上还鲜有应用。

考虑到升弓时接触线高度可能有很大的差别,如成都地铁1号线接触线距轨面高度在4000mm(隧道内的最低高度)到5000mm(车辆段车场线高度),机械式或者位置传感式等的反馈方式便不具有可行性。成都地铁1号线车辆受电弓采用气压反馈方式,采用压力开关反馈受电弓的升弓到位信号。其工作方式为如下:当车辆对受电弓供风时,受电弓的气路压力不断增大;当气压增大到约300kPa时,受电弓弓头开始离开落弓的位置逐渐升起,在弓头上升的过程当中,气压维持在300kPa左右并做小幅波动,直到弓头与接触线接触,弓头不再上升;此时,气路压力将继续升高,弓头与滑板间开始建立接触压力。气路压力在达到约420~450kPa时接触压力达到额定值100±10N。因此,升弓到位信号适宜在气路压力达到300~420kPa且接近420kPa时送出。成都地铁1号线车辆受电弓的升弓到位信号选择在气路压力达到360~390kPa时送出,此时压力开关的常开触点闭合。

弓头与接触线接触后,受电弓集取的电流将依次通过滑板、弓头电流连接组装、受电弓框架等传导到底架,最后由底架上的接线端、与接线端相连接的主电缆将电流传送到车内受流系统。

当按下降弓按钮时,脉冲电磁阀失电,车辆对受电弓的供风被切断,受电弓气路中的压缩空气通过脉冲电磁阀排向大气,受电弓靠自重下降,脱离与接触线的接触,从而使接触网与车辆之间的电源供应被切断。受电弓最后下降至弓头转轴保持在受电弓底架的两个橡胶止挡上。降弓到位指示装置在国内地铁车辆受电弓上已有成熟应用,有采用接触式的机械行程开关方式的,也有采用非接触式的位置感应传感器方式的。成都地铁1号线车辆受电弓采用机械行程开关方式提供降弓到位信号。

当受电弓滑板磨耗到极限或发生弓网事故导致滑板掉块、折断时,滑板内的硅胶气管爆裂,ADD将起动,迅速降弓,实现故障情况下的自动保护功能。如果没有ADD的保护,受电弓将被继续供以额定工作气压,弓网之间的破坏将会进一步加剧,甚至引起更加严重的事故。ADD的采用则可以显著地减轻故障的严重程度。ADD作为一个故障保护系统,由与升弓气囊相连接的气路、滑板内的硅胶管气道、快排阀、压力开关、ADD试验阀及相应的管路组成。滑板的气道用于监测滑板运行状态,快排阀用于故障时保护功能的执行,压力开关用于运行状态信号的反馈,试验阀用于ADD功能的检查及试验。

(三)受电弓的维护保养

为防止事故的发生,注意请务必做到以下几点。

(1)在进行一切检查作业前,一定要确认车辆在无电区。

(2)当受电弓与接触网脱开时,或在确认是否断电前,切记勿登上车顶。

(3)登上车顶前,要确认受电弓已经完全降弓到位。

(四)受电弓的调整

1. 最大升弓高度

当受电弓弓头离开橡胶止档并全部升起后,最大升弓高度即为受电弓弓头上的任意一点所运行的实际垂直距离,其值要求大于等于2550mm。可以通过调整钢丝绳的拉紧程度或拉杆的长度来调整受电弓的升弓高度。

2. 静态接触压力

当受电弓的静态接触压力无法满足要求时,则必须对受电弓进行调试,具体方法如下:

(1)静态接触压力整体过大或过小。松开精密调压阀手动按钮上的锁紧螺母,通过调整精密调压阀调节气囊内的压力,降低接触压力逆时针调节,提高接触压力顺时针调节。

(2)最低工作高度处静态接触压力过大或过小。通过调整升弓气囊装置调整板上的螺钉来进行细调,必要时也可以调节拉杆组装的长短,调整完后拧紧各紧固螺钉和螺母。

3. 弓头的水平度

无论受电弓的升弓高度多高,受电弓弓头应能绕其水平轴线自由地摆动,以便其摩擦面与接触网导线相接触。

调整受电弓平衡杆,使平衡杆导杆在受电弓升起600mm时保持水平,同时碳滑板下表面与平衡杆上表面的距离大于15mm。如果达不到要求可以通过调整平衡杆的螺栓(旋进或旋出)来实现上述要求,调整完成后,再拧紧螺母。

弓头转动灵活、两边橡胶弹簧升缩自如、无机械故障,受电弓在常用工作高度范围内,应调整平衡杆使弓头前、后倾角基本对称。

二、离线和受流质量

通过接触导线和受电弓之间的滑动接触,给城市轨道车辆传输电能的过程是很复杂的。车辆运行的速度、受电弓对接触导线的压力的大小、接触导线的张力、接触网零部件的配合,气象条件及环境的污秽等都对受流质量有直接影响。

(一)离线

接触网和受电弓是两个自成独立体系的弹性系统结构,但在运行中又要求它们的位移随时都处于协调一致。受电弓以规定的压力,维持和导线接触;当接触压力为零时,受电弓就会脱离接触导线,这种现象称为离线。离线时通常伴随着有火花和电压可达几伏甚至几十伏的电弧,它会使受电弓的滑板和接触导线温度升高,引起导线局部磨耗,还会使牵引网的电源电压下降,主回路产生异常电压和电流冲击,使牵引力不稳定,照明闪烁,加速电器绝缘损伤;此外产生的电磁噪音及电波干扰,又对通信线路及无线通信产生公害。车辆在运行过程中一般很难做到完全没有离线,通常要求至少不影响受流,也就是离线越小越好,越少越好。

引起离线的原因很复杂,主要有以下几点。

(1)由于导线弯曲引起离线。这主要是接触网施工时,或在维修工作中形成的硬弯,很不容易平直,城市轨道车辆通过时,就比较容易产生离线。这种离线的时间在 0.001 ~ 0.01 s 左右,属于小离线。在风霜雨露、煤烟污秽覆盖导线表面、受电弓的微振动和导线波状磨耗的情况下,也会出现这种离线现象。这种离线所占比例较大,虽然对受电弓受流的影响不大,但对滑板的磨耗及噪音却有很大影响。

(2)由于导线中存在有硬点而产生的离线。例如绝缘电分段,馈电线线夹,接触导线接头线夹、线岔等处,导线集中质量突然增大,破坏了导线正常的柔软性,当受电弓滑板通过时,有一个冲击力,导线的硬点随即产生一个反作用力,结果受电弓和接触导线脱离形成离线。这种离线的时间,一般在 0.01 ~ 0.1 s 之间,属于中离线。随硬点的硬度、质量不同,离线产生的火花电弧差别很大,是导线产生局部磨耗的根源。这方面可以从零部件材质和工艺结构方面采取措施来减少离线。

(3)由于接触网悬挂点引起的离线。由于跨距内弹性不均匀,受电弓在支柱悬挂点突然下降,过了支柱悬挂点又升高,这样不停地以跨距为周期做垂直振动,随着城市轨道车辆运行速度的提高,振动的周期逐渐加快,在接近共振速度时产生离线。这类离线的时间在 0.1 s 以上,属于大离线,会中断电流,对受流质量影响较大。如果连续发生,则会破坏正常受流。

通常把一定区间内总的离线时间和走行时间的比例,称为离线率。

$$K_s = \Sigma T_s / T \qquad (8-1)$$

式中:ΣT_x——总的离线时间;

T——通过该区间的走行时间。

离线率是评判受电弓受流质量的重要指标,一般应限制在 5% ~ 10%。

为了改善受流质量,对于架空刚性悬挂,我们以广州地铁 3 号线为例进行介绍。广州地铁 3 号线是国内第一条最高运行速度 120 km/h 的快速地铁线路,对接触网的系统性能提出了更高的要求。主要体现在机车快速运行过程中接触网的安全可靠性、弓网关系的匹配性方面。广州地铁 3 号线在 2 号线的基础上,架空刚性悬挂采取了如下技术创新:国内首次采用"扁平式 150 mm² 铜银接触线"技术,满足高速运行时大电流及大弓网接触面积的要求;国内首次采用"膨胀元件锚段关节"技术,同时将锚段长度由 250 m 延长至 300 m,改善了锚段关节弓网受流的薄弱环节,克服了高速运行时的离线问题;国内首次采用"近似全正弦波"形布置、"6 m 标准跨距""中心锚结与悬挂点合并"等技术,将架空刚性悬挂跨中弛度由4mm降为2mm左右,改善了受流质量,满足了快速受流的要求。

(二)受电弓抬升力

受电弓在弹簧作用下,在接触点把导线抬起,而同时本身又承受一部分悬挂的重力,这样,悬挂接触网对受电弓的抬升力有一个反力。受电弓对导线的抬升力,引起两种必须考虑的后果:第一,导线在受电弓的抬高压力作用下要升高,按照工作可靠的条件,对这样的抬高,必须加以限制;第二,当受电弓沿着接触线运行时,在它们之间将产生摩擦力,使得导线和接触滑块都要磨耗,会减小导线的截面,增大了电能和电压的损失。

受电弓对导线的抬升力的变化,导致导线和接触滑块之间的摩擦力、导线的高度位置以及过渡接触电阻发生变化。如果在个别地方抬升力增大,则摩擦也增大,增加了导线和受电弓滑块的局部磨耗。

如果导线的抬升压力过大,则在定位器附近和线岔处就可能使受电弓损坏,或者使接触网断线。为了避免这种事故,必须对受电弓滑板和接触悬挂的最大抬高量加以限制。正如导线受风作用发生偏移一样,这种现象能表征受流的质量。不论在哪种情况下,导线偏离正常位置过大时,都会造成受电弓损坏或导线断线。

抬升力不足,也会引起导线断线或受电弓损坏,造成事故。因此,受电弓的抬升力应该有上下限界值,使工作最为可靠。受电弓对导线的抬高压力应当调整到既能保证接触导线和滑块磨耗最小,又不致使导线产生危险的偏离,这才是可靠和经济的受流条件。

为了评价受流质量,可以采用各种能表征受流过程某一方面的不同指标。例如,采用抬升力的相对变化值$|n|$,当$|n|\leq 0.5$时,认为受流质量满足要求。

受电弓对接触线的抬升力,取决于若干因素,可以用分力之和表示。受电弓弹簧的压力P_0只是抬升力的一个分力,该分力的方向始终向上,并决定于受电弓滑板的抬高。设一个铰链点的摩擦力为P_m,当受电弓要克服悬挂的悬垂力迫使接触线升高时,抬升力$P_j = P_0 - P_m$;如果在列车运行时,悬挂要迫使受电弓滑板下降,相应的静抬升力$P_j = P_0 + P_m$。

一般说来,受电弓的静抬升力采用如下的限界值:在正常工作高度的范围内,即距受电弓降落位置时的滑板表面400~1900mm的高度,将受电弓滑板平稳地上升和下降,用测力计测量静抬高压力,静抬升力之差不应超过0.03~0.04kN。最大的抬高不应该超过2100mm。

三、静态和动态特性

受电弓的形式和参数必须与悬挂接触网相配合。受电弓对导线接触压力的静态和动态特性对保证正常运行是十分重要的。

(一)受电弓的静态与动态接触压力

接触导线悬挂在支柱上,且有一定的张力,受电弓通过时,在支柱悬挂点抬升困难,在跨距中部抬升容易,若加一定的抬升力,则接触导线就有一定的抬升量。当受电弓缓慢移动时,得到的受电弓滑板的轨迹,称为悬挂的静特性曲线。此时受电弓的压力,称为静态压力。

所谓静态，是指受电弓在缓慢移动时，导线和受电弓产生的加速度很小，惯性效应可以忽略不计。因而在如此缓慢的运动过程中，我们可以认为它们彼此各部分随时都处于静力平衡状态。如果在运行过程中，它们彼此作用产生的加速度明显增大，引起的惯性力对运动有着明显的影响，这时的受电弓压力，称为动态接触压力。受电弓沿着接触线运行，特别是高速运行时，受电弓、接触悬挂系统伴随着复杂的振动现象，同时还可能产生共振现象，引起很大的导线位移。

在受电弓的动力作用下，接触线的变形按正弦规律变化。受电弓运行状态二元化计算模型如图8-15所示。当受电弓与接触线保持接触时，质量 m 与 M_c 之和 M_t 也按照这个正弦规律运动。当接触线的变形幅值为 $2e$ 时，受电弓运动的最大加速度为 $\pm\omega^2 e$，则由受电弓的运动引起的接触力变化值在 $\pm M_t\omega^2 e$ 之间。如果最大的惯性干扰力 $M_t\omega^2 e$ 大于抬升力，就会发生离线。

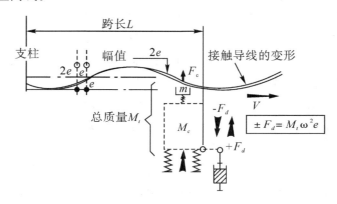

图8-15 受电弓运行状态二元化计算模型

通常用受电弓在支柱悬挂点的最小抬升量和跨距中部的最大抬升量两者之和的一半作为振幅 e 的正弦曲线来表征接触压力的轨迹。即在时间 t 的瞬间，振幅 $e_t = e\sin\omega t$；速度 $V_t = e\omega\cos\omega t$；加速度 $a_t = -e\omega^2\sin\omega t$。式中，$\omega$ 为接触导线的振动频率，它取决于城市轨道车辆的运行速度 V 和接触网的跨距 L。

$\omega = 2\pi V/L$，或 $\omega = 2\pi/T$，T 表示以速度 V 通过跨距 L 的时间。

动态接触压力 F_c 由下式决定：

$$F_c = F_s + F_d + F_a = F_s \pm M_t\omega^2 e + kV^2 \qquad (8-2)$$

式中：F_s——静压力；

F_d——受电弓归算质量 M_t 以正负交替变化的垂直加速度运动时，传递给接触导线产生的附加惯性力 $F_d = \pm M_t\omega^2 e$，惯性力的值是当受电弓向下运动时为正，向上运动时为负；

F_a——空气动力，$F_a = kV^2$，k 是一个不受弓头工作高度和运行位置制约的恒定系数。

(二)受电弓参数对动态特性的影响

受电弓参数,主要指其质量、弹簧、刚度、阻尼的大小,它们对于受电弓的动态特性起着决定作用。

1. 质量

运行速度提高时,接触力的变化值也较大。通过降低质量 m,一方面可有效避免离线,另一方面可降低接触力的变化幅度。减少质量是减小惯性、提高受电弓跟随能力的重要途径。

虽然减少受电弓的质量对受流有利,然而对要保证一定强度、刚度结构的受电弓制造来说是相当困难的。为了减轻受电弓,受电弓的臂杆通常采用箱形或管形截面,选用轻金属材料,结构上采用非对称。

2. 滑板弹簧

减小滑板弹簧刚度可适当地改善受电弓的性能。在受电弓接近支柱时,由于导线刚度变硬,使得受电弓必须向下运动。如果用较软的弹簧,则滑板易于相对框架而运动,有利于提高跟随性,改善受流质量。

弹簧刚度较大的弊病在于在悬挂点处,接触悬挂的刚度较大,在跨距中部刚度较小,所以受电弓的弹簧刚度必须以跨距中部的标定接触压力为标准。受电弓弹簧刚度的要求是使跨距中部的接触线提供足够的位移来维持接触力;另一方面又不使受电弓产生过分动力冲击。同时,动力冲击随着车速的增加而增加,不同的车速,实际上对受电弓的弹簧刚度要求是不同的。因此弹簧刚度的大小,或增大,或减小,都是相对于某一种形式的接触网和某一个档次城市轨道车辆运行速度而言的。

3. 阻尼

考虑阻尼时,往往要对滑板阻尼、框架阻尼、还有干摩擦等分别讨论。

滑板阻尼增加时,受电弓低频响应可得到较大的改善,但高频响应变差。

框架阻尼增加时使低频响应变坏,而高频响应有所改善。同样它也存在一个最佳阻尼值,使得受电弓运动时的接触力变化最小。

计算框架阻尼的公式:

$$B_f = 0.4\sqrt{c_1 m_1} \qquad (8-3)$$

式中:c_1——受电弓铰接支持装置弹簧刚度;

m_1——框架的归算质量。

除了上述的双面阻尼外,目前也有采用单面阻尼的。单面阻尼能很好地阻止各构件的向下运动,而对向上运动则阻尼很小,这样,一方面减小了受电弓在接近支柱时向下运动的负峰值,同时又提高了向上运动时的随机性。但是,双面阻尼可以使接触导线在跨距中间时变形减小(因为向上运动受到阻止),从而使受电弓在接近支柱时的向下运动减小,改善接触力下跌的负峰值。究竟哪种形式的阻尼更有效,则要视受电弓的具体结构分别研究。

受电弓的阻尼中,还存在一定的干摩擦。干摩擦有利于遏止受电弓危险的谐振。

4. 框架对基础的弹簧刚度

受电弓在运动到支柱时,有很大的向下运动。这时,如果框架对基础有一定的弹簧刚度,将有效地阻止框架的向下运动,从而改善了受电弓的接触性能。但是,当地铁动车组通过隧道时,接触线的高度大大减低。框架与基础的弹簧刚度如果过大,将使受电弓承受很大的压力,这是不允许的。

5. 悬挂方式

设计受电弓框架的悬挂必须满足以下两个条件:受电弓能在较大的高度范围内(0.5~2m)工作;能在工作范围内提供一个固定的抬升力。

第三节　辅助电源

辅助逆变电源是地铁或轻轨车辆上一个必不可少的关键的电气部件,安装于拖车构架上,当供电系统供电正常时,DC1500V(或 DC750V)的直流电源经辅助逆变器(DC-AC)逆变为 AC380V/220V 的交流电源,向设备通风机、空调设备(空调压缩机、冷凝器风扇、蒸发器风扇)、电加热器、电动刮雨器、空气压缩机等三相负载和客室照明系统及控制系统设备供电;经直-直变换器(DC-DC)变换为直流 110V 电源,供蓄电池充电及其他直流负载用电,辅助供电系统的负载设备遍布全车。静止辅助逆变器的原理如图 8-16 所示。

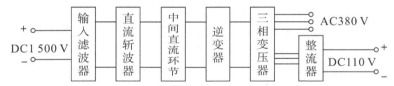

图 8-16　城市轨道交通车辆静止辅助电源原理框图

辅助系统供电能自动完成启动、关闭及故障切换功能,在列车网络正常工作时,能及时报告辅助系统的运行状况。辅助供电系统构成可分为三部分:辅助供电系统电源、供电负载和控制系统。辅助供电系统电源又由每车 1 台 80kW 辅助逆变器、每列车 1 台 25kW 直—直变换器和 150Ah 蓄电池组构成,主要由充电保护电路、输入滤波器、直流斩波器、中间直流环节、逆变器和隔离输出变压器等几大部分组成。

一、辅助电源系统

(一)车用辅助电源装置的要求

1. 电压稳定

城市轨道交通车辆由接触网或第三轨供电,电源电压的波动范围可达额定电压的-33%~+20%;甚至在"跳弓"瞬时断电情况下,辅助电源仍应能保持电压稳定。城市轨道车辆的供电电压波动范围是-33%~+20%,要求车载辅助电源系统(SIV)在此电压范围内输出全功率,且要求输出电压值及其谐波含量在规定值之内,这个要求是比较高的,特别是在最低电压情况下。城市轨道车辆辅助逆变器的负载很大部分是泵类,而且是直接起动,起动冲击电流大。例如,空调机是辅助逆变器的最大负载,而其中的压缩机又占主要,其他如制动系统等使用的空气压缩机,因此,对辅助逆变器负载的起动有种种限制。例如,对起动功率的限制,每次起动的负荷不能超过额定功率的限值(40%);要求顺序起动以避免起动冲击电流叠加。对于这一要求,列车刚起动时,辅机第一次投入工作容易做到,但在随后的运行中由于压缩机的起动都是随机的,要做到任何时候使它们不同时起动是需要精心设计的。此外,还要求由于负载突变而造成输出电压波动在限制值之内($\pm 15\% \sim \pm 20\%$),并且在规定的时间内(100ms~300ms)输出电压恢复至正常值。正因为对 SIV 的负载特性要求高,因此,辅助逆变器在型式试验中要经受负载突变、网压突变、重复起动、过载能力等种种考验。辅助逆变器的短时过载能力以能达到其额定容量的倍数及时间来表示。各公司产品的过载能力相差较大。这主要取决于逆变器所用的功率半导体器件(IGBT 等)的电流冗余量。

2. 变换功率电流

城市轨道交通车辆通过 DC-DC 变换器和 DC-AC 逆变器将高压直流电变换成车内所需的低压直流电、低压单相或三相交流电。

控制电路所需要的各个等级的低压直流电压,可通过 DC-DC 变换器从蓄电池组降压获得。

低压电源包括 DC-DC 变流器和蓄电池。DC-DC 变流器输出 DC110V 和 DC24V。城市轨道车辆在正常情况下运行时,车上所有 DC110V 负载全由 DC-DC 变流器供电,蓄电池处于浮充电状态。一台变流器供一个列车单元的负载。如果有一台变流器发生故障,则另一台变流器要给全列车的负载供电。即使在这种情况下蓄电池也不承受负荷。因此,DC-DC 变流器的容量在设计时要考虑有足够的冗余量。只有当发生故障时(如电网供电中断),蓄电池才向应急负载供电。其中最大的负载是应急通风。此时的通风量是正常情况下空调通风量的一半,但要求持续工作的时间较长,一般规定在隧道中运行的车辆要保证供电 45min,在地面或高架上运行的车辆为 30min。蓄电池的容量(Ah)就是根据这一要求确定的。为此,要配置一台应急通风用的逆变器。由于风量与通风机的电源频率成正比,而通风机取用的功率与电源频率的三次方成正比。当风量比正常工作时减半时,则通风机取用功率为正常工作时的 1/8。因此,应急通风用的逆变器的容量不大。

电力电子技术的发展,使 DC-AC 变换的辅助电源装置采用静止逆变器,例如晶闸管逆变器和 GTO 逆变器,取代了传统的直流电动机—交流发电机组。GTO 逆变器在变换效率、装置总重、噪声及维护保养等方面性能都较优越。

近年来,兼有 MOSFET 高输入阻抗、高速特性和 GTR 低电压降优点的混合型器件(IGBT)的耐压和功率水平提高很快,当与它匹配的二极管(如肖特基二极管)具有快恢复和软恢复特性时,即可制成不用吸收电路的 IGBT 变流器,所以越来越得到广泛应用。

3. 电路隔离

辅助电源装置应在低压电路和高压电路之间实现电气隔离。

(二)辅助电源系统的组成

一种用于 6 节车编组城市轨道车辆的辅助电源系统框图如图 8-17 所示。

在这种辅助电源系统中,每节车辆均有一台静止逆变器,由接触网受电后,逆变为三相 50Hz、380V 的交流电后分为两路。其中一路向车上所有的三相交流电器,如空压机、空调机组等供电,另一路整流成直流 110V 后向蓄电池做浮充电,并向车辆上的有触点控制电器等提供直流 110V 电能。各台静止逆变器的负荷分配如下:B 车、C 车的逆变器各供 A、B、C 三节车辆的一半空调机组用电,这样即使有一台逆变器出现故障,也能保证每一辆车有一半空调机组工作;A 车的逆变器分别向 6 节车辆的一半照明供电,保证一台 A 车的逆变器出现故障时,各节车厢仍有一半照明。

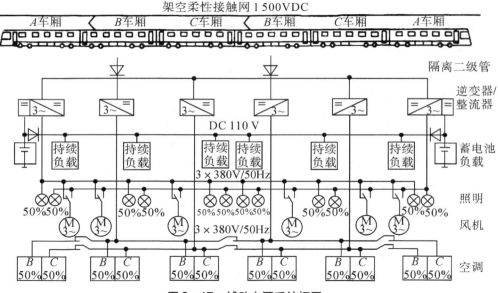

图 8-17 辅助电源系统框图

为了保证在单台受电弓跳弓或脱弓时,不间断地供给静止逆变器 1500V 直流电压,设置了一条贯穿全列车的直流 1500V 总母线。在受电弓与逆变器之间串接一只隔离二极管,以防止当列车通过供电分段绝缘区,两只受电弓分别由两个供电区供电时,因二分段电压的差异而经由总线引起环流。

二、辅助电源装置

(一)主电路的结构型式

辅助电源装置有如下几种常用主电路方式。

1. 直接三相 PWM 逆变器

直接三相 PWM 逆变器电路方式如图 8-18(a)所示。逆变器经滤波器直接连到接触网架线上,直流1500V的接触网需用4500V的GTO元件,逆变器输出电压要考虑到接触网电压的最低值,且输出电流大,GTO的导通比变化也大,恶化了续流二极管的电流利用率。另外GTO的开关损耗和吸收回路的损耗过大,故此种电路很少采用。

2. 直接12相PWM逆变器

此电路接线方式见图8-18(b),其特点是用两个电容器串联连接,将直流电源分压再分别接到两个三相逆变器的直流输入端,从而GTO电压可降低一半。三相逆变器输出电压用两个变压器来降压,二次侧采用多重接线方式,这样可除去五次、七次谐波,从而得到畸变率低的输出波形。但此种电路方式需要两个变压器,体积庞大,同样也存在直接三相PWM逆变器式的缺点。

3. 斩波器和逆变器组合

图8-18(c)所示电路是由IGBT(或GTO)斩波器将直流1500V变换成合适的直流电压,然后用IGBT(或GTO)构成逆变器,通过隔离变压器输出三相交流电,这种电路弥补了上述两种方式的不足。若采用IGBT为功率元件,更可使装置体积小、重量轻、效率高、噪声小,实现高性能的微机控制特性。

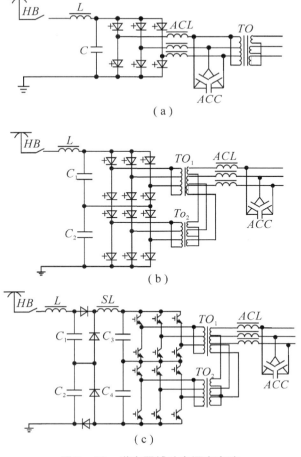

图8-18 逆变器辅助电源主电路

斩波降压逆变方式有单管斩波和双管斩波两种逆变方式。图8-18(c)为双管斩波降压逆变方式电路结构原理图,开关元器件可采用GTO、IGBT或IPM,其特点如下。

(1)采用两重斩波器,当上、下两个斩波器控制相位互相错开180°时,可以使斩波器的开关频率相应提高一倍,因而可大大减小滤波装置的体积和重量,降低逆变器中间直流环节电压的脉动量,提高辅助逆变电源的抗干扰能力。

(2)两重斩波器闭环控制起到了自动稳压和变压作用,因此可提高逆变器的输出效率。

(3)两重DC-DC斩波器与单管斩波器相比,开关元器件和斩波器的附件多了一倍,但管子的耐压可降低一半,提高了元件的使用裕度和设备的安全可靠性。

(4)直流供电网与负载之间的变压器隔离以及相应设计的滤波器,可以保证逆变器输出的三相交流电压谐波最小,且可降低对负载过充电压的影响,提高负载的使用寿命。

(二)逆变器的电路构造选型

城市轨道辅助逆变器的电路构造有两种型式:双逆变器型和单逆变器型。双逆变器型又有串联型与并联型。单逆变器型有先升/降压后逆变型和直接逆变型。这些逆变器均采用二电平逆变方式。目前广州1号线采用的是双逆变器型,如图8-19所示。其他基本上采用单逆变器型。

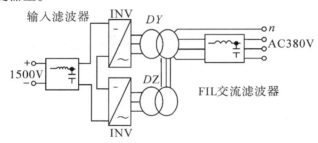

图8-19 广州1号线辅助逆变器结构框图

广州1号线辅助逆变器结构框图中每台逆变器输出电压为6阶梯波,因而不论是DY、DZ变压器或是T变压器,它们的原边绕组输入电压的谐波含量高,变压器中的谐波损耗大。变压器结构复杂,对于电路叠加型的DZ变压器,它的次边绕组为曲折连接,对于磁路叠加型的变压器,两个原边绕组由不同相位的电压分别输入,需做特殊设计。

1. 对双逆变器型的评价

(1)优点:开关频率低,仅150Hz,因此,开关损耗小,逆变器效率高;输出电压为12阶梯波,电压的最低次谐波为11次,因此,对输出滤波器要求低;可以把较低电压的电力电子器件用于较高电源电压的逆变器。

(2)缺点:电路复杂,使用器件多;两台逆变器串联,动态均压要求高,故障率高。

2. 对单逆变器的评价

(1)优点:电路简单,使用器件少,可靠性高;PWM调制,输出电压的谐波含量小,而且可以设计优化的PWM调制,使谐波含量达到要求;逆变器电压输出先经交流滤波网络滤波后输入隔离变压器,因此,输入变压器电压的谐波含量低,变压器中谐波损耗小。变压器结构简单,无需特殊设计。

(2)缺点:开关频率较高,相对于双逆变器方案,开关损耗较大,逆变器效率较低;功率电子器件(如IGBT)换流时承受的电压变化率较大,特别是在高电压情况下(DC1500V供电系统再生制动时,网压可达2000V)。目前城市轨道交通车辆的辅助逆变器多数采用单逆变器型。

(三)城市轨道交通车辆静止逆变器的主电路应用实例

1. 静止逆变器的主电路

图8-20为静止逆变器的主电路原理框图。静止逆变器控制PAC系统有4个功能块。

(1)电源功能块(P-PAC):提供控制电源及斩波、逆变器的触发和关断脉冲。

(2)通信功能块(C-PAC):传输逆变器及列车上的各种信号,寄存过程参数实际值。

(3)接口功能块(I-PAC):确定电参数所需值,监控逆变器电压、电流、温度、延时时间及工作过程,它包括中央单元、通道、转换单元、过程数据显示及记录等模块。

(4)快速保护和控制功能块(F-PAC):控制逆变器工作过程,寄存过程参数中实际值的模拟量,逆变器快速保护。它包括实际值寄存、模拟监控、逆变器控制单元等模块。逆变器的快速保护功能将模拟信号控制在极限值以内,如果超出极限值就封锁触发脉冲,中断逆变器工作,同时调整电压控制器板工作状态,短路晶闸管触发工作;并且将逆变器中断原因输入I-PAC中,由I-PAC确定重新启动的可能性。控制过程中所需模拟值和重要的数字信号都被寄存在过程参数寄存模块中。信息取样间隔是300ms。通过位于中央单元模块上的串行接口传输的故障信息包括故障内容和处理时间。PDA模块板上有两个四位字母/数字显示屏,并有两个PDA工作模式的操作开关,可用来实现过程参数的显示、确定寄存模式的位置、释放寄存模式等功能。

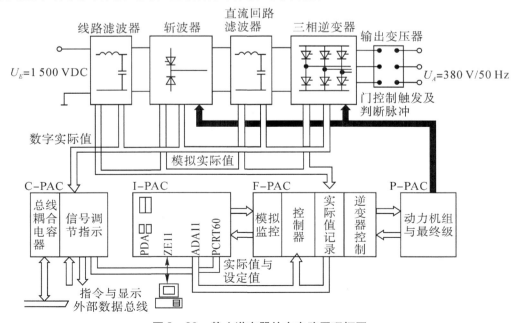

图8-20 静止逆变器的主电路原理框图

静止逆变器由线路滤波器、斩波器、直流回路滤波器、电压型三相逆变器、输出隔离变压器及整流器(仅 A 车有,图中未画出)等部分组成。逆变器直流侧由 1500V 接触网供电,由 LC 滤波后经一只用可关断晶闸管 GTO 为功率元件的斩波器,将 1500V 变换为 770V;再经中间电压滤波后送入由 GTO 元件组成的电压型逆变器;最后经隔离变压器输出频率为 50Hz、电压为 380V(基波有效值)的三相交流电和供给照明的交流 220V,另一路整流后得到直流 110V 与配有浮充电设备的蓄电池组联结。

2. 静止逆变器的控制

逆变器由独立的微机控制,其控制原理参见图 8 – 21。

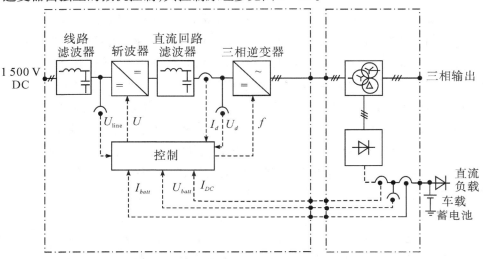

图 8 – 21 静止逆变器控制原理图

GTO 斩波器工作频率为 500Hz,采用脉宽调制(PWM)控制方式。GTO 电压逆变器用 180°控制,输出电压波形为交流矩形波。

三、蓄电池

在城市轨道交通车辆中,蓄电池组既作为 110V 直流电源的备用电源,又作为整流电路的滤波装置。在直流电源正常工作时,蓄电池组处于浮充电状态。对蓄电池的要求是能量密度高、充放电次数多、使用安全并满足环境保护要求。城市轨道交通车辆上采用的蓄电池有酸性的,也有碱性的。

酸性蓄电池比较轻,但是它工作时放出的硫酸蒸汽是有害的。酸性电池电压为 2~2.1V。

同酸性蓄电池相比,镉镍蓄电池能承受较大的电流,耐振动、耐冲击,对过充电和欠充电不很敏感,自放电极弱,使用寿命较长,在同样容量条件下,体积和重量较小,不会发散有害气体。

FNC260L 型纤维结构电极镉镍碱性电池除了具有上述优点外,还由于采用了纤维结构极板而具有更多优点:立体式多孔纤维构造能容纳 90% 的活性物质,因而导电能力和容量非常高,能迅速地充电和放电;纤维结构没有加碳和其他碳化物质,无须更换昂贵的电解液;极板的纤维结构富有弹性,能承受各种机械压力,因此极板变形减少;电解质不会侵蚀极板的纤维结构而影响导电能力,因而蓄电池寿命可长达 20 年之久。

碱性蓄电池的主要缺点是单个电池的电压较低,仅 1V 多些。例如 FNC206L 型纤维结构电极的镉镍碱性蓄电池,每个电池标称电压 1.23V,80 个蓄电池构成一组计 98.4V,可以为额定电压为 110V、工作电压范围为 77V ~ 115V 的低压电器供电。车辆上的蓄电池容量为 150Ah,在断电时可维持 30 ~ 45min 的应急通风和照明。FNC206L 型蓄电池所用的电解液为淡化的氢氧化钾。

第四节　车辆电器

城市轨道交通车辆的辅助电路是为了保证车辆正常运行和客室的舒适性,包括车辆上所需要的许多辅助设备(如压缩机、空调机、控制设备等)及其供电设备(如静止逆变器等)和连线。车辆上的控制电路是低压小功率电路,分为有接点的直流电路和无接点的电子电路。前者是由主控制器、继电器、控制电路的低压部分及联锁接点组成;后者由微机及各种电子插板等组成,有列车牵引控制单元、制动控制单元、空调控制单元、逆变器控制单元等。其他车辆电器还包括断路器、司机控制器、传感器、电磁阀等。这里主要介绍断路器、司机控制器、传感器和电磁阀的工作原理。

一、断路器

断路器(Circuit – Breaker,文字符号为 QF),当城市轨道交通车辆发生过载、短路、欠压等故障时,断路器可以及时切断电源,确保车辆安全可靠运行。

近年来,由于电力电子技术在车辆上的广泛应用,以及编组列车的车辆数增加,要求断流容量越来越大,动作时间越来越短。断路器的结构不断更新,分断能力不断提高。如日本为城市轨道交通车辆研制的快速断路器,其固有分断时间短至 10ms,极限分断能力在电流上升率为 $3 \times 10^6 A/s$ 时,分断短路电流达 30kA。

断路器主要有空气断路器、真空断路器及半导体断路器。真空断路器结构紧凑、磨损部件少、断路性能好、寿命长、维护费用低,将逐步取代空气断路器。

随着大容量电力电子器件的发展,无触点的半导体断路器包括晶闸管(SCR)和可关断晶闸管(GTO)断路器目前已有应用。特别是 GTO 断路器由于电路简单、体积小、重量轻、安全可靠,而倍受重视。半导体断路器的问世,使断路器向静止型、无噪声和无电弧方向发展,预期不久的将来会代替直流快速断路器。

二、司机控制器

城市轨道车辆司机控制器是用来操纵列车运行的主令电器,由司机操作司控器产生方向指令、牵引指令、制动指令、紧急制动指令、牵引/制动力等指令操控列车,通过司机控制器司机可以控制列车的牵引、制动以及惰行工况,其动作的好坏直接影响到列车控制的操纵平稳以及各种工况的实现,决定列车的安全运行。司控器故障会造成晚点、清客、下线、救援等后果,对运营乃至安全影响重大。因此保证司机控制器的质量,提高其动作逻辑关系的可靠性极其重要。

这里介绍 ALSTOM CR50BF-002 型司机控制器的结构组成、工作原理以及联锁关系,为其他型司控器的检修做参考。

(一) 司机控制器的结构组成

ALSTOM-CHARLEROI 生产的 CR50BF-002 型地铁列车司机控制器,主要操作部件有主控钥匙或钥匙开关(KS)、牵引/制动控制手柄(DCH)、模式选择器(MS)、凸轮机构、警惕按钮和微动开关等。主控钥匙通过下方的连杆上的凸轮机构来控制微动开关的动作,以达到激活列车的目的,连杆依靠两个轴套螺母与主控器底板进行固定。CR50BF-002 型司控器中共有 19 个微动开关,主要位于 3 个部位:钥匙、模式手柄及牵引/制动控制手柄。司控器的一系列机械动作包括转动钥匙、模式选择器及推动牵引手柄,均须通过微动开关转换成电信号,才能对相应设备进行控制。微动开关接触电阻,电阻值应不大于 500mΩ,如不满足,则需更换微动开关。

司机控制器结构分三层。上层包括牵引/制动控制手柄(推拉式)、模式选择器(活动式)。中层包括模式选择面板、调速面板,列车的运行模式由模式选择器控制。模式选择器是一个带六个明显凹口位置的六位旋转开关,共有六个操作模式:ATO(自动列车操作);CM(编码手动控制);RMF(受限手动前行);WM(清洗模式);OFF(空档,列车停止);RMR(受限手动倒车)。下层包括机械联锁装置、辅助触头组、电位器和接线插座等。

(二) 司机控制器工作原理

列车司机操作司机控制器前,必须先插入司机钥匙并打到运行位置从而取消来自模式选择器的机械联锁,便可进行牵引/制动控制手柄的操作,选择运行模式,模式选择器离开锁定位,司机钥匙便不能再被拔出,同时只有模式选择器在向前或向后状态时,主控器才能进行操作,并且只有机车处于完全制动状态时,才能移动方向手柄。司机可以控制列车的牵引、制动和惰行工况;通过模式选择器可以改变牵引的模式(向前、向后以及零位)。

司机控制器内装有电位器,安装在牵引/制动控制手柄的一侧,与之机械连接,操纵牵引/制动控制手柄可以改变其与电位器的接触点,从而改变输出电流。电位器输出电流信号连接到 PWM 编码器的输入端,PWM 信号的产生由电位器输出的电流信号决定,电位器输出电流变化范围为 4mA~20mA。通过 PWM 编码器,牵引/制动控制手柄所处位置被转换为 PWM 信号的形式,牵引/制动控制手柄移动位置时,电位器输出电流大小按比例相应变化,同时电位器输出信号到 TIMS(列车信息管理系统),TIMS 将相应主控器位置所对应的信号传输并输出。

牵引位时,启动电路接触器的控制,提供所需的牵引力,主控器手柄位置的变化实现牵引最小功率到最大功率的变化,实现无级加速列车。

制动位时,启动电路接触器的控制,提供所需制动力,制动力可在最小值与最大值间变化,实现列车无极减速。零位时,不对电路接触器加以控制,同时提供的牵引/制动力矩为零。司机控制器牵引/制动控制手柄拉到最下端为紧急制动位置,此时全部为机械制动,进入紧急刹车制动状态。牵引/制动控制手柄上方装有警惕按钮,启动安全装置将导致紧急制动,警惕按钮开关在"on"位(即按钮被按下时),同时司机正常操作列车运行。如果司机由于紧急状况失去了对手柄的控制,警惕按钮将转到"off"位,若在限定时间(3s)内未再次按压,将发出报警提示,再经过3s后将启动紧急制动功能。

司机控制器的主要安全设备是警惕按钮,当由于某种故障,司机无法使列车处于连续正常运行状态时,将启动与警惕按钮相关的程序电路,列车自动紧急制动,从而保证列车的安全。

(三)司控器检查与测试

检查主控制器联锁步骤如表8-7所示。测试电位器输出信号,给电位计接通电源,用万用表测量电位计输出电流信号,输出信号:全常用制动6.6mA(-0.3);快速制动(4±0.3)mA;全牵引20mA(+1);惰行(13.3±0.3)mA,测量结束,断开电源。电位器位置校整,如果电位器输出信号不合格则需通过改动传感器支撑件的角位对该设置进行调整,全部检测结束后,将司控器放到司机台上,用紧固螺丝将其固定,将接地电缆连接到就近的接地螺栓上。

表8-7 司控器检查与测试

序号	测试项目	检测结果
1	钥匙转到OFF位,后取下钥匙,检查	模式选择器(MS)被锁定在空档位; 牵引/制动控制手柄(DCH)被锁定在惰行位; 如电磁铁未通电可以锁住钥匙。
2	在OFF位插入钥匙,后转到ON位,检查	如果电磁铁被断开,不能将钥匙从OFF位调到ON位; 手动拨动电磁铁,能将钥匙从OFF位调到ON位。
3	钥匙在ON位,检查	MS调到空档位时,DCH一直被锁定在惰行位; 可以将MS从OFF位调到其他位置:向后限速、洗车、向前限速、手动位。
4	将MS从OFF位调到向后限速、洗车、向前限速、手动,检查	可以把DCH调到常用制动位置,快速制动位置和牵引位置。
5	把DCH调到牵引位置	MS在向后限速、洗车、向前限速、手动位置,检查不能拔出钥匙。
6	把DCH手柄调到制动位置或者快速制动位置,检查不能拔出钥匙,检查各微动开关活动自如	检查各微动开关上的接线紧固,无松动; 检查插针无缩针弯曲及氧化情况,接插件完好; 检查各机械部件工作正常,被润滑部件工作灵活开关活动自如; 检查主控器手柄在牵引制动范围内无卡滞无异声; 检查司机安全装置控制杆工作。

三、传感器

传感器是一种测量装置,并将被测量按照一定规律转换成可用输出,以满足信息的传输、处理、存储、记录、显示和控制的要求。随着微电子技术和微处理机技术的发展,近年来,在传感器智能化方面实现了新的突破,从实时处理进而发展到将获得的信息存储、数据处理和控制。城市轨道交通车辆的控制系统越来越复杂,自动化的程度也越来越高。为了满足控制系统的功能要求,需要检测有关部件、系统或整车的各种参数,如温度、压力、应力、力矩、转速、加速度、风速、空气流量、真空度、振动以及噪声等,因此,传感器在城市轨道交通车辆上得到了广泛的应用。

一种安装在城市轨道交通车辆的轴端,用于速度检测的磁电式传感器原理如图 8 - 22 所示。

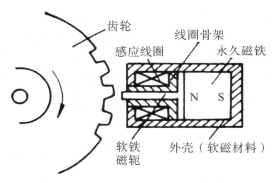

图 8 - 22 转速传感器原理图

磁电式传感器的基本原理是电磁感应,不需要外加电源,即可将输入的机械位移转换成线圈中的感应电势输出。

磁电式传感器的外壳、永久磁铁和感应线圈固定不动,齿轮则安装在轴端,随车轴一起旋转。当齿轮与软铁磁轭之间的气隙距离因转动而变化时,气隙磁阻和穿过气隙的主磁通的变化,在线圈中感应出电动势。每转一圈传感器发出 110 个脉冲,其频率

$$f = nN/60 \qquad (8-4)$$

式中:f——频率,Hz;

n——转速,r/min;

N——齿数(110 个)。

脉冲信号经整形放大后输出整齐的矩形波信号,经定时计数器,把频率转换成转速。

这种传感器结构简单、工作可靠。在编组车辆的控制车(A 车)上,每根轴装有一只单通道式传感器,为空气制动的滑动保护系统提供速度信号;在动车(B 车、C 车)上,每轴装有一只双通道式传感器,分别为牵引与电制动系统的空转与滑动保护系统及空气制动的滑动保护系统提供速度信号。

四、电磁阀

电磁阀已经成为非常重要的车辆电器,例如,城市轨道交通车辆的制动系统中,大量地采用了各种电磁阀。

空气制动系统的核心制动控制单元(BCU)主要由模拟转换阀、紧急阀、称重阀、均衡阀等组成,见图 8-23(a)。这些部件都安装在一块铝合金的气路板上,见图 8-23(b)。在气路板上装置了一些测试接口,使整个气路板的安装、调试和检修都很方便。

制动控制单元将来自微处理机的电子模拟制动信号,通过模拟转换阀转换成与其线性对应的预控制(空气)压力 c_{v1},同时也受到称重阀和防冲动检测装置的检测和限制,最后使制动缸获得符合制动指令的气制动压力。

当压力空气从制动贮风缸进入制动控制单元后,分成三路,一路进入紧急阀,一路进入模拟转换阀,另一路进入均衡阀。

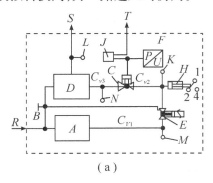
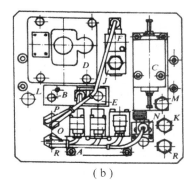

(a)　　　　　　　　　　　　　　(b)

图 8-23　制动控制单元

A—模拟转换阀;C—称重阀;D—均衡阀;E—紧急阀;F—负载压力 T 的空-电转换器;G—制动缸;
H—预控制压力 c_{v2} 的压力开关;J、K、L、M、N—分别为测量压力 T、c_{v2}、C、c_{v1}、c_{v3} 的接口;
R—从制动贮风缸来的压力空气;c_{v1}、c_{v2}、c_{v3}—预控制压力;T—负载压力(空气弹簧处来的压力空气)

模拟转换阀(图 8-24)由一个电磁进气阀(类似控导阀),一个电磁排气阀及一个气—电转换器组成。当进气阀的励磁线圈收到微处理机的制动指令时,吸开阀芯,使制动贮风缸的压力空气通过进气阀转变成预控制压力 c_{v1} 并送向紧急阀 E。与此同时,具有 c_{v1} 压力的空气也送向气—电转换器和排气阀。

气—电转换器将压力信号转换成相对应的电信号,送回微处理机;微处理机将此信号与制动指令比较;当压力信号小于制动指令时,开大进气阀;当压力信号大于制动指令时,则关小进气阀并开启排气阀;保证预控制压力 c_{v1} 增高或降低到符合制动指令的要求为止。从模拟转换阀出来的 c_{v1} 压力空气通过管路板进入紧急阀。

紧急阀实际上是一个二位三通电磁阀,它的三个通道分别与模拟转换阀输出口、制动贮风缸及称重阀的进口相连接。在常用制动时,紧急阀励磁,使制动贮风缸与称重阀直接相通,而切断模拟转换阀与称重阀的通路,这时预控制压力 c_{v1} 越过模拟转换阀而直接进入称重阀。当预控制压力 c_{v1} 经过紧急阀时,由于阀的通道阻力使预控制压力略有下降,这个从紧急阀输出的预控制压力称为 c_{v2}。同样,c_{v2} 压力空气也是通过管路板进入称重阀。

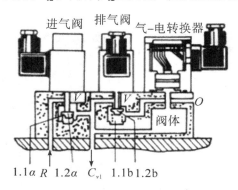

图 8-24 模拟转换阀

称重阀在常用制动中几乎不起作用,只是用来限制过大的制动力。微处理机根据车辆的负载、车速和制动要求而给出制动指令,控制模拟转换阀输出的预控制压力。

称重阀的主要作用是在紧急制动时起预防作用,当模拟转换阀控制失灵时,预控制压力只受称重阀的限制,即为最大的预控制压力。

预控制压力 c_{v2} 流经称重阀时也受到阀的通道阻力,压力有所下降,成为预控制压力 c_{v3},并通过管路板进入均衡阀。进入均衡阀的 c_{v3} 压力空气,推动具有膜板的活塞上移,首先关闭了通向制动缸的排气阀,然后进一步打开进气阀,使制动贮风缸经接口 R 进入均衡阀的压力空气通过进气阀,经接口 S 充入制动缸;制动缸活塞被推动,带动闸瓦紧贴车轮产生制动作用。从上述可知,均衡阀能迅速地进行大流量的充气、排气。大流量压力空气的压力随预控制压力 c_{v3} 的变化而变化,并且互相间的压力传递比为 1∶1,即制动缸压力与 c_{v3} 相等。

同样,制动缓解指令也由微处理机发出,模拟转换阀接到缓解指令后,将其排气阀打开,使具有预控制压力 c_{v1}、c_{v2}、c_{v3} 的压力空气都通过排气阀向大气排出。由于 c_{v3} 的压力空气排出,均衡阀活塞在其上方的制动缸压力空气作用下移动,于是均衡阀中的进气阀关闭,排气阀打开,使各制动缸中的压力空气经开启的排气阀排出,列车得到缓解。

开关型 EP 阀特别适用于计算机控制系统。它的结构比较简单,由一个压力传感器和两个电磁阀(充风电磁阀和排风电磁阀)组成,见图 8-25。

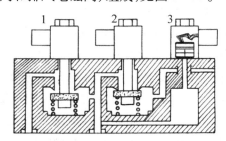

图 8-25 开关型 EP 阀原理框图

1—充风电磁阀;2—排风电磁阀;3—压力传感器

开关型电磁阀只有开和关两个作用位置,需要有压力反馈信号才能构成完整的控制方式。通过压力传感器,计算机检测被控制装置的压力变化来操纵 EP 阀的电磁阀动作。阀的控制和反馈都由电路构成闭环控制,灵敏度、响应特性和控制精度都比较高。缺点是由于电器元件的响应特性远比气动元件快,需要多次进行开关动作才能达到控制的目标值,为了在保证控制精度的情况下尽量减少阀的动作次数,除了阀口开度和空气流量需要选配外,计算机的控制算法也需要考虑。实验证明,采用模糊算法对参数进行优选后,开关阀动作 3~5 次即可达到控制目标值,大大减少了机械磨耗。开关型 EP 阀的另一个缺点是对压力传感器的安装位置和可靠性要求也比较高。

复习思考题

8-1 在地铁供电系统中,根据用电性质的不同城市轨道供电系统可分为哪两部分?

8-2 简述集中式供电方式和分散式供电方式。

8-3 简述地铁牵引供电系统的组成以及各部分的功能。

8-4 简述地铁动力照明供电系统的组成以及各个部分的功能。

8-5 接触网的作用是什么?它有哪几种类型?为什么要进行电分段?

8-6 牵引网由哪几部分组成?

8-7 直流牵引馈电电压标准有 600V、750V 和 1500V 三种,我国规定为 750V 和 1500V 两种,通常根据哪些因素来决定采用何种等级?

8-8 受电弓主要由哪几部分组成以及各个部分的作用是什么?

8-9 简述受电弓的哪些参数对其动态特性有影响?

8-10 受电弓的电流连接组装由哪几部分组成以及它们各自的作用?

8-11 简述成都地铁 1 号线车辆受电弓气路工作原理。

8-12 简述成都地铁 1 号线车辆受电弓底架上安装阻尼器的作用。

8-13 广州地铁 3 号线在 2 号线的基础上,架空刚性悬挂采取了哪些技术创新?

8-14 受电弓的主要参数包括哪些?简述受电弓参数对受电弓动态特性的影响。

8-15 在对受电弓进行维护保养时,为防止事故的发生,注意请务必做到哪几点?

8-16 受电弓只与车顶的一根导线接触如何构成回路?城市轨道车辆在运行过程中钢轨会带电吗?有没有危险?在受电弓所有的铰链处为什么都要装有电桥连线?

8-17 什么是离线?小离线、中离线和大离线是怎样划分的?引起离线的主要原因有哪些?

8-18 静止逆变器控制 PAC 系统是由哪几个功能块组成的以及每个功能块的作用是什么?

8-19 简述城市轨道交通车辆中蓄电池组的作用以及对蓄电池的要求。

8-20 受电弓的抬升力应该有上下限界值,抬升力过大或不足有什么危害?

8-21 空气制动系统的核心制动控制单元(BCU)主要包括哪些阀?请简述它们的作用。

第九章

电力牵引传动与电磁兼容

随着电力电子设备的大量应用,包括电力牵引在内的各种工业领域、科研和军事部门,电磁污染已成为设备安全和环境保护的一项重要内容,日益引起人们的关注。

电磁兼容和电磁干扰的物理基础可以追溯到赫兹发现电磁波传播开始。1886年他在进行球形火花间隙放电试验时,利用环形天线证明了这一点,并证实了麦克斯韦有关电磁场的基本理论。在随后的几十年里,电磁兼容以"无线电干扰"为别称,研究通信电缆和输电线之间的干扰问题。

电磁兼容成为一门独特学科的关键一步是20世纪60年代和70年代晶闸管和集成电路的发明和应用。因此,与安全有关的系统,如军事目标、核技术装备、交通系统或医疗装置,成了系统地处理电磁兼容技术的先导。今天,我们对电磁兼容的理解,除了原先的无线电干扰,即干扰的发射这方面之外,还有系统抗干扰性的一方面。

电力牵引与其他工业领域一样,由于信息技术的发展,微电子器件被大量用于设备的开环、闭环控制和监视;此外,由于经济的和生态学方面的需要,现代能源技术保证开发出更加紧凑、最能利用资源的设备。这种高电磁负载、大功率能源设备与低电压、小功率信息装置并存的局面,使得解决电磁兼容性问题变得更加紧迫,也更加复杂了。

在电力牵引方面,铁路信号与列车的安全、有效运行密切相关,由于它与牵引系统共享相同的电磁环境,保证这两个系统之间的电磁兼容是很重要的。

电磁现象,除了对技术装备产生干扰之外,对生产系统也有影响。根据电磁波的强度和频率的不同,它对生物体可能是有益的(医疗方面),也可能是有害的。

电磁兼容作为产品的一个重要的质量指标,在其规划和设计阶段就必须予以充分考虑。电磁兼容规划的目的在于考虑使用地点的电磁环境,找出技术上和经济上最佳的解决办法,并考虑是在干扰源上、传播途径中还是在受扰体上采取措施最为有效。对于开发的设备或系统,除了确定在其接口上允许的干扰信号外,还必须确定其发射的干扰信号的极限值。开发过程结束时,一般需要验证设备或系统的抗干扰性和干扰发射情况。

第一节 电磁兼容的基本概念

所谓电磁兼容EMC(Electron Magnetic Compatibility),是指电气设备或系统在其所处的电磁环境中正常工作的能力,并对该环境中其他设备或系统不产生不允许的干扰能力。EMC 包括 EMI(电磁干扰)及 EMS(电磁耐受性)两部分,所谓 EMI 电磁干扰,乃为机器本身在执行应有功能的过程中所产生的不利于其他系统的电磁噪声;而 EMS 是指机器在执行应有功能的过程中不受周围电磁环境的影响。为了对电磁兼容做定量的描述,把电磁兼容分为两个部分来讨论,无疑是合适的。电磁干扰发射是一个电气设备作为有源部件产生干扰能力的度量,而抗电磁干扰,则表示电气设备作为无源部件承受干扰能力的度量。电磁干扰一般指能在电气设备或系统中引起不希望的干扰的参量,如干扰电压、干扰电流、干扰能量等。电磁兼容的研究是随着电子技术逐步向高频、高速、高精度、高可靠性、高灵敏度、高密度(小型化、大规模集成化),为满足大功率、小信号运用、复杂化等方面的需要而逐步发展的。特别是在人造地球卫星、导弹、计算机、通信设备和潜艇中大量采用现代电子技术后,电磁兼容问题更加突出。电磁干扰量可能通过传导或辐射的方式发送出去或被接受(见图 9 – 1)。

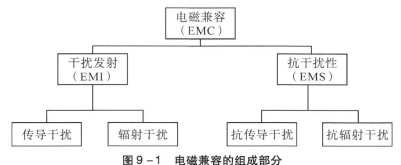

图 9 – 1 电磁兼容的组成部分

表 9 – 1 列出了有关电磁兼容的一些重要概念。

表 9 – 1 电磁兼容有关概念

概念	含 义
干扰量	能够在电气设备上引起所不希望的干扰电磁量
干扰源	干扰量的来源
发射干扰	从干扰源发出的干扰量
受扰体	干扰量的影响范围或对象
抗干扰性	一个电气设备承受一定大小的干扰量而不丧失功能的能力
功能干扰	设备的功能受到所不希望的损害
功能降级	设备的功能受到可接受的损害程度
功能故障	设备功能的永久性损害

第二节 电磁干扰量及其传播途径

从整个电磁频谱范围来说,只有 10kHz ~ 3000GHz 之间的高频区域在技术上有重要的作用。由于高频电磁波的特点,它们被用来传输通信信号,比如通过天线发射的各种信息,或者传送能量,或者如在医疗技术中实现一定的作用机理。

此外,在这个频率区中,由于人为的或技术上的因素,还可能偶然发出一些对设备或系统功能来说是不必要的高频成分。在电机、开关或数据处理设备中发生快速转换时,就可能产生这种"人为噪声"。在大气层的内部和外部的一系列自然过程中,也存在电荷的运动,并产生电磁波。这种外部的自然干扰电平,一般被称为"自然噪声"。所有这些人为的或自然的、有意或偶然产生的电磁能量通过辐射或长导线传播,它们的总和形成了人们常常提到的电磁环境。

电磁干扰量可分为正弦和脉冲两种形式。对于宽带脉冲形干扰信号,还可以再分为连续信号和一次信号。这些信号的幅值、频谱范围和作用区域是互有区别的。不连续的正弦形干扰信号主要是各种电网交流电压及其谐波,以及由固定的或移动的发送装置和无线电装置发出的遥控电压和无线电电压信号。这种电场的幅值,在距离发送源 1km 左右的距离内,每米大约为几毫伏到几伏。

脉冲信号,比如从开关、电动机、变流器,或者高压电线上电晕或火花放电产生的信号,其影响范围主要限于干扰源周围的几十米内,它们主要依靠联接导线传播。一次脉冲形干扰信号,由于它们的幅值、频谱分布和传播范围而特别值得注意。这种干扰信号一般都来自放电和开关过程。自然干扰源之一是大气放电。雷击放电可能产生几十千安正的或负的电流。80% 的雷击放电带有负电位,并从而引起多次重复雷击。一般来说,后续的雷击放电电流较小,但电流上升率可能超过 $100kA/\mu s$。这对于二次侧设备的感应电压来说,是具有决定性意义的。一次脉冲形干扰信号的另一个来源是核爆炸。一次较大当量的核爆炸,可能在地球表面引起一个电场强度为 $50kV/m$ 左右的电磁脉冲,而上升时间不过几纳秒。输变电站的开关分断过程,也会引起极为陡峭的电磁干扰量,但与核爆炸不同,这种电磁场只出现在开关设备的邻近区域。除了开关操作之外,高压电网中或者电子电路中的每一次绝缘击穿,也都会引起各种各样的一次脉冲干扰信号。

对于电力电子装置,它的变换过程都是建立在电流或电压的开关或调制基础上的。把一种频率的输入量变换为另一种频率的输出量的电力电子开关或开关系统,处于能量变换过程的中心地位。众所周知,在这种变换过程中,除了既定的一次频率和二次频率外,在输入端和输出端还可能出现其他频率的谐波分量。电力电子变换装置中的这种情况是不可避免的。这类谐波分量同样可能通过联接电路或场传播,造成干扰。如果出现这种电磁干扰,那么电力电子变换器就是干扰源。

电磁干扰信号可以经由传导或辐射的方式传播。由于干扰源和受扰体及其相互耦合的方式不同,传播途径可以再细分如下(见图 9-2)。

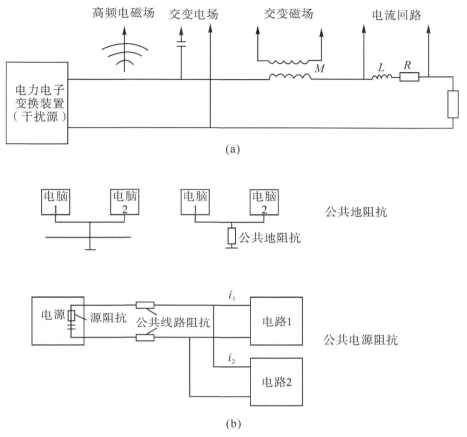

图 9-2 电磁干扰信号的传播
(a)辐射与直接传导；(b)公共阻抗传导。

一般来说，传播途径的频率响应特性，对受扰体上产生的干扰信号的大小和频率是有着决定性的关系的。

第三节 电气化铁路的电磁干扰问题

电气化铁路，特别是交流电气化铁路是一个很重要的电磁干扰源。铁路部门应尽可能减少强电设备，如牵引变电所、接触网、机车车辆、回流导线等产生的干扰。

众所周知，电气化铁路的供电系统是由一个架空线和至少两个不同的回线（即轨道和地层）组成。从而出现两个电路（见图9-3），一是从变电所到接触网，并经过机车车辆或短路线路到轨道；二是从轨道通过漏导到地层。这两个电路沿其整个长度都存在传导耦合。如果是交流电气化铁路的话，还有电感性耦合。

由图9-3可以看出，从牵引变电所送到接触网的电流，在负载点通过机车流入轨道，并分为两部分：一部分流入钢轨；另一部分从负载点渗入土壤，然后回到牵引变电所。第二部分电流，是与机车位置有关的。由于牵引电流流出又流入，在机车和牵变电所范围内，产生了轨道对地面的电压降，称之为轨道电位。如果轨道电位在规定的牵引电流值下达到或超过极限值,可能在系统中引起不允许的干扰现象。为此,必须采取措施降低轨道电位,如选择合适的枕木类型,以减少单位长度漏电导,紧固件底座、钢轨导槽板和地板选择由绝缘材料做成,以减少电阻等;在轨道电位较高的情况下,采取措施,防止出现不能允许的干扰,如采用带状接地棒,甚至设置附加的回流线路。

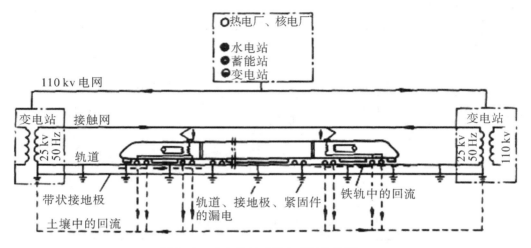

图 9-3 电气化铁路的电磁干扰模型

对于铁路运输来说,信号是涉及列车安全和有效运营的重要问题。而且它与电气化铁路的强电设备(包括牵引系统)处于相同的电磁环境中,保证两者之间的电磁兼容是十分重要的。电气化铁路与相邻的信号系统之间,可能存在两种耦合途径引起电磁干扰。

第一种情况是回流对轨道电路的干扰。机车的回流或者信号系统的回流,都是把轨道作为导体使用,从而引起两者之间的电导性耦合。采用轨道电路的线路空闲显示系统,就属于这种情况。采用这种技术,主要的要求是一条轨道的两根钢轨间相互要有足够的绝缘。此外,在接触网所在的区域内,所有不带电的结构部件都必须与轨道一同接地。如果这些部件具有很低的接地传播电阻,可能使两条钢轨之间的回路负载不均匀,导致轨道电路错误地转入占用状态,而在这个区域段中其实并没有列车存在。

不仅牵引电流的基波可能引起干扰,而且在现代机车车辆传动控制产生的高达几千赫兹的谐波中,如果有一种谐波的频率与轨道电路的工作频率相同,且其电平超过规定的数值,那么它对轨道电路的干扰是可以想象得到的。但是这只在技术上(如幅值、相位)和运行上的特定状态同时出现时才是可能的。

第二种情况是电抗性耦合引起的干扰。对于交流电气化铁路来说,对地不对称的供电系统结构引起的另一个重要问题,是对与铁路线平行的信号和通信电缆的干扰。必须考虑以下各种可能的情况:在强电设备,包括机车,正常运行时,接触网中的运行电流产生的长时间的干扰;由于接触网短路而产生的短时间干扰;机车正常运行时运行电流谐波产生的干扰。

就电抗性干扰的影响方面,可以如下区分:危及人身和设备安全的(损坏信号和通信设备);功能扰乱;主要由机车运行电流的高次谐波引起的电话线路中的干扰噪声。

电气化铁路引起的电抗性干扰的依据是,干扰源(接触网)和受扰体(通信线路)通过公共接地建立两个相互具有电抗性耦合的回路:回路1——牵引变电所—接触网—机车—地;回路2——通信线路—地。

钢轨本身像其他任何金属导体一样,形成自己的电路,并与其他所有的电路产生电抗性耦合。就通信线路来说,流过电流的接触网和地组成的回路将在通信电缆、钢轨、电缆套或管道中感应出纵向电压,大小与接触网电流以及耦合途径的阻抗有关;当钢轨、电缆外壳和管道构成的闭合电路中流过电流时,同样会在通信电缆中感应纵向电压。

上述对通信线路干扰原理的描述,可以从图9-4所示的等效电路中得到更清晰的表达。

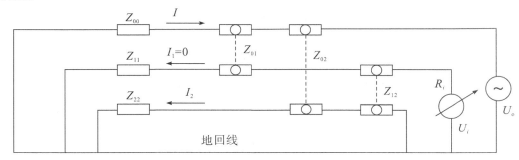

图9-4 通信线路干扰原理及其等效电路

Z_{00}—接触网阻抗;Z_{11}—通信线路阻抗;Z_{22}—钢轨阻抗;
Z_{01}、Z_{02}、Z_{12}—耦合阻抗;U_0—供电电压;U_i—感应的纵向电压

借助运行电流图和短路电流图,可以推知干扰电流的大小,并从而求得所感应的纵向电压。

第四节 电力牵引系统的干扰

机车产生的谐波电流流过轨道,可能对检测列车位置的轨道电路产生干扰。它们可能显示一个线路区段是空的,而实际上它已被占用,这是一种不安全的状态;另一方面,谐波电流也可能使轨道电路显示某个区段已被占用,而实际上是空的。此外,如果接触网和铁路中的牵引电流达到4000A,将导致电场和磁场增加,进而加大轨道侧信号设备的电气强度,使设备故障率增大。不难得出结论,电磁环境对铁路信号系统的安全、利用率和可靠性有着重大的影响。

在这种环境中,使轨道电路不受牵引回路电流的干扰,是十分重要的。为了避免任何轨道系统的误动作,必须保证牵引系统产生的与信号设备工作频率相同的那部分能量比规定的允许值小。实际上,这部分能量可能是来自机车或列车上逆变器、斩波器产生的高次谐波,也可能是来自直流牵引供电的多相整流桥的谐波。对于固定频率的斩波控制系统来说,只要工作频率避开牵引产生的谐波分量就足够了,但对于变频逆变器传动,必须确定一种消除谐波的控制策略,以达到相同的效果。

为了估计逆变器传动系统的电磁兼容性能,可以利用状态空间模型或频域分析方法计算逆变器输入,特别是 PWM 波形的谐波分量以及向机车供电的接触网电流。在前面有关变流器开环控制方法的叙述中,我们已经着重于从逆变器的输出及其对电动机和传动性能的影响方面,讨论了自然采样、规则采样和优化 PWM 的不同方法。

对于由脉冲整流器向逆变器供电的交—直—交系统,如果取消由 $L-C$ 谐振电路构成的二次谐波滤波器,那么在输入电流中将出现低频分量。增大中间回路的支撑电容器,可以使这些低频谐波分量减少。

还有一个对评价牵引传动系统和信号设备之间的电磁兼容性能来说很重要的因素,是传动系统的不稳定性,因为这种不稳定性可能反映到接触网电流的频谱中来。

鉴于电气化铁路供电接触网中可能存在的谐波,以及整流器回路的非线性特点,不论在直流供电电压中,或者在交—直—交变流器中间环节回路电压中,都有基波和谐波电压,并在轨道电路中引起相应的谐波电流。为了计算这些谐波电流,必须知道机车的输入阻抗。在考虑与信号系统的电磁兼容时,机车的输入阻抗有着特殊的重要意义。

机车输入阻抗的计算,是以计算传动系统的输入阻抗为基础的。对于逆变器供电的异步电动机系统,直流侧的输入阻抗可表示为

$$Z_{dc} = \frac{2}{3m_a} Z_{ac} \qquad (9-1)$$

式中:m_a——调制比;

　　　Z_{ac}——传动系统的交流侧的阻抗,它可以由异步电动机在同步旋转参考系中的模型求得。

对于逆变器传动系统和信号系统之间的电磁兼容,除了上述已经讨论的方面之外,以下一些影响因素也是值得考虑的。

(1)逆变器的不对称工作状态,引起电动机绕组中出现直流偏移,从而使输入电流中产生具有逆变器基波频率的谐波分量。

(2)电动机相阻抗的不平衡,引起两倍基波频率的谐波分量。

(3)轮径偏差导致不同的逆变器输出频率,使得在其输入电流中出现具有差频的谐波分量。

第五节　改善电磁兼容的措施

改善电磁兼容性能的措施,可以在干扰源上,也可以在传播途径上或受扰体上予以考虑。对于电力电子装置和牵引系统来说,电磁兼容措施可以分为电路技术方面的措施、防护措施和计算方面的措施。后者如通过应用信号处理方法来制备软件。

所谓电路技术方面的措施,除了采用软开关或无谐波装置等新技术来消除或削弱干扰源的噪声信号外,在开发、设计电子装置时,必须提及的还有机械结构的空间布置、布线、绞线、连线的规则和材料的选择,如电缆、导线、光耦合器件和光纤、应用数字技术、只

选择一定的工作频率或采用代码信号等。所有这些电路技术方面的措施,都是与某一项产品的开发密切相关的,所以必须从开发之初就予以重视,并确定下来。

防护措施的考虑则有所不同,因为它常常与电子装置在一个系统中或在一个特定的电磁环境中应用的条件有关。所以,对于一个确定的电子装置来说,其防护措施只有在系统开发时才能进行规划。防护措施大体上分为两类:一类是限制性功能的,如采用充气避雷器、火花间隙、压敏电阻元件或半导体器件(齐纳二极管)来限制某些干扰量的大小;另一类是抑制性功能的,特别是削弱各种耦合通道的耦合度,如屏蔽、接地、滤波、隔离等。

对电场、磁场屏蔽的物理含义,是为电子装置配备合适的屏蔽体(外壳、罩子等)。当干扰信号到达屏蔽体的外界时,通过屏蔽体的吸收、反射或多次反射,产生能量损耗,从而使屏蔽体内界面上干扰信号显著减弱。由于结构方面的原因,屏蔽体不可能是完整的封闭形式,上面可能存在缝隙、引线孔等。这种不完整屏蔽对屏蔽效果是有影响的。此外,出于各种原因,人们可能选择金属网、薄膜或导电玻璃作为屏蔽体。它们也属于不完整屏蔽。对电场、磁场或电磁场屏蔽体,要根据应用要求,选择合适的材料。屏蔽体结构有单层和多层之分。大型屏蔽室的通风孔,可按波导管或蜂窝结构进行设计。与屏蔽体有关联的其他部件,如电缆连接器、输入/输出变压器,也要考虑相应的屏蔽措施。

在设计一个系统的接地结构时,要区分安全接地、信号接地和屏蔽接地。作为例子,图9-5表示一个分散布置的成套设备系统的接地方式。

为了限制电气化铁路对相邻的信号系统的干扰,同样可以从干扰源和受扰体两方面采取措施。

从干扰源方面来说,通过由更多的沿铁路线分布的小的牵引变电所向接触网供电,并尽量缩短通断时间(<0.5s)来限制接触网中短路电流的大小及持续时间;在接触网供电方面,双侧供电是有好处的。在正常运行时,基波电流感应的电压,按照机车所处的不同位置可以得到部分补偿,特别是在供电区段的分界段中更是这样。

在受扰体方面,也就是从信息设备方面,必须采取措施防止长时性干扰。对短时性干扰,通常并不要求采取特殊的措施。

对于通信设备,为了改善其抵抗干扰的能力,必须注意以下几点。

第一,在受接触网及有关设备影响的区域中,应当采用电缆通信线路,而且不允许产生过高的感应电压。从原理上说,这将能够可靠地避免与运行电流无关的电容性干扰。

第二,应当考虑采用铝包电缆(电缆外皮采用铝材包裹的电缆),以减少直流电阻,并采用钢带加固,以改善耦合。

第三,对于干扰区内新的设备,只要经济上是可行的,应当采用光纤电缆。它可以防止任何电磁干扰,并取消别的附加措施。

在进行电磁兼容设计时要求做到以下几点。

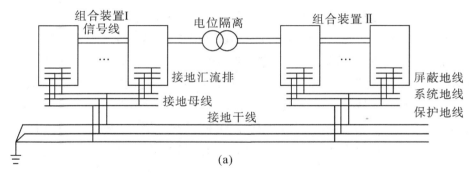

(a)

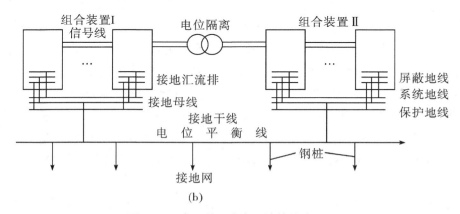

(b)

图 9-5 电子装置成套系统的接地

(a)多干线式接地系统;(b)等电位式接地系统。

第一,明确系统的电磁兼容指标。电磁兼容设计包括本系统能保持正常工作的电磁干扰环境和本系统干扰其他系统的允许指标。

第二,在了解本系统干扰源、被干扰对象、干扰途径的基础上,通过理论分析将这些指标逐级分配到各分系统、子系统、电路和元件、器件上。

第三,根据实际情况,采取相应措施抑制干扰源,消除干扰途径,提高电路的抗干扰能力。

第四,通过实验来验证是否达到了原定的指标要求,如未达到则进一步采取措施,循环多次,直至达到原定指标为止。

总之,电磁兼容这个被长期讨论的专业领域,由于微电子进入所有技术应用场合,而具有了新的重要意义。经验表明,从一个系统的开发到投入使用,细心地做好电磁兼容规划,将使它在最困难的条件下也能无干扰和对环境无污染地工作。若等到系统投入使用后才采取补救措施,必将付出更大的代价。

复习思考题

9-1 电磁兼容的概念是什么?

9-2 对于逆变器传动系统和信号系统之间的电磁兼容,应该考虑的影响因素有哪些?

9-3 电气化铁路对改善电磁兼容的措施有哪些?

9-4 在进行电磁兼容设计时要求要做到哪几点?

参考文献

[1] 徐安. 城市轨道交通电力牵引[M]. 北京:中国铁道出版社,2005.

[2] 马小亮. 大功率交—交变频调速及矢量控制技术[M]. 北京:机械工业出版社,2005.

[3] 彭其渊,石红国,魏德勇. 城市轨道交通列车牵引计算[M]. 成都:西南交通大学出版社,2005.

[4] 吴守箴,藏英杰. 电力传动的脉宽调制控制技术[M]. 北京:机械工业出版社,2002.

[5] 王书林,赵茜. 电力牵引控制系统[M]. 北京:中国电力出版社,2005.

[6] 黄济荣. 电力牵引交流传动与控制[M]. 北京:机械工业出版社,1998.

[7] 林祝顺,阎国强. 城市轨道交通系统[M]. 上海:上海科学技术出版社,2008.

[8] V. Sergeant. 影响粘着利用的因素[J]. 变流技术与电力牵引,2000(4):11-15.

[9] 饶忠. 列车牵引计算[M]. 北京:中国铁路出版社,2004.

[10] 万广. 机车粘着控制技术现状与发展[J]. 机车电传动,1996(3):1-7.

[11] 王俭朴. 机车车辆轮轨黏着—蠕滑问题研究[J]. 中国铁路,2010(3):61-63.

[12] 周扬忠,胡育文,黄文新. 低转矩磁链脉动型电励磁同步电机直接转矩驱动系统的研究[J]. 中国电机工程学报,2006,26(7):152-157.

[13] 刘松龄,熊承义. 逆变器缓冲电路的设计与元件参数计算[J]. 中南民族学院学报,2000,19(1):10-14.

[14] 郝海龙,何庆复,柳拥军. 无人驾驶地铁轻轨列车中的轮轨粘着问题[J]. 铁道机车车辆,2005,25(3):53-57.

[15] 鲍维千. 关于机车粘着的一些概念及提高粘着性能的措施[J]. 内燃机车,1999(1):8-14.

[16] 李江红,马键,彭辉水. 机车粘着控制的基本原理和方法[J]. 机车电传动,2002(6):4-8.

[17] 郑琼林. 伴随电力电子器件一起发展中国轨道交通变流技术[J]. 变频器世界,2010(11):49-54,82.

[18] 中华人民共和国铁道部. 列车牵引计算规程(TB/T 1407-1998).

[19] 李夙. 异步电机直接转矩控制[M]. 北京:机械工业出版社,2004.

[20] 陈坚. 交流电机数学模型及调速系统[M]. 北京:国防工业出版社,1989.

[21] 周扬忠,胡育文. 交流电动机直接转矩控制[M]. 北京:机械工业出版社,2009.

[22] 陈伯时,陈敏逊. 交流调速系统[M]. 北京:机械工业出版社,1998.

[23] 洪峰,孙刚,王慧真等. Buck 型 AC/AC 直接变换器[J]. 电工技术学报,2007,22(8):73-76.

[24] Bimal K. Bose. 现代电力电子学与交流传动[M]. 王聪,赵金,于庆广等译,北京:机械工业出版社,2005.

[25] 马小亮,魏学森. 数字矢量控制和直接力矩控制调速系统中的电压模型[J]. 电工技术学报,2004,19(3):65-69.

[26] 王俭朴. 基于单片机控制的桥式可逆斩波电路研究[J]. 电机技术,2009(4):19-21.

[27] 陈伯时,谢鸿鸣. 交流传动系统的控制策略[J]. 电工技术学报,2000,15(5):11-15.

[28] 李敬伟等. 轮轨粘着—蠕滑特性实验研究[J]. 中国矿业大学学报,1999,28(10):135-137.

[29] H. Schwarze. 与速度有关的高负荷轮轨接触的粘着力[J]. 变流技术与电力牵引,2002(4):7-12.

[30] 杨颖. 交流传动机车粘着控制技术探讨[J]. 机车电传动,2003(4):8-11.

[31] 黄景春. 基于二维云模型的机车粘着控制及其仿真研究[J]. 机车电传动,2007(1):11-14.

[32] 黄婷. 基于 DSP 的三电平交流调速系统的研究[D]. 河北工业大学,2007.

[33] 朱震莲. 现代交流调速系统[M]. 西安:西北工业大学出版社,1994.

[34] 李津,刘必晨,邹郓. 城市轨道车辆辅助逆变电源[J]. 铁道标准设计,2006(9):96-98.

[35] 唐春林,陈春棉. 城市轨道交通列车辅助供电系统分析[J]. 电气开关,2008(1):12-15.

[36] 宋小齐. 交直流电力机车粘着控制装置的设计[J]. 铁道技术监督,2009,37(6):53-56.

[37] 刘杰,石高峰,蔡华斌. 电力机车粘着控制技术的相关问题及其研究状况[J]. 自动化信息,2010(5):44-46.

[38] 曹秀峰,许晓勤,李军. 成都地铁 1 号线车辆受电弓研制[J]. 城市轨道交通研究,2009(11):82-85.

[39] 马继红. 能馈式牵引供电系统及牵引传动系统研究[J]. 中国铁路,2010(10):41-44.

[40] 方鸣. 城市轨道交通的供电制式及馈电方式[J]. 中国铁路,2003(4):49-53.

[41] 陈英,陈燕. 成都地铁 1 号线车辆电气牵引系统[J]. 铁道机车车辆,2009,29(5):52-55.

[42] 黄德亮,赵勤,李金华等. 城市轨道交通架空刚性悬挂技术的应用与改进[J]. 电气化铁道,2010(3):28-30.

[43] 曾宪钧.地铁车辆交流调速原理——变频调速异步电机的特性分析[C].中国土木工程学会快速轨道交通委员会学术交流会地下铁道专业委员会第十四届学术交流会,2001(12):554-563.

[44] 李江红,陈华国,胡照文.国产化北京地铁车辆的粘着控制[J].机车电传动,2005(6):40-42.

[45] 王俭朴.城市轨道车辆储能再生制动试验系统研究[J].机车电传动,2013(2):53-55,59.

[46] 徐安.空电联合制动中空气制动的指令传输与控制[J].上海铁道大学学报,1998,19(12):27-32.

[47] 王会丰,江志忠.城市轨道交通牵引供电制式的比较与选择[J].铁道经济研究,2014(2):43-46.

[48] 王俭朴.城市轨道交通车辆制动车载储能系统研究[J].机车电传动,2015(4):76-79.

[49] 林立文.地铁动车牵引传动系统分析、建模及仿真[D].北京交通大学,2010.

[50] 郭其一,康劲松,冯江华等.轨道交通车辆牵引控制发展现状与趋势[J].电源学报,2017,15(2):41-44.

[51] 滕强,姜辉,张春红.城轨车辆用交流异步牵引电机的研制[J].防爆电机,2017,52(2):8-11.

[52] 庞瑾,顾保南.2016年中国城市轨道交通运营线路统计和分析——中国城市轨道交通"年报快递"之四[J].城市轨道交通研究,2017(1):1-5.

[53] 杜连超.地铁车辆司机控制器性能检测装置[J].机车电传动,2012(2):43-45.

[54] 李军.广州地铁三号线车辆受电弓降弓位置指示器故障分析及解决措施[J].电力机车与城轨车辆,2009,32(3):54-55.

[55] 裴剑,徐文彬.地铁列车司机控制器故障分析及检修策略[J].大连交通大学学报,2015,36(3):116-118.

[56] 王俭朴,任成龙.我国轨道交通技术发展的现状与节能技术研究[J].南京工程学院学报(自然科学版),2018,16(1):16-21.

策划编辑：张瑞娟　苏　剑
责任编辑：于睿哲

面向"中国制造2025"城市轨道交通专业培养计划
普通高等教育"十三五"规划教材

城市轨道交通概论
城市轨道交通工程
城市轨道交通规划与设计
城市轨道交通车辆
城市轨道交通电力牵引与控制（第2版）
城市轨道交通运营管理实践教程
城市轨道交通列车运行控制（第2版）
城市轨道交通运营管理（第2版）
城市轨道交通供电系统
城市轨道交通信号与通信
城市轨道交通专业英语

▶ 上架建议：城市轨道交通 ◀

ISBN 978-7-5693-0483-1

西安交通大学出版社
天猫官方旗舰店

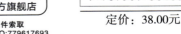

定价：38.00元